종교적 갈등이 없는 학교

-회피 및 전학 제도

종교적 갈등이 없는 학교 – 회피 및 전학 제도

초판 1쇄 발행　　　2015년 7월 10일
기　획　　　　　　기독교학교정상화추진위원회
지은이　　　　　　박상진·유재봉·김현철·김병찬·이상민
펴낸이　　　　　　원성삼
책임편집　　　　　조소연
펴낸곳　　　　　　예영커뮤니케이션

주소　　　　　　　136-825 서울시 성북구 성북로6가길 31
전화　　　　　　　(02) 766-8931
팩스　　　　　　　(02) 766-8934
홈페이지　　　　　www.jeyoung.com
이메일　　　　　　jeyoung@chol.com
등록일　　　　　　1992년 3월 1일 제2-1349호

ISBN　978-89-8350-920-8 (03230)

책값　13,000원

이 도서의 국립중앙도서관 출판예정도서목록(CIP)은 서지정보유통지원시스템 홈페이지
(http://seoji.nl.go.kr)와 국가자료공동목록시스템(http://www.nl.go.kr/kolisnet)에서 이용
하실 수 있습니다.(CIP제어번호: CIP2015017853)

모든 인간은 하나님의 형상을 닮은 존엄한 존재입니다. 전 세계의 모든 사람들은 인종,
민족, 피부색, 문화, 언어에 관계없이 존귀합니다. 예영커뮤니케이션은 이러한 정신에
근거해 모든 인간이 존귀한 삶을 사는 데 필요한 지식과 문화를 예수 그리스도의 사랑으로 보
급함으로써 우리가 속한 사회에 기여하고자 합니다.

종교적 갈등이 없는 학교

-회피 및 전학 제도

기독교학교정상화추진위원회 기획

박상진·유재봉·김현철·김병찬·이상민 지음

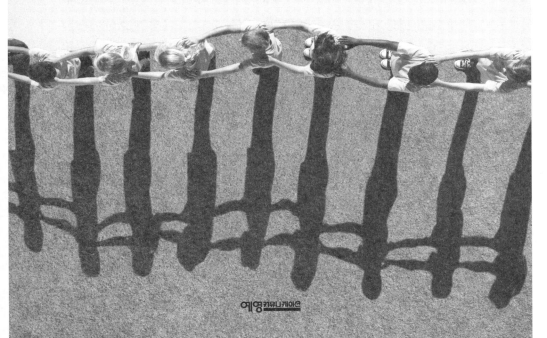

예영커뮤니케이션

발·간·사

　학생의 종교적 인권을 고려한 회피 제도와 전학 제도의 연구물이 책으로 출판된 것에 대해 하나님께 감사를 드립니다.

　일반적으로 개신교의 선교 역사를 1884년부터 시작된 것으로 인식하는데, 이것은 바로 기독교학교의 설립의 역사와 일치합니다. 미국 북장로교 선교사인 언더우드(H.G.Underwood)와 미국 북감리교 선교사인 아펜젤러(H G.Appenzeller) 그리고 스크랜튼(M.F.Scranton) 선교사에 의해 세워진 경신, 배재, 이화학교 등을 통해 훌륭한 민족의 지도자들이 많이 배출되었습니다. 기독교 정신을 토대로 세워진 오산, 숭실, 대광, 보성, 영락학원 등을 통해 나라를 이끌어 가는 인재들이 지속적으로 배출되었습니다. 교회와 성도들은 힘써 학교를 세웠고, 학생들은 학교를 통해 신앙과 실력을 겸비한 하나님의 사람들로 세워졌습니다. 이들은 척박한 한국을 발전시키고, 변화시켜 나가는 중심이 되었습니다. 이 모든 것이 하나님의 은혜입니다.

　그러나 평준화 제도가 전격적으로 시행된 이후, 기독교 사립학교는 자율성이 제한되고, 건학이념인 기독교 정신에 따라 교육하는 데 다양한 갈등이 생기고 있습니다. 무엇보다 종교계 사립학교들이 400여 개

가 있음에도 불구하고, 평준화 제도 하에서의 종교계 사립학교의 교육
과정 운영지침이 제대로 마련되어 있지 않은 것은 더욱 큰 문제라 할
수 있습니다. 평준화 제도 안에서 기독교교육과 관련되어 다양한 갈등
의 소지가 지금도, 앞으로 상존해 있을 것이기 때문입니다.

　귀하신 교수님들께서 필요한 연구를 진행하여 주셔서 감사드립니
다. 연구를 통해 이 땅에 세워진 기독교학교들에서 온전한 기독교교육
을 감당하는 날이 속히 오길 기대합니다. 더불어 이 책을 통해서 기독
교학교와 교육의 미래를 꿈꾸고 준비하는 귀한 움직임들이 일어나길
소망합니다.

기독교학교정상화추진위원회 위원장

이철신(영락교회 담임목사)

서 · 문

　종교적 갈등이 없는 평화로운 학교가 과연 가능할까? 이 책은 그 해답을 제시하고 있다. 우리나라의 교육 문제 중 가장 심각한 문제 중 하나가 평준화 체제 속에서 원치 않는 종교계 학교에 배정된 학생들의 종교적 인권을 어떻게 보호할 것이냐 하는 것이다. 평준화 제도가 과열 입시를 해소하기 위한 것으로써 고교 서열화를 어느 정도 없애는 데에는 공헌했지만, 사립학교, 특히 종교계 사립학교까지 공교육 체제 속에 포함하여 평준화 제도를 시행하는 바람에 원치 않는 종교계 학교에 배정된 학생들의 헌법적 권리인 '종교의 자유'를 보장하지 못하고 있다. 이는 종교계 학교에 대해서도 마찬가지이다. 분명한 건학이념을 갖고 종교교육을 통한 인성교육과 지도자 양성을 위해 종교계 사립학교를 세우고 오랜 세월 동안 종교교육을 잘 수행해 왔는데, 평준화 제도로 인해 종교교육을 원치 않는 학생들까지 배정됨으로 인하여 종교교육의 자유가 제한될 수밖에 없는 상황에 직면한 것이다.

　이 두 가지 딜레마, 즉, 학생의 종교의 자유와 종교계 학교의 종교교육의 자유가 충돌되는 현상을 해결할 수 있는 방법이 없는 것일까? 학교 안에서 종교적 갈등 없이 평화로운 교육이 이루어질 수 있는 방안이 과연 있을까? 이 책은 그 해법으로 '회피 및 전학 제도'를 제안하고 있다.

'회피 및 전학 제도'는 평준화 체제 속에서도 원치 않는 종교계 학교에는 배정되지 않고 '회피'할 수 있도록 학교 배정 제도를 개선하는 것이며, 학교 입학 후에도 종교적인 이유로 전학을 희망할 경우에는 이를 허용하는 제도를 의미한다. 사실 정부가 평준화 제도로 인하여 발생하는 이러한 문제를 미리 예견하고 이를 해결할 수 있는 방식으로 평준화 제도를 시행했어야 했으며, 시행 후에라도 그 문제를 해소하려는 정책적인 노력을 기울여야 했음에도 불구하고 안타깝게도 국가와 정부, 지방교육자치단체는 이러한 문제를 학교와 학생 당사자 사이의 문제로 인식하는 경향이 있어 왔다. 종교계 학교가 정상화되기 위해서 가장 우선 필요한 것이 학생의 종교의 자유와 종교계 학교의 종교교육의 자유가 충돌하는 것을 해결하는 것인데, 기독교학교정상화추진위원회는 이를 가능케 하는 최적의 방안을 '회피 및 전학 제도'로 보고 여러 전문가들과 함께 연구팀을 구성하여 연구를 수행하고 그 결과를 정책안으로 제안하고 있다. 이 책은 오늘날 평준화 제도 속에서 학생들

의 종교적 인권이 어떻게 침해되고 있는지 그리고 종교계 학교는 사립
학교임에도 불구하고 종교교육의 자율성을 얼마나 누리지 못하고 있
는지를 양적 연구와 질적 연구를 통해 상세히 소개할 뿐 아니라 교육
철학, 교육행정, 교육법의 차원에서 이 문제를 다각도로 조명하고 그
대안을 모색하고 있다. 이 책이 종교와 교육, 종교적 인권, 종교계 학
교에 관심 있는 모든 분들에게 중요한 통찰을 줄 수 있으리라 확신한
다.

　이 책을 집필하신 모든 집필진과 편집을 위해 수고한 함승수 목사
와 김은아 간사, 그리고 기꺼이 출판을 허락해 주신 예영커뮤니케이션
의 원성삼 대표님께 감사를 드린다. 이 책이 한국의 모든 학생들의 종
교적 인권을 보장하고 종교계 학교의 건학이념을 구현하는 데 있어서
한 단계 더 성숙하도록 돕는 가이드가 될 수 있기를 바란다.

2015년 7월

집필진을 대표하여

기독교학교정상화추진위원회 운영위원장　박상진

목 · 차

1장
종교교육의 자유와
종교의 자유 보장을 위한
회피 및 전학 제도

박상진 교수(장로회신학대학교, 기독교교육)

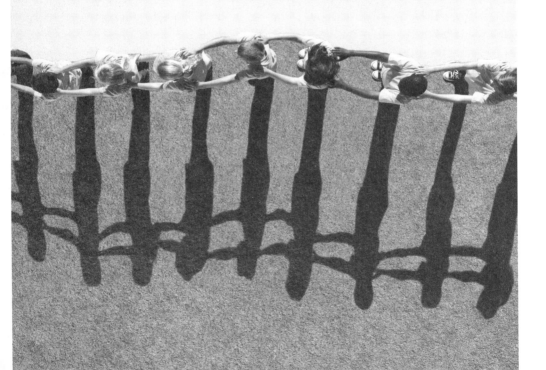

1. 들어가는 말

우리나라의 기독교학교들은 기독교학교로서의 정체성을 제대로 구현하지 못하는 위기 속에 있다. 종교계 사립학교로서의 기독교학교는 건학이념에 근거하여 기독교교육을 실천할 수 있어야 한다. 그러나 오늘날의 기독교학교는 기독교적 가치관에 입각한 기독교교육을 실천할 수 없는 상황 속에 있다. 우리나라의 경우, 공교육 체계 속에 사립학교가 편입되어 있어서 '준공립화'되어 있고, 종교계 사립학교도 '준공립학교'의 성격을 지님으로 자율적인 종교교육을 실행하지 못하고 있다. 여기에 결정적인 영향을 끼친 것이 평준화 정책이다. 국·공립학교나 사립학교를 불문하고 거주지를 기준으로 근거리에 소재하는 학교로 학생을 배정하는 강제 배정 제도는 사립학교의 학생 선발권, 부모의 자녀 학교 선택권 등 사립학교 존립의 기본적 근거를 심각하게 훼손하였다. 이러한 종교계 학교로서의 기독교학교의 현실 속에서 종교교육의 건학이념을 여전히 구현하고자 하는 기독교학교의 종교교육의 자유와 본인의 의사와 관계없이 이루어지는 종교교육에 항거하고 이를 거부할 수 있는 종교의 자유가 충돌하는 양상이 나타나게 되었다.

오늘날 우리나라의 종교계 학교의 현실은 종교교육의 자유의 위기이면서 동시에 종교의 자유의 위기라고 할 수 있다. 이러한 갈등이 오랜 기간 동안 지속되고 있는데, 이를 해결하지 않고서는 원치 않는 종교계 학교에 배정된 학생의 종교적 인권을 보장할 수 없을 뿐 아니라 종교계 학교의 건학이념을 구현할 수도 없다. 겉으로 관찰할 때는 이러한 갈등이 종교계 학교와 그 학교에 강제 배정된 학생 간의 관계에서 오는 것으로 보이지만, 사실 이러한 갈등의 근본 원인 제공자는 종교교육의 문제를 심각하게 고려하지 않고 교육 정책을 입안하여 시행한 국가라고 할 수 있다. 국가는 헌법이 보장하고 있는바 국민의 종교의 자유와 종교교육의 자유가 향유될 수 있도록 보장하는 조치를 진지하게 강구하여야 한다. 본 글은 오늘날 우리나라의 기독교학교가 직면한 이러한 위기적 상황을 국가가 어떻게 해결해야 할지를 제안하기 위한 것이다.

2. 현 종교계 학교교육의 문제들

오늘날 한국 종교계 학교교육은 심각한 문제를 안고 있다. 자신이 원하지 않는 종교계 학교에 배정되는 교육 제도로 인하여 학생들의 종교적 자유를 누릴 수 있는 인권이 보장되지 못하고 있으며, 종교계 학교는 종교교육을 실시할 수 있는 종교교육의 자유를 누리지 못하고 있다. 또한 부모가 자녀를 자신이 믿는바 신앙적 가치관에 근거한 교육을 받을 수 있는 학교를 선택할 수 있는 자유가 제한되고 있으며, 학교는 종교교육과정을 편성하여 교육할 수 있는 사립학교의 기본적인 자율성을 보장받고 있지 못하며, 이러한 한계들은 종교교육을 약화시키는 심각한 요인들이 되고 있다.

1) 학생의 종교적 인권 침해

우리나라의 헌법은 모든 국민의 종교의 자유를 보장하고 있다. 헌법 제20조는 "모든 국민은 종교의 자유를 가진다. 국교는 인정되지 아니하며, 종교와 정치는 분리된다."고 규정하고 있고, 헌법 제12조는 "모든 국민은 신앙과 양심의 자유를 가진다."고 규정함으로써 종교와 신앙의 자유를 보장하고 있다. 종교의 자유는 일반적으로 내면적 영역인 신앙의 자유와 외현적 행동인 종교행위의 자유를 포함한다. 신앙의 자유란 "신앙 선택의 자유, 신앙 변경의 자유, 무신앙의 자유를 의미하는바, 이러한 신앙의 자유는 내심의 자유영역에 속하는 것으로 어떠한 경우에도 제한할 수 없는 절대적 기본권에 해당되며, 양심의 자유와의 관계에서 특별법적 의미를 갖는 것으로 이해되고 있다. 즉, 신앙의 자유는 내적, 정신적 자유로서 인간의 천부적 인권의 하나인 양심의 자유를 대표하는 자유로 인정되어 왔다. 양심의 자유란 인간이 자유롭게 행동할 수 있는 권리로서 사상의 자유의 하나이며 또한 종교 자유의 근본을 구성하는 자유이다"(황준성 외, 184). 그런데 우리나라의 평준화 교육 제도 하에서는 자신이 원하지 않는 종교계 학교로 배정될 수 있기 때문에 신앙의 자유와 종교의 자유가 보장될 수 없는 상황이 발생하게 되고, 이로 인해 학생의 종교적 인권이 침해될 수 있다. 자신이 믿고 있는 종교와 다른 종교적 이념을 건학정신으로 삼고 있는 종교계 학교에 배정되거나, 무종교를 원하는데 종교계 학교에 배정됨으로 인하여 자신이 마땅히 누릴 수 있어야 하는 종교의 자유가 제한받게 되는 상황이 발생하는 것이다.

그 대표적인 사례가 2004년에 대광고등학교에서 발생한 소위 '강의석 사건'일 것이다. 이 사건은 2010년 대법원 판결로 일단락되었는데, 평준화 제도 속에서 강제로 종교계 학교로 배정된 학생의 종교적 인권 관련 사건이라고 할 수 있다. 당시 대법원 판결의 기본 취지는 기독교학교의 종교교육의 자유와 학생의 종교의 자유를 모두 인정하고 있으면서도 학생의 종교의 자유가 더 두텁게 보호되어야 한다는 것이다. 대법원 판결문은 헌법 제20조제1항의 "모든 국민은 종교의 자유를 가진다."를 인용하면서 이러한 종교의 자유에는 "자신의 종교적인 확신에 반하는 행위를 강요당하지 아니하는 소극적인 종교행위의 자유 및 종교교육의 자유 등이 포함된다."고 보았다(대법원 2010. 4. 22. 2008다38288, 2). 사립학교가 공교육 체계에 편입되고 평준화 정책이 시행된다고 하더라도 종교교육을 실시할 수는 있지만, 종교계 학교에 배정된 학생 또한 종교교육을 거부할 자유를 갖는 것으로 보았던 것이다. 기독교계 학교에 타종교 또는 무종교 학생이 배정될 때 이러한 갈등이 일어날 수 있을 뿐 아니라 기독교인 학생이 타종교계 학교에 배정될 때 역시 종교적 인권이 보장되지 못하는 현상이 발생할 수 있다.

종교계 학교에 배정받은 학생의 이러한 종교적 인권을 보장하기 위하여 대체과목 개설을 요구하기도 하지만 이것은 학생의 종교의 자유를 근본적으로 보장할 수 있는 방식이 아니다. 왜냐하면 종교계 학교의 종교교육은 종교의식이나 종교 과목에만 국한되는 것이 아니라 학교의 종교적 분위기, 모든 교과에서의 종교적 가치관에 입각한 교수·종교적 건학이념에 터한 학교경영, 행정 그리고 종교적 가치관이 스며들어 있는 잠재적 교육과정 등 학생을 둘러싼 교육 환경이 종교적인 성격을 지닐 수밖에 없기 때문이다. 이러한 종교계 학교에 배정된 학생의 종교의 자유를 보장하고 종교적 인권이 침해받지 않기 위해서는 교육과정상에 있어서의 보완조치라고 하는 소극적인 방안보다는 배정 시스템의 변화를 도모하여 종교계 학교에 배정되지 않도록 하거나 입학한 후에라도 전학을 할 수 있는 제도를 구축하는 적극적인 방안이 요청된다고 볼 수 있다.

2) 종교교육의 자유 제한

종교계 사립학교의 존립을 떠받들고 있는 중요한 기초 가치는 종교교육의 자유이다. 모든 국민 개개인의 종교의 자유가 보장되듯이 종교교육의 자유가 보장되어야 한다는 것이다. 앞에서 언급한 대로 우리나라의 헌법은 종교행위의 자유를 보장하고 있는데, 종교행위의 자유에는 신앙고백의 자유, 종교의식의 자유, 종교적 집회·결사의 자유 그리고 선교와 종교교육의 자유가 포함된다. 종교교육의 자유는 바로 이 종교행위의 자유에 해당하며 헌법상 보장되는 국민의 기본권이라고 할 수 있다. 종교계 사립학교는 이러한 종교교육의 자유에 근거하여 설립된 학교이다. 여기에서의 종교교육은 교양교육으로서의 종교학 교육이나 종교 일반에 대한 교육만을 의미하는 것이 아니라 종파교육, 즉, 신앙교육을 포함한다. 종교교육의 자유는 종교계 학교법인이 종교계 학교 설립과 운영을 통해 종교교육을 시행할 자유만이 아니라 국민의 종교교육을 받을 자유까지도 포함한다. 특정 종교를 지닌 부모가 그 자녀가 그 종교적 가치관에 근거한 종교교육을 받기를 원할 때 그러한 교육을 받을 수 있는 자유가 보장되어야 한다는 것이다. "국민의 종교교육을 받을 자유는 실제적 측면에서 원하는 종교교육을 받을 수 있는 여건으로서 종교계 사립학교의 설립, 운영이라는 기본 전제가 충족되지 않으면 아니 되는바, 종교교육의 자유의 보장과 실현을 위한 핵심은 특정 종교교육을 목적으로 하는 종교계 사립학교를 설립할 자유와 이 사립학교에서 실질적으로 종교교육을 수행할 수 있는 자유를 의미한다"(황준성 외, 189-190). 이러한 종교교육의 자유라고 하는 근거에 터해서 종교계 사립학교가 설립되고 운영되고 있는 것이다. 우리나라의 교육기본법 제6조제2항은 "국가 및 지방자치단체가 설립한 학교에서는 특정한 종교를 위한 종교교육을 하여서는 아니 된다."라고 규정하고 있으나 이는 사립학교에서는 종교교육을 할 수 있음을 의미하고 있는 것이다. 또한 교육기본법 제25조는 "국가 및 지방자치단체는 사립학교를 지원·육성하여야 하며, 사립학교의 다양하고 특성 있는 설립 목적이 존중되도록 하여야 한다."고 규정함으로써 종교계 사립학교를 포함한 사학의 자유를 적극적으로 보장하고 있다.

여기에서 종교계 사립학교의 종교교육에 대한 성격에 대한 논의가 필요하다. '종교교육'이라는 용어는 매우 포괄적이고 다양한 접근의 가능성을 포함하고 있다. 일반적으로 종교교육을 크게 세 가지 유형으로 나누고 있다.

첫째는 '종교학' 교육으로서 종교현상에 대한 철학적 이해, 다양한 종교에 대한 이해 등을 가르침으로 종교에 대한 건강한 인식을 갖도록 돕는 교육이다. 둘째는 종교성교육 또는 영성교육으로서 종교적 경험을 통해 종교적 심성을 갖도록 하고, 인성의 개발과 윤리적 실천을 함양하는 교육이다. 셋째는 종파교육이라고 일컫는데 특정 종교에 대한 이해와 경험을 통해 그 종교를 내면화하고 그 종교가 추구하는 가치를 구현하도록 돕는 교육이다(강영택 외, 15-21). 이 중에서 첫째와 둘째에 해당하는 '종교학'교육과 '종교성'교육은 교양교육의 차원으로 국·공립학교에서도 실천할 수 있는 종교교육이라고 할 수 있다. 종교계 사립학교의 설립 목적은 종교 일반에 대한 가르침이라기보다는 특정 종교에 초점을 맞추어 그 종교를 이해하고 경험하게 함으로써 그 종교적 세계관에 근거한 삶을 구현하도록 하는 것이다. 국·공립학교와는 달리 종교계 사립학교에서 실천할 수 있는 종교교육의 성격은 소위 '종파교육'으로써 특정 종교의 종교교육이라고 할 수 있다.

이러한 종교계 사립학교에서의 종파교육으로서의 종교교육은 헌법적으로 보장된 종교의 자유와 사학의 자유에 포함된다고 볼 수 있다. 소위 '강의석 사건'에 대한 대법원 판결문에도 보면 종교계 사립학교가 종파교육을 할 수 있음을 분명히 하고 있다.

즉, 사립학교는 독자적인 건학이념을 실현하기 위하여 설립되는 것이고 종립학교의 건학이념은 특정한 종교의 교리를 전파하는 것이라고 할 수 있으며, 선교의 자유의 일종인 종교교육의 자유는 종립학교와 다른 종교를 가진 학생들이나 신앙을 가지지 아니한 학생들을 상대로 특정 종교를 선전하고 전파하는 자유를 당연히 포함하고 있으므로, 이러한 종립학교에 대하여 평준화 정책이 합헌이고 학생들이 강제로 배정되었다는 이유로 종교교육을 제한하는 것은 종립학교의 종교교육의 자유나 운영의 자유를 중대하게 침해하는 것이라고 볼 수 있으며, 학교교육은 학생의 창의력 개발 및 인성 함양을 포함한 전인적 교육을 중시하여 이루어져야 하고(교육기본법 제9조제3항), 종교교육 역시 학생들의 올바른 심성과 가치관을 기르는 데에 도움이 될 수 있으므로, 종립학교가 종파교육 형태의 종교교육을 실시한다고 하여 그 자체만으로 바로 강제로 배정된 학생들에 대한 관계에서 학교법인의 종교교

육의 자유나 사학의 자유의 한계를 넘은 것이라고 단정할 수 없을 것
이다(대법원 2010. 4. 22. 2008다38288. 8).

즉, 종교계 사립학교의 종교교육은 그 성격이 종파교육이라고 할지
라도 법적으로 당연히 보호되어야 하며, 헌법이 보장하는바 종교교육
의 자유와 사학의 자유의 범주에 속한다고 할 수 있다. 문제는 이러한
사립학교의 정체성이나 종교계 사립학교로서 종교교육을 시행할 수
있는 종립학교의 헌법적 자유의 성격이 변화된 것이 아니라, 그대로
지속되고 있지만 평준화 정책으로 인해 이러한 종교교육의 자유가 제
한될 수 있는 상황을 맞게 되었다는 것이다.

3) 학생과 부모의 학교 선택권 침해

종교계 학교는 종교교육의 자유만이 아니라 학생의 종교의 자유도
존중되어야 하고 종교교육을 받지 않을 자유도 인정되어야 하기 때문
에 학생(또는 그 부모)이 종교계 사립학교를 선택할 수 있는 자유는 학
생의 인권을 위해서도 너무나 중요한 헌법적 권리라고 할 수 있다. 정
인섭은 "국제인권조약과 현행 중등학교 진학 제도"라는 연구에서 '학
생의 종교의 자유,' '자녀에 대한 부모의 종교교육의 자유 존중' 그리고
'자녀를 위한 부모의 사립학교 선택의 자유 존중'은 기본적인 인권 문
제로서 국제인권조약이 보장하고 있는 자유라고 주장하고 있다(정인
섭, 137). 그는 오늘날 우리나라의 거주자별 추첨을 통한 무시험 진학
제는 "같은 구역 내 소재한 공립학교와 사립학교를 동일하게 취급하
며 학생들을 배정하고 있기 때문에" 원치 않는 종교계 학교에 배정될

수도 있고, 또는 원하는 종교계 학교에 갈 수 없게 되기도 하므로 학생의 종교의 자유가 침해되고 있다고 주장한다. 국제규약(국제인권규약 B 규약) 제18조와 아동권리협약 제14조는 종교의 자유를 밝히고 있는데, 여기에는 종교를 선택할 자유는 물론 종교를 강요받지 말아야 하는 자유가 포함되며, 국제인권규약(B규약) 제4조2항은 이러한 종교의 자유는 국가 비상사태 시에도 제한할 수 없는 절대적 자유로 규정하고 있다. 평준화는 입시 과열을 막고 그 전 단계 교육을 정상화시키기 위한 조치였지만 종교의 자유를 침해하고 있다는 점에서 심각한 인권 문제를 안고 있다고 볼 수 있다.

또한 정인섭은 국제인권조약은 부모의 종교적 신념에 따라 자녀의 종교교육을 확보할 자유의 존중을 종교의 자유 또는 교육의 권리로 규정하고 있다고 주장하는데, 국제인권규약(B규약) 제18조4항은 종교의 자유의 일부로써, 국제인권규약(A규약) 제13조3항은 교육의 권리의 일부로써 부모가 자신의 신념에 따라 자녀의 종교적 교육을 확보할 자유를 존중하여야 한다고 규정하고 있다고 말한다(정인섭, 141). 그런데 우리나라의 평준화 제도는 부모가 자녀를 위하여 특정 종교교육을 선택할 자유도, 회피할 자유도 부정되고 있는 현실이다. 이는 이러한 종교교육을 실시할 학교가 없기 때문에 발생하는 문제가 아니라 그러한 학교가 존재함에도 불구하고 국가가 학부모의 학교 선택권을 인정하지 않기 때문에 발생하는 문제이고, 이는 심각한 인권 침해라고 할 수 있다는 것이다. 이렇듯 부모의 자녀 종교교육에 대한 자유의 침해는 부모의 사립학교 선택의 자유가 제한되는 것과 직결되어 있는데, 국제인권규약(A규약) 제13조3항은 "국가는 부모가 자녀를 위하여 공공당국이 설립한 학교 이외의 학교를 선택할 자유를 존중할 것을 규정"하고 있

다. 민주주의 사회에서는 다양한 삶의 방식을 향유할 수 있는 권리가
있고, 이를 위한 교육과 학교를 선택할 수 있는 자유가 보장되어야 한
다는 것이다. 그런데 우리나라 교육의 오늘의 상황은 사립학교는 존재
하지만 부모의 사립학교 선택의 자유가 상당부분 제한되고 있다고 볼
수 있고, 이는 국제인권규약의 명백한 침해라고 할 수 있다.

4) 사립학교의 정체성 상실

우리나라에서 종교계 학교가 종교교육을 제대로 구현할 수 없는 한
계는 사립학교의 자율성 위기와 깊이 연관되어 있다. 우리나라의 사립
학교에 대해서는 다음과 같은 근본적인 질문을 던지지 않을 수 없다.
"우리나라에 과연 사립학교가 존재하는가?" "사립학교의 설립과 운영
의 자유가 존재하는가?"

종교계 사립학교의 종교교육의 자유를 가능케 하는 기초는 사학의
자유이다. 사학의 자유는 국가에 의해서 통제되고 행사되는 공립학교
만이 아니라 개인이 학교를 설립하고 교육을 실천할 수 있는 자유이
다. 즉, 사학의 자유는 "국가에 의한 교육 독점을 배제하는 원리로써
탄생한 것으로써 종교적, 정치적 다원주의 사회, 즉, 시민의 사상 및
종교의 다양성 보장을 전제로 하여 교육에 관한 권리를 사인의 자유권
으로서 헌법상 보장한 것"이라고 할 수 있다(황준성 외, 191). 개인이 건
강한 교육이념을 근거로 교육할 수 있는 학교를 설립, 운영할 수 있는
자유가 있으며, 특정한 가치관에 근거한 교육을 받기 위해 그러한 교
육관에 근거하여 교육을 제공하는 학교를 선택하여 교육받을 수 있는
자유가 보장되기 위해서는 사학의 자유가 무엇보다 중요하며, 종교계

학교는 이러한 사학의 대표적인 형태라고 할 수 있다. 의무교육 제도를 시행한다고 하더라도 그것은 최소한의 교육을 받을 것에 대한 국가의 책임을 의미하는 것이지 모든 국민이 공립학교를 다녀야 하는 것을 의미하는 것은 아니다.

사립학교는 국·공립학교와 구별되는 정체성을 갖는다. 사실 사립학교의 교육만이 아니라 모든 교육은 자주성과 자율성이 존중되어야 한다. 우리나라의 헌법 제31조는 기본적으로 '교육의 자주성'을 보장하고 있고, 교육기본법 제5조도 '교육의 자주성'과 '학교 운영의 자율성'을 존중하고 있다. 더욱이 국가 및 지방자치단체가 설립한 국·공립학교가 아닌 사립학교는 그 정체성이 자율성에 있다고 볼 수 있다. 교육기본법 제25조는 "국가 및 지방자치단체는 사립학교를 지원, 육성하여야 하며, 사립학교의 다양하고 특성 있는 설립 목적이 존중되도록 하여야 한다."고 규정하고 있다. 즉, 사립학교는 학교를 설립할 때의 건학이념에 따라 교육을 실천할 수 있어야 하고, 여기에는 학생 선발권과 교육과정 편성권까지 포함하는 자주성이 보장되는 것을 의미한다. 그런데 우리나라의 사립학교는 외국에서는 그 예를 찾아보기가 힘들 정도로 자율성을 제한받고 있다. 명칭은 사립학교이고 제도적으로 사립학교로 존재하지만 실제적으로는 사립학교가 아닌 국·공립학교의 성격을 지니고 있는 셈이다.

혹자는 한국의 사립학교의 현황은 외국의 사례와는 달리 매우 독특한 것으로써 그 차지하는 비중이 크고 공공성을 강하게 띠고 있기 때문에 '준공립'의 성격을 지니는 것으로 이해해야 한다고 말한다. 주지하는 대로 1960년대 이후 국민들의 급증하는 교육에 대한 요구를 정부가 국가적인 예산만으로는 감당하기 어려워 개인이나 법인이 학교를 설립할 수 있도록 함으로써 교육 수요를 감당할 수 있었고, 이로 인해 한국 교육의 사립학교 의존도가 높아졌다. 더욱이 1969년 중학교 평준화와 1974년 고등학교 평준화 이후에는 사립학교가 공립학교와 같은 액수의 등록금으로 제한할 수밖에 없었고, 그로 인한 부족분을 정부가 대신 충당해 주는 방식으로 운영하고 있는 실정이다. 사실 현재의 상황으로만 볼 때에는 사립학교가 공공성을 상당부분 지니고 있음을 부인할 수 없다. 중학교의 경우에는 전체 학교의 22%, 고등학교의 경우에는 전체 학교의 거의 절반에 가까운 45.1%를 사립학교가 차지하고 있다. 재정의 경우, 사립 고등학교를 살펴보면, 교사 인건비와 학교운영비 등 경상비 성격으로 정부가 지원하고 있는 재정결함 보조금이 43.6%, 정책사업비 성격의 중앙 및 지방정부 보조금이 10.7% 그리고 등록금과 수익자 부담 경비가 41.2% 정도이며, 학교법인의 전입금은 약 2% 수준에 불과하다(이주호, 134). 결국 재학생이 차지하는 비중이나 재정 의존도에 있어서 사립학교는 사립학교라고 불리기 어려울 정도로 공공적 성격을 지니고 있음을 인정할 수밖에 없다. 이는 사립학교 학생의 비중이 10% 내외를 차지하고, 재정을 거의 자율적으로 운영하는 외국의 경우와는 크게 대조를 이룬다. 그러나 우리나라의 경우, 사립학교가 주체적으로 선택한 사안이 아니며, 더군다나 사립학교가 정부에 요청하여 이루어진 경우가 아니다. 이러한 사립학교의 왜곡된 구조는 상당부분 정부에 의해서 강요된 성격을 지닌다.

이제는 이러한 왜곡된 사립학교의 구조를 청산하고, 사립학교의 자율성을 확보하며, 기독교계 사립학교의 자율성을 회복해야 한다. 기독교계 사립학교의 자율성이 보장되지 않는 한에서는 작금의 상황에서 볼 수 있듯이 기독교학교의 정체성을 구현할 수 없기 때문이다. 오랜 기간 왜곡된 구조를 지녀왔기 때문에 오늘날 사립학교의 구조적 현실을 개선하는 것은 쉬운 일이 아니다. 그러나 이 땅에 기독교학교를 통한 기독교교육을 실천하기 위해서는 본질적인 개혁이 필수적이다.

5) 종교교육과정의 파행

우리나라의 중등교육에 있어서 종교교육과정의 변천은 전체 교육과정의 변천과 맥을 같이 하고 있다. 해방 이후 우리나라의 교육과정은 미군정기 시기를 지나 1954년 4월 20일에 제1차 교육과정이 공포된다. 그 이후 오늘에 이르기까지 10회에 걸친 교육과정 개정이 이루어진다. 제2차 교육과정(1963), 제3차 교육과정(1973), 제4차 교육과정(1981), 제5차 교육과정(1987), 제6차 교육과정(1992), 제7차 교육과정(1997), 제7차 교육과정 개정(2007), 재개정(2009), 재개정(2011) 등이다. 종교교육과정의 관점에서 그동안의 교육과정 변천을 시대 구분한다면 해방 이후부터 제3차 교육과정 시기까지를 '신앙교육 시기'로, 제4차 교육과정부터 2009년 재개정까지를 '종교교육 시기'로 그리고 2011년 재개정 이후의 종교교육과정을 '종교학 교육 시기'로 구분할 수 있을 것이다.

첫째, 신앙교육 시기는 해방 이후부터 제3차 교육과정 시기까지인데, 이 시기에는 종교계 사립학교들이 특별한 규제 없이 신앙교육을 실시할 수 있었다. 미군정기부터 제1공화국에 이르는 시기에 많은 종립학교들이 재건되거나 창립되었으며, 이들 학교가 종교교육을 시행하는 데에는 아무런 제약이 없었다. 이 시기는 기독교인의 수가 빠른 속도로 증가하는 시기였으며, 기독교계 사립학교가 학생 선발권과 교육과정 편성권 등 자율성을 확보하고 있던 때였다. 이 시기 개신교계 학교의 경우, 매 주 1회 이상의 예배와 성경수업, 기도회 그리고 연간 1회 이상의 부흥회를 진행하였다. 종교수업 교재는 학교별로 임의 제작하여 사용하거나 총회교육부에서 발행한 성경 교과서를 채택하여 사용하였다. 그런데 1974년 평준화 제도로 인해서 기독교학교에서의 신앙교육이 어렵게 되었다.

둘째, 종교교육 시기는 교육과정에 종교 과목이 개설되고, 그에 따른 종교교육이 가능해진 시기를 의미한다. 제4차 교육과정에서 종교 교과는 자유선택 교과로서 국가의 공식적인 교육과정 안에 포함되게 되었고, 제5차 교육과정에서는 교양 필수 선택과목이 되었다. 이는 긍정적인 면에서 종교 교과가 공식적인 교육과정에 포함되어서 합법적이고 공식적으로 종교교육을 할 수 있게 되었음을 의미한다. 그러나 종교 교과가 공식적인 교육과정 안에 포함되면서 종교 교과의 성격이 종전까지 지속할 수 있었던 신앙교육으로부터 종교 일반에 대한 교육으로 그 성격이 바꾸어지게 된 부정적인 면이 있다. 종교 과목에는 당연히 다른 종교에 대한 가르침도 포함되어야 하고, 종교에 대한 일반적인 이해가 포함되어야 했다. 이는 교양으로써 종교에 대한 인식을 고양하는 데에는 유익하지만 신앙교육은 상대적으로 약화될 수밖에 없었다. 이러한 변화는 평준화 제도로 인하여 학생이 학교에 강제 배정되어 원하지 않지만 종교계 학교에 입학하게 된 학생들을 고려해야 하는 불가피한 조치였다고도 할 수 있다.

셋째, 종교학 교육 시기는 2011년 재개정 교육과정부터를 일컫는다. 그 전까지의 교육과정에서도 종교 과목의 교육과정은 상당부분 종교학의 내용을 담고 있었지만, 2011년 재개정 교육과정에서는 '생활과 종교'라는 명칭이 아닌 '종교학'이라는 명칭을 사용하고 있다. 그리고 교육과정 개정의 방향도 '종교를' 가르치는 것이 아니라 '종교에 대하여' 지적이고 객관적으로 가르치는 종교학적 관점을 지니고 있다. 제7차 교육과정 시기만 하더라도 종교교육에 있어서 종립학교의 현실을 인정하고 종교학적인 종교교육과 신앙교육으로서의 종교교육이 동시에 충족될 수 있도록 고안하려고 노력하였다. 그러나 종교학 교육 시기가 되면서 이러한 경향마저 사라져 다양한 종교에 대한 포괄적이고 객관적인 이해만을 추구하는 방향으로 변화가 일어나게 된다.

신앙교육 시기에서 종교교육 시기로 그리고 종교학 교육 시기로의 종교교육과정의 변천이 의미하는 것이 무엇인가? 이것은 특정 종교의 신앙을 중시하는 교육에서부터 종교에 대한 객관적인 이해를 강조하는 교육으로의 변화를 의미하며, 특정 종교의 이념에 기초한 종교계 사립학교의 특수성과 자율성을 강조하는 입장에서부터 교육의 공공성과 보편성을 강조하는 입장으로의 변화를 의미한다. 종교교육 시기만 하더라도 아직은 종교교육의 한 부분으로써 특정 종교의 가치를 가르치는 신앙교육의 가능성이 남아 있었지만, 종교학을 종교교육의 내용으로 하는 경우는 보다 더 탈신앙화가 가속화되게 된다(박상진, 35-63).

오늘날 우리나라의 기독교학교가 평준화 제도를 근간으로 하는 공교육 체제에 편입되어 있기 때문에 겪게 되는 이러한 여러 가지 제한으로 인하여 궁극적으로는 기독교교육이 약화되는 현상을 경험하고 있다. 기독교학교는 기독교 정신에 근거한 건학이념의 구현을 목적으로 하고 있는데 이를 실현하기 위해서 가장 중요한 것이 자율성이다. 이 자율성에는 크게 세 가지 자율성이 포함되어 있는데 바로 교육과정 편성의 자율성, 교원 임용의 자율성, 학생 선발의 자율성 등이다. 기독교학교가 기독교교육을 실천하기 위해서 가장 기본적으로 필요한 것은 기독교교육과정을 편성하는 것이다. 기독교적 가치관에 입각하여 교육 목적을 설정하고, 이를 이루기 위한 교과목을 편성하고 기독교적 교수방법으로 가르쳐야 한다. 기독교학교는 채플과 종교수업과 기독교와 관련된 것이 아닌 모든 교과목이 기독교적 가치관에 근거한 가르침이 되도록 하여야 하고, 이는 기독교학교의 교육과정이 일반 공립학교와는 다른 기독교적 교육과정이 되어야 함을 의미한다. 그러나 오늘날 우리나라의 교육 현실 속에서 기독교학교의 상황은 국가 교육과정을 그대로 가르쳐야 한다. 여기에서는 기독교학교의 건학이념을 이루기 위한 독특한 기독교적 교육과정의 구성이 가능하지 않다. 일반 교과 수업에서는 기독교적 성격이 거의 드러나지 않는, 일반 공립학교와 별반 다를 바 없는 교육이 이루어지는 한계를 보이고 있는 것이다. 기독교적 교육과정이 부재한 학교를 과연 기독교학교라고 부를 수 있을 것인가?

이는 교수방법이나 학급 경영에 있어서도 마찬가지이다. 기독교학교는 기독교적 인간이해에 바탕을 둔 기독교적 교수방법으로 수업이 이루어지고 학생 지도가 이루어져야 하는데, 이를 위해서는 기독교교육의 의지가 있는 교사를 초빙하고 그들에게 지속적인 기독교교육 연수와 나눔을 통해 기독교교육 공동체를 형성할 수 있어야 할 것이다. 그런데 교사 임용에 있어서도 종교적인 차별을 두어서는 안 된다는 식의 공공성 강요는 사립학교의 독자적인 교육을 가능케 하는 기초적인 자율성을 침해하고 있는 것이다. 특히 오늘날 우리나라의 기독교학교 현실 속에서는 학교가 주도적으로 학생을 선발할 수 있는 것이 아니기 때문에 이러한 건학이념에 동의하는 학생을 선발할 수 없는 실정이다.

이는 교육의 전 영역에 있어서 마찰과 갈등을 불러일으킬 수 있는 소지를 갖고 있다. 대광고 강의석 학생 사례에서 볼 수 있듯이 예배, 종교수업, 교과 수업, 학교 활동 전반에 걸쳐서 문제를 제기하면 언제든지 갈등이 일어날 수밖에 없는 현실인 것이다. 이것이 기독교학교에 있어서 기독교적인 교육과정도, 기독교적인 교수방법도, 기독교적인 학급 운영도 어렵게 하고 있는 것이다.

물론 오늘날의 현실 속에서 기독교학교가 할 수 있는 것이 전혀 없는 것은 아니다. 어려운 여건 속에서도 기독교학교 구성원들이 최선의 노력을 통해서 기독교교육을 실천해야 한다. 그러나 기독교 사립학교마저 공립 대체 사립학교 또는 준공립학교로 전락됨으로 인하여 명실상부한 기독교교육을 할 수 없는 구조적 한계에 봉착하게 된 것이다.

3. 종교교육 갈등 원인으로써 평준화 제도와 국가의 책임

오늘날 우리나라의 종교교육과 관련된 문제의 근본 원인은 평준화 제도라고 할 수 있다. 종교계 사립학교를 포함한 모든 사립학교를 평준화 제도라고 하는 공교육 체제 속에 편입시켜 학생을 강제로 배정하도록 함으로써 학생의 종교적 인권도 보장되지 못하고 종교계 학교의 종교교육의 자유도 보장되지 못하는 문제를 야기한 것이다. 이런 점에서 종교교육과 관련된 갈등의 책임은 학생이나 학교가 아니라 국가에 있으며, 국가는 이러한 문제를 해결할 수 있는 방안을 적극적으로 모색하여야 할 의무가 있다.

1) 평준화 제도와 종교교육

오늘날 종교교육과 관련된 대부분의 갈등은 평준화 제도로 말미암은 것이라고 해도 과언이 아니다. 1974년 고교 평준화 제도가 시행되기 전에는 학생들이 종교계 사립학교를 지원하여 입학하였기 때문에 학생의 종교적 인권이 침해되지 않았고, 종교계 사립학교도 종교교육의 자유를 보장받을 수 있었다. 그러나 평준화 제도 시행 이후부터 오늘에 이르기까지 종교교육과 관련된 갈등과 분쟁은 끊이지 않고 있으며, 이로 인해 학생의 종교의 자유와 학부모의 학교 선택의 자유 그리고 종교계 사립학교의 종교교육의 자유가 보장되지 않고 있다.

평준화 제도는 박정희 군사정권 하에서 당시 문사부가 과열 입시 경쟁으로 인한 교육적·사회·경제적 폐단을 시정하고, 중학교 및 고등학교 교육을 정상화시킨다는 명분으로 단행한 것이다. 1972년 12월에 당시 서울대학교 사범대학 학장인 서명원 박사를 위원장으로 한 입시제도연구협의회를 구성하여 입시 제도 개혁안의 연구를 의뢰하였고, 이 연구를 토대로 고교 평준화 정책의 골격을 구체화하여 이를 1973년 6월 28일에 확정·발표하고 1974년도부터 시행하게 된 것이다(김정래, 91). 이는 평준화 제도는 네 가지를 평준화하겠다는 정책으로써, 학생의 평준화, 시설의 평준화, 재정의 평준화 그리고 교원의 평준화를 그 핵심으로 하고 있다. 학생의 평준화는 무작위 추첨에 의해 학생들을 학교에 배정하는 것을 의미하는 것으로써, 아이들을 성적순으로 서열화해 놓고 이 순서에 따라 골고루 각 학교에 배정하는 '배급제'의 성격을 지니고 있다. 각 학교의 시설과 재정을 평준화한다는 것은 곧 국가 개입을 불러올 수밖에 없다. 건학이념이나 재단의 재산 상태나 시설이

같을 수 없는데 이를 동일하게 만들겠다고 한 것이 평준화인 것이다. 이로 인하여 사학에 지급하는 보조금 문제가 발생하고 사학은 본래의 건학 취지와는 달리 더욱 자생력을 잃어가게 된다. 교원 인사의 평준화도 많은 문제를 안고 있는데, 부실한 사학의 경우, 공립학교 교원을 강제 배정할 수 있음을 의미한다. 이 경우, 사기, 의욕, 신분 등의 제반 문제가 발생하게 되는 것이다(김정래, 55-56).

평준화 제도의 시행에 있어서 가장 심각한 문제는 사립학교를 평준화 대상으로 포함시키고 있다는 점이다. 평준화 제도는 사립학교의 기본적인 속성을 무시한 것으로써 사립학교를 공립학교와 마찬가지로 취급하는 제도인 셈이다(강태중, 115). 당시 문교부 장관이었던 민관식은 그의 책 『한국교육의 개혁과 진로』에서 평준화 제도에 사립학교를 포함시킨 이유를 다음과 같이 설명하고 있다.

"여러 가지 학교 여건으로 보아 사립학교는 제도 개혁에서 제외하려고 하였으나 사립학교의 수가 공립학교의 수보다 훨씬 많아 사립학교를 빼고 공립학교만으로 제도 개혁을 한다는 것은 무의미한 것이 되므로 사립학교도 제도 개혁에 넣지 않을 수 없었다."(민관식, 76).

우리나라가 평준화 제도의 모델로써 모방하고 있는 것은 일본의 평준화 제도라고 할 수 있는 학구제와 학교군제인데, 일본의 경우는 평준화의 대상으로 사립학교를 포함시키지 않았다. 당시 교육부 출입 기자는 이 문제에 대해 다음과 같이 증언하고 있다.

"당시 민관식 장관은 일본 도쿄에 사람을 보내 고교 배정 입학 제도의 실상을 알아오도록 했다. 공주대 체육과 윤석병 교수와 홍대부속초등학교 김동연 교장이 선발됐는데, 이들이 조사한 도쿄의 고교 배정제는 공립고교에만 적용되고, 사립고교는 자율 선택제였다. 이것을 우리

정부가 국·공·사립 구분 없이 무차별 적용해 '고교 평준화'라고 부른 것이다. 종교계 학교에 배정된 학생들이 문제였다. 그러나 정부는 우리나라엔 국교가 없다는 구실로 학교의 방침에 따르라며 학생들의 불만을 억눌렀다."(기병옥, 234-253).

즉, 당시에도 이미 종교계 사립학교에 배정된 학생들의 불만이 있었음에도 불구하고 사립학교를 포함한 평준화 제도를 강행했던 것이다. 이러한 평준화 제도는 종교계 사립학교를 포함한 사립학교 측의 동의를 구하여 시행한 것이 아니라 군사정권이 일방적으로 시행한 것으로 이로 인해 우리나라의 사립학교는 사립학교로서의 정체성과 자율성을 상실하게 되는 심각한 위기를 맞이하게 된 것이다.

평준화 제도는 지금도 교육적인 논쟁의 핵심에 위치해 있고, 위헌 시비가 끊이지 않고 있다. 평준화의 위헌 논의는 주로 학생의 학습권과 부모의 교육권 및 이 양자의 권리로부터 파생하는 학교 선택권과 관련되어 있다. 지금까지 평준화와 관련된 학교 선택권의 제한이 위헌이 아니라는 취지의 두 건의 헌법재판소의 판결이 나와 있는데, 1995년과 2000년도의 판결이다. 1995년 헌법재판소는 부모의 중등학교 선택권을 제한한 것과 관련하여, 거주지를 기준으로 중·고등학교 입학을 제한하는 것이 학교 선택권을 본질적으로 그리고 과도하게 제한한 것은 아니라고 판단했다(최대권·정인섭, 30). 또한 2000년에도 헌법재판소가 학교 선택권은 학부모의 헌법상의 권리임은 인정하면서도 학교교육의 영역에서는 국가의 광범위한 형성권을 인정함으로써 위헌이 아니라고 판시하였다. 그러나 이러한 판결에 대해 의문을 제기하는 학자들이 많이 있다.[1] 이들의 공통적인 지적사항은 평준화 무시험 제도

---

1 허종렬 교수는 2000년도의 판례에 대해서 "학교교육 분야에서는 공교육이 이루어

를 담고 있는 현행 초·중등교육법 제47조는 학생과 부모의 학교 선택의 자유를 상당부분 제한하고 있기 때문에 헌법 정신과 배치된다는 것이다.

이러한 평준화 제도의 위헌적 성격은 평준화가 학생의 종교의 자유, 부모의 자녀에 대한 종교교육의 자유, 이를 위한 부모의 자녀를 위한 학교 선택의 자유 등 인간의 기본 인권을 상당부분 제한하고 있다는 점에서 더욱 심각하게 인식할 필요가 있다. 우리나라의 헌법은 물론, 한국도 가입되어 있는 '시민적 및 정치적 권리에 관한 국제규약'[2] 제18조와 '아동권리협약'[3] 제14조 등 국제인권조약은 종교의 자유를 분명히 규정하고 있다. 현행 평준화 제도 하에서 학생들은 이러한 종교의 자유를 제대로 보장받지 못하고 있다. 이것은 종교를 선택할 자유와 종교를 거부할 자유 모두에 대해서 갈등을 유발할 수밖에 없다. 특히 부모가 자신의 신념에 따라 자녀에게 종교교육을 할 수 있는 자유가 보장되어야 한다. 많은 국제인권조약이 부모가 자신의 종교적 신념에 따라 자녀의 종교교육을 확보할 자유를 존중할 것을 종교의 자유 또는 교육의 권리의 일부로 규정하고 있다(정인섭, 141). 우리나라에서의 평준화 제도는 부모가 자녀를 위하여 특정의 종교교육을 확보할 자

어진다는 논리로 국가에 교육에 관한 독자적인 지위를 부여함으로써 사실상 부모의 교육권에 우선하는 것으로 보는 듯한 입장을 피력한 부분에 대해서는 동의하기 어렵다"고 하였다. 즉, 학부모의 교육권과 국가의 교육권이 충돌하는 경우에는 학부모의 교육권이 우선한다고 보는 것이 인간의 존엄과 가치, 행복추구권의 존중을 이념적 전제로 하는 헌법 정신에 부합하는 것으로 보아야 한다는 것이다(허종렬, 33).

2 International Covenant on Civil and Political Rights. 1966년 12월 16일 채택, 1990년 7월 10일 대한민국에 적용.

3 Convention on the Rights of Child. 1989년 1월 20일 채택, 1991년 12월 20일 대한민국에 적용.

유도, 회피할 자유도 부정하고 있다. 종교교육을 실시하고자 하는 사학이 엄연히 존재하는데도 불구하고 국가가 이에 대한 학부모의 선택을 원칙적으로 봉쇄하고 있는 현행 제도는 국제인권규약에 위배된다고 할 수 있다.[4] 결국 평준화는 학생 및 부모의 종교의 자유 그리고 종교계 학교의 종교교육의 자유를 근본적으로 제약하고 있기 때문에 이 한계를 극복하는 방안 없이는 종교계 사립학교에서의 종교교육과 관련된 갈등은 지속될 수밖에 없을 것이다.

2) 종교교육 갈등에 대한 국가의 책임

오늘날 종교계 학교에서 발생하는 종교교육 관련 갈등의 대부분이 평준화 제도로 인한 것이라면 그 제도를 시행한 국가에게 책임이 있고, 국가는 이를 해소하기 위해서 제도적인 보완책을 강구해야 할 책임이 있다. 종교계 사립학교 내에서 종교교육과 관련하여 학생과 학교 당국 간의 갈등이 유발하는 경우가 많은데, 사실 이 갈등은 학생과 학교 사이의 문제로만 인식해서는 안 되고 그 갈등을 유발한 원인 제공자로서 국가의 책임에 주목해야 한다. 학생은 종교의 자유를 누릴 수 있는 당연한 헌법적 권리가 있고, 종교계 사립학교도 종교교육의 자유와 사학의 자유에 근거하여 종교교육을 시행할 수 있는 당연한 헌법적 권리가 있는데, 이 두 가지 헌법적 권리가 충돌할 수밖에 없도록 평준화 제도를 시행한 국가에게 책임이 있다는 것이다. 대광고등학교 강의

---

4 정인섭은 현행 평준화 제도는 부모의 사립학교 선택의 자유를 제한하고, 또한 개인과 단체가 교육기관을 설립, 운영할 수 있는 '사립학교 운영의 자유'를 침해하고 있다는 점에서 인권의 차원에서 많은 문제점이 있다고 지적하고 있다(최대권·정인섭, 144-146).

석 학생 사례에서 볼 수 있듯이 강의석 군이라는 학생이 원고가 되고, 대광고등학교라는 종교계 사립학교는 피고가 되는 경우가 많다. 종교교육과 관련된 갈등을 종교계 학교와 학생의 갈등으로 이해하여 종교계 학교는 가해자이고 학생은 피해자라는 인식을 갖는 것이다. 그러나 이러한 종교교육과 관련된 갈등은 종교계 학교에 입학한 학생의 잘못도 아니며, 종교적 건학이념에 따라 종교교육을 실시하는 종교계 사립학교의 잘못도 아니다. 종교의 자유와 종교교육의 자유가 충돌할 것을 예상하면서도 무리하게 평준화 제도를 실행한 국가의 책임이다.

여기에서 오늘날 종교교육과 관련된 갈등에 대한 세 종류의 책임론이 있을 수 있음을 발견하게 된다.

첫째는 학생 책임론이다. 이는 평준화 제도 하에서 종교계 사립학교에 배정된 이상 그 학교의 건학이념에 따라야 할 책임이 학생에게 있다고 보는 입장이다. 자신이 원하지 않는 종교교육이라고 할지라도 타종교를 이해하는 차원에서 배우고 경험하는 것은 학생에게도 도움이 될 수도 있다고 주장한다. 학생이 종교교육의 갈등을 스스로 감내해야 한다는 입장이라고 할 수 있다.

둘째는 학교 책임론이다. 이는 평준화 제도 하에서는 종교계 사립학교는 해당 종교를 원하지 않는 학생들도 배정되기 때문에 종교계 학교가 건학이념에 근거한 종파교육으로서의 종교교육을 고집해서는 안 되고, 평준화 제도 이전처럼 종교교육을 실시함으로 인하여 발생되는 모든 갈등의 책임은 학교에 있다고 보는 입장이다.

셋째는 국가 책임론이다. 정책이나 제도를 시행함에 있어서 헌법적인 인권이나 자유, 권리의 침해가 이루어지는지를 심도 있게 분석, 연구하여 국민의 기본적인 자유와 권리가 침해되지 않는 정책이나 제도를 시행해야 할 책임이 국가에게 있고, 부득이 어떤 정책이나 제도를 시행할 수밖에 없다면 사후에라도 문제의 소지를 없애거나 줄일 수 있는 방안을 진지하게 고려하고 추진해야 할 책임이 국가에게 있다고 보는 입장이다.

평준화 제도 이후에 발생하는 종교교육의 갈등에는 학생의 책임과 학교의 책임이 어느 정도는 있다고 볼 수 있으나, 근본적으로는 국가에게 책임이 있다고 보아야 할 것이다. 평준화 제도가 입시 과열을 막고 중등학교의 정상화를 위한 불가피한 조치라고 한다면 평준화 제도 하에서 학생의 종교의 자유와 종교계 사립학교의 종교교육의 자유를 동시에 구현할 수 있는 보완적 대책을 연구하고 실천해야 할 책임이 국가에 있음에도 불구하고 국가가 이러한 노력을 제대로 기울이지 않았던 것이다. 지금부터라도 국가는 종교교육과 관련된 갈등의 심각성을 인식하고, 학생의 종교의 자유와 종교계 사립학교의 종교교육의 자유를 동시에 보장할 수 있는 정책을 입안하고 실천함으로 이러한 갈등을 해소하려는 노력을 기울여야 할 것이다.

4. 종교교육의 갈등을 해결하기 위한 회피 및 전학 제도

우리나라에 있어서 종교교육의 갈등을 해결하기 위해 국가가 어떤 노력을 기울일 수 있을 것인가? 학생의 종교의 자유와 종교계 사립학교의 종교교육의 자유를 동시에 보장할 수 있는 종교교육 정책이 가능할 것인가? 현재의 평준화 제도를 유지하면서도 종교교육의 갈등을 해소할 수 있는 가장 바람직한 교육 정책은 학생들로 하여금 종교로 인하여 학교를 회피하거나 전학할 수 있도록 하는 방안이다.

1) 종교교육 갈등 해소를 위한 교육방안

오늘날 종교계 사립학교에서 발생하고 있는 종교교육 관련 갈등의
문제를 해결하기 위해서는 크게 두 가지 방안이 있을 수 있다. 하나는
평준화 제도의 폐지로써 평준화 제도 이전에 학생들이 학교를 선택하
여 지원했던 방식으로 돌아가는 방안이다. 이 경우, 학생은 본인이 원
하는 학교에 입학할 수 있는 자유가 보장되기 때문에 종교교육의 갈등
을 미연에 방지할 수 있다. 종교계 사립학교도 건학이념에 근거한 종
교교육을 자유롭게 실천할 수 있고 사립학교의 자율성이 보장될 수 있
을 것이다. 그러나 과연 평준화 제도를 폐지하고 그 이전으로 돌아가
는 것이 바람직할 것인가에 대해서는 많은 이견이 있을 것이다. 우리
나라 국민의 60% 이상이 평준화 제도를 찬성하고 있고, 입시 위주의
교육이 팽배했던 과거 교육으로 돌아가는 것은 퇴행이라고 볼 수도 있
을 것이다. 평준화 제도 폐지를 주장하는 학자들도 과거 입시 경쟁 교
육으로 돌아가는 것을 원하지는 않는다. 학생 및 부모의 학교 선택권
이나 사립학교의 자율성 그리고 학생의 종교적 인권과 종교계 사립학
교의 종교교육의 자유가 너무나 중요한 헌법적 권리이기 때문에 이를
보장하는 구조로 가야 한다는 것이고, 입시 위주 교육의 문제는 평준
화 제도와 같은 획일적인 제도가 아닌 다른 방식의 정책이나 제도를
통해 해소해야 할 것을 제안하는 것이다. 그러나 현재의 상황에서 평
준화 제도를 폐지하는 것이 불가능하다면 다른 한 가지 방안을 도모할
수 있다. 그것은 평준화 제도 하에서 종교교육의 갈등을 해결하는 방

안이다. 즉, 국가가 평준화 제도를 유지하면서도 학생의 종교의 자유와 종교계 사립학교의 종교교육의 자유를 충돌시키지 않고 동시에 만족시킬 수 있는 정책적 방안을 찾는 것이다.

평준화 제도를 유지하면서도 학생의 종교의 자유와 학교의 종교교육의 자유라는 기본권을 모두 충족시킬 수 있는 방안으로 학교 배정 방식의 부분적인 변화를 도모하는 방식을 들 수 있는데, 특정 종교계 학교를 회피하거나 배정된 이후에도 종교를 이유로 타학교로 전학할 수 있도록 하는 제도이다. '회피 및 전학 제도'는 평준화 정책의 근간을 유지하면서도 배정 방식의 변경을 통해 종교교육의 문제를 해결할 수 있다는 점에서 곧바로 시행 가능한 방안이라고 할 수 있다. 김재춘 교수가 지적하듯이 일반적으로 종립학교에는 세 부류의 학생들이 존재한다. 즉, 첫째는 신앙교육을 적극 희망하는 부류의 학생들이 있고, 둘째는 신앙교육에 특별한 반응을 보이지 않는, 적극적인 관심도 갖고 있지 않지만 그렇다고 불쾌감을 느끼지도 않는 부류의 학생들이 있고, 셋째는 자신의 종교와 다른 신앙교육에 불편해 하거나 저항하는 부류의 학생 등이다(김재춘, 154). 이러한 세 부류의 학생들 중에서 세 번째 유형의 학생은 자신의 신앙의 자유와 종교계 학교의 종교교육의 자유 간의 갈등을 경험할 가능성이 있다. 따라서 세 번째 유형의 학생들과 같이 특정 종교의 신앙교육을 희망하지 않는 학생을 해당 종교계 학교에 배정하지 않는다면 종교적 갈등에서 비롯되는 문제가 발생할 가능성이 줄어들 것이고, 종교계 사립학교의 종교교육의 자유도 제한할 필요가 없게 될 것이다.

2) 회피 제도

이 방안은 학생이 원하는 종교계 학교에 진학을 희망하는 학생들을 해당 종교계 학교에 배정하는 '포지티브 배정 원칙'을 도모하는 적극적인 정책은 아니다. 그러나 원치 않는 종교계 학교에 배정되어 원치 않는 종교교육으로 인해 고통당하는 학생들의 종교적 인권을 보장하기 위해 원치 않는 학교에 배정되지 않도록 하는 '네가티브 배정 원칙'으로써 최소한의 소극적 정책이라고 할 수 있을 것이다. 여기에는 두 종류의 정책이 가능한데 하나는 '종교 회피 제도'이고 다른 하나는 '전학 제도'이다. 먼저 종교 회피 제도는 학생의 신앙의 자유와 종립학교의 종교교육의 자유 간의 갈등을 피하고, 두 기본권 모두를 최대한 신장시키기 위해 학생 배정 시 학생이 싫어하는 종립학교는 회피하게 해 주는 제도이다. 이 제도는 학생을 학교에 배정할 시에 종교계 학교를 회피할 수 있는 기회를 제공하는 방안이다. 모든 종교계 사립학교가 어떤 종교에 근거한 교육을 어떤 방식으로 진행한다는 종교교육의 계획을 미리 홍보하도록 하고, 이러한 종교교육을 받지 않으려고 하는 학생은 해당 종교계 학교를 회피할 수 있도록 신청하게 하여 다른 학교에 배정될 수 있도록 하는 방안이다.

서울시의 경우는 2010년부터 고교선택제가 시행되고 있는데, 1, 2, 3단계의 배정이 이루어지고 있다. 1단계는 서울시 전체 고등학교 중에서 서로 다른 2개교를 선택하여 지원하도록 되어 있는데 지원자 중에서 지망 순위별로 전산추첨을 하여 배정하도록 되어 있고 배정비율은 20%이다. 2단계는 거주지 일반학교군 소속 고등학교 중에서 서로 다른 2개교를 선택하여 지원하도록 되어 있는데 지원자 중에서 지망 순위별로 전산추첨을 하여 배정하게 되고 배정비율은 40%이다. 3단계는 1, 2단계에서 추첨 배정되지 않은 학생들을 대상으로 1, 2단계 지원 사항과 통학 편의, 학교별 수용 여건 및 적정 학급수 유지, 종교 등을 고려하여 전산추첨을 하여 배정을 하도록 되어 있다. 실제적으로 서울 시교육청에서 교부하는 고등학교입학지원서 양식에는 종교 난이 있고 기독교, 불교, 가톨릭, 기타(무종교 포함) 중 택일하여 기재하도록 되어 있다.[5] 여기에 '배정되지 않기를 원하는 종교계 학교의 유무' 난을 신설하여 표시하도록 하고, '회피하고 싶은 종교계 학교의 종교'를 기재하도록 하는 것이다.[6] 1단계와 2단계는 자신이 지원하는 고교로 배정되는 과정인데 약 90%의 학생들이 1, 2단계를 통해 자신이 원하는 고교로 배정받게 된다. 3단계의 약 10%는 원하지 않는 학교로 추첨 배정되는데 이들에게 회피하고 싶은 종교가 무엇인지를 기입할 수 있도록 하여 특정 종교계 학교를 회피할 수 있도록 하는 방안이다. 현재에도 3단계의 경우, 통학 거리, 종교 등을 고려하도록 되어 있으나 실제적으로 고려하는 구체적인 방식은 나와 있지 않은 실정이다. 입학원서에 종교 난이 있는 정도인데, 기독교, 불교, 천주교, 기타(무교 포함)로 구분되어 있어서 자신의 종교를 표시만 할 뿐 이것으로 고려한 배정은 이루어지지 않고 있는 것이다.

---

5 입학지원서 양식은 부록 참고.
6 현재 서울시의 경우 종교계 고등학교로는 개신교, 불교, 천주교, 원불교, 통일교, 제 칠일안식교, 증산교(대순진리회), 대종교 등이 있다. 회피하고 싶은 종교계 학교의 종교 란에는 '상관없음'과 함께 이들 종교 중 회피하고 싶은 종교를 모두 표시하도록 함으로써 학생들의 의사를 확인할 수 있다.

3) 전학 제도

　회피 제도가 입학 시에 학생의 종교적 인권을 보장하기 위한 제도
라고 한다면 전학 제도는 입학 후에 종교적인 이유로 종교계 학교로부
터 타학교로 전학할 수 있도록 보장함으로써 학생의 종교의 자유가 침
해되지 않도록 하는 방안이다. 전학 제도의 경우는 현재 초중등교육
법시행령이 규정하고 있는데 여러 가지 이유로 전학할 수 있도록 명시
하고 있다. 초중등교육법시행령 제89조(고등학교의 전학 등)는 다음과
같이 전학에 관련하여 규정하고 있다.

　제89조(고등학교의 전학 등)
① 고등학교의 장은 교육과정의 이수에 지장이 없는 범위에서 고등학
　교(고등학교 학력을 인정받는 각종 학교를 포함한다) 간의 전학 또는
　편입학을 허가할 수 있다. 다만, 제90조제1항제5호 및 제6호에 따
　른 특수목적고등학교로의 전학 및 편입학은 교육감이 정하여 고시
　하는 기준과 절차에 따라야 한다.
② 제1항의 규정에 불구하고 일반고등학교 주간부에서 제77조제2항
　에 따라 시·도 조례로 정하는 지역에 소재하는 일반고등학교 주간
　부로의 전학 또는 편입학의 경우에는 전학 또는 편입학 하고자 하
　는 자의 거주지가 학교군 또는 시·도가 다른 지역에서 이전된 경우
　에 한하며, 교육감이 전학 또는 편입학할 학교를 배정한다. 이 경우
　거주지가 이전된 자 중 당해 학교군에 소재하는 학교에 결원이 없
　고 인근 학교군에 소재하는 학교에 결원이 있는 경우로써 본인이
　원하는 때에는 거주지의 인근 학교군에 소재하는 학교로의 전학을

허용할 수 있다.

③ 제2항의 규정에 불구하고 교육감은 「특수교육진흥법」 제10조제1
항제4호에 해당하는 장애가 있는 사람 및 체육특기자에 대하여는
시·도가 같은 지역 안에서의 전학을 허용할 수 있다.

④ 제2항에서 "거주지"라 함은 「민법」 제909조의 규정에 의한 친권자
또는 동법 제928조의 규정에 의한 후견인의 일상생활의 근거지를
말한다. 이 경우 일상생활의 근거지의 여부는 교육감이 결정한다.

⑤ 제73조제5항의 규정은 고등학교의 경우에 이를 준용한다. 이 경우
"교육장"을 "교육감"으로, "제1항 본문"을 "제1항 및 제2항"으로 본
다.

이 규정에서 볼 수 있듯이 고등학교에서의 전학은 가능한데, 서울
시의 경우, 거주지를 이전하는 경우 외에도 다음과 같은 경우에 학교
장의 추천을 통해 교육감이 전학을 허용하도록 하고 있다. 집단따돌
림, 폭력 등 학생 생활 지도상의 문제 등으로 인하여 교육 환경을 바
꾸어 줄 필요가 있다고 인정되는 자, 가정폭력, 성폭력으로부터 학생
을 보호하기 위한 경우, 심각한 질병으로 인해 전학의 필요가 인정되
는 자, 통학에 어려움이 있다고 판단되는 경우, 진로상 전학이 불가피
하다고 인정되는 자, 심각한 교권 침해 학생인 경우 등이다. 이 학교장
추천 항목에 '종교적인 이유로 전학을 가고자 하는 학생의 경우'를 포
함시키는 방안을 강구할 수 있다. 종교계 학교에 입학한 후에 개종하
거나 종교적 신념의 변화가 있어서 종교교육을 피하기를 원하는 학생
의 종교적 인권을 보장하기 위한 방안이고, 동시에 종교계 사립학교는
건학이념대로 종교교육을 실시하는 데 지장을 덜 받게 되는 방안이라

고 할 수 있다.

이러한 종교적인 이유로 전학을 허용하는 경우 사실상 종교적인 이유가 아닌 다른 이유로 전학을 신청하는 것을 방지할 필요가 있다. 대학 입시에 더 좋은 성적을 내는 학교로의 전학이나 시설이나 환경이 더 나은 학교로의 전학 등을 희망하여 전학을 신청할 수 있기 때문이다. 따라서 전학 사유서를 작성하게 하고 학교 내에 전학추천위원회(가칭)를 구성하여 전학 사유를 심사하고 학교장이 허락하도록 하는 것이 바람직할 것이다.

앞에서 제시한 종교교육 회피 제도가 정착되면 그만큼 종교로 인한 전학의 필요성은 감소하게 될 것이다. 이 두 가지 제도가 정착되면 종교계 사립학교에서 학생의 종교의 자유와 학교의 종교교육의 자유가 함께 충족될 수 있을 것이다. 물론, 이 경우에도 학생들이 원하는 종교계 학교를 선택할 수 있는 적극적인 종교적 자유가 보장되는 것은 아니지만 최소한 자신이 원하지 않는 종교계 학교에 입학하여 종교적 인권이 침해당하는 것을 막을 수 있다. 또한 종교계 사립학교는 본래의 건학이념대로 종교교육을 시행할 수 있고, 종교 과목을 복수로 편성하는 것이 아니라 단수로 편성하여 교육할 수 있다.

5. 나가는 말

평준화 제도가 시행된 이래 지금까지 종교계 학교에서는 종교교육의 자유를 주장하는 학교와 종교의 자유를 주장하는 학생 사이에 수많은 갈등이 발생해 왔다. 그럼에도 불구하고 이러한 문제 상황을 유발하도록 정책을 시행한 국가(시도 교육청 포함)는 이 문제를 해결하려는 의지를 보이지 않은 채 문제의 책임을 종교계 학교로 전가시켜 왔다.

이제는 더 이상 국가가 책임을 방기하지 않고 문제 해결의 주체로 나서야 한다. 본 글에서 제안하는 '회피 및 전학 제도'는 학생의 종교적 인권과 종교계 학교의 종교교육의 권리를 동시에 보장할 수 있는 획기적인 방안이다. 국가는 평준화 제도의 틀을 유지하면서도 평준화 제도로 인해 종교교육에서 야기된 갈등을 최소화할 수 있는 회피 제도 및 전학 제도를 적극적으로 검토하여 실행해야 할 것이다. 그리고 이 제도가 정책적으로 시행될 수 있도록 종교계 학교들이 연대하여 힘을 모아야 하고, 개별 종교의 울타리를 넘어 범종교적으로 연합할 필요도 있다. 한국교회도 기독교학교를 비롯한 종교계 학교가 정체성을 회복할 수 있는 이 제도의 도입을 위해 적극적인 지원을 해야 하며, 필요한 경우에는 타종교와의 협력을 통해 이를 추진할 수 있어야 할 것이다. 그리하여 우리나라에 설립된 종교계 학교에서 건학이념대로 건강한 종교교육이 이루어지고, 학생들은 종교적 인권이 침해되지 않고 종교적 자유를 누리게 되기를 소망한다.

참고문헌

강영택 외(2013). 『종교교육론: 학교에서의 기독교적 종교교육』. 서울: 학
　　지사.

강태중(2001). "고등학교 평준화 정책의 향방에 대한 논란: 비판적 검토."
　　「교육비평」 5, 교육비평. 102-119.

기병옥(2006). "교육부 40년 출입 노기자의 대한민국 교육부 장관 48인론."
　　「신동아」 통권 561호. 동아일보사.

김재춘(2013). "한국 기독교학교에서의 종교교육의 가능성." 강영택 외.
　　『종교교육론』. 서울: 학지사.

김정래(2009). 『고혹 평준화 해부』. 서울: 한국경제연구원.

김지영(2011). "1974년 고교평준화." 「교육비평」 28, 교육비평. 151-179.

대법원판결문. 2010. 4. 22. 2008다38288

민관식(1975). 『한국교육의 개혁과 진로』. 서울: 광명출판사.

박상진(2013). "기독교학교의 정체성에 근거한 종교학교육과정의 문제점."
　　「기독교교육논총」 제36집. 한국기독교교육학회, 35-63.

이주호 외(2006). 『평준화를 넘어 다양화로』. 서울: 학지사.

정인섭(2002). "국제인권조약과 현행 중등학교 진학 제도." 최대권, 정인섭
　　편. 『고교평준화』. 서울: 도서출판 사람생각.

최대권, 정인섭 편(2002). 『고교평준화』. 서울: 도서출판 사람생각.

허종렬(2002). "고등학교 무시험 입학전형 관계 법령의 헌법적합성 검토."
　　최대권, 정인섭 편, 『고교평준화』. 서울: 도서출판 사람생각.

http://www.sen.go.kr/web/services/page/viewPage.action?page=kor/
　　notice/notice_02_02.

<부록>

지역교육청	접수책임자(인)
ㅇㅇ교육지원청	

2014학년도 후기고등학교 신입생
입 학 원 서

전화번호	학교	02-000-0000
	집	
	휴대폰(보호자)	

성 명	홍길동	생년월일	19 년 월 일	성별	ⓝ · 여

도로명 주 소	주요주소	서울특별시 구 길 23-11
	상세주소	102동-304호(ㅇㅇ동.ㅇㅇAPT)
	※ 주민등록등본상의 주소(도로명주소)를 주요주소와 상세주소를 나누어 기재	

거주지 행정동	서대문구 ㅇㅇ동	※ 행정동 확인방법 : 서울특별시교육청 행정동 확인 시스템 이용 (http://doro.sen.go.kr) - 서울 거주자 : 나이스 원서작성 프로그램으로 작성된 주소를 기반으로 시스템 내에서 행정동으로 자동 변환 가능 - 타시도 거주자 : 현주소-소속학교 통학로상의 서울·경기 경계지역에 위치한 서울 소재'행정동'을 개별 기재

졸업연도	반	번 호	중학교 성적 (석차 백분율, 학교에서 기재)	종교	지원자구분
1 4	0 2	2 9	0 2 5 . 1 1 3	기타	일반

자율형 공립고 지원	중점학교 지원	후기일반고 지원			
○ 희망자에 한해 1개교만 지원	○ 희망자에 한해 1개교만 지원	1단계 단일학교군(서울시 전지역)		2단계 일반학교군(거주지 학교군)	
		1 지망교	2 지망교	1 지망교	2 지망교
ㅇㅇ구	ㅇㅇ학군	ㅇㅇ학군	ㅇㅇ학군	ㅇㅇ학군	ㅇㅇ학군
ㅇㅇ고등학교	ㅇㅇ고등학교	ㅇㅇ고등학교	ㅇㅇ고등학교	ㅇㅇ고등학교	ㅇㅇ고등학교

※ 단일학교군과 일반학교군의 지원은 중복이 가능하나 동일 단계에서 1/2지망교는 중복 지원할 수 없습니다.
※ 학생의 지원사항을 반영하여 배정하나, 학교의 수용능력등으로 인하여 지원하지 않은 학교(통학편의 고려)로 추첨배정될 수 있습니다.
※ 후기고등학교 지원 및 배정방법과 관련된 정보는 http://hinfo.sen.go.kr 에서 확인하실 수 있습니다.
※ 후기고등학교 배정 결과는 변경할 수 없으며, 거주지 학교군과 배정받은 학교가 소재하는 학교군 내에서 거주지를 이전한 경우에는 전입학이 허용되지 않으니, 신중하게 선택하여 지원하시기 바랍니다.
※「초·중등교육법시행령」제81조,제82조,제84조에 의거 수집되는 지원자의 개인정보의 이용·활용 및 「초·중등교육법」 제30조6에 의한 제3자 제공(공공목적)에 동의합니다.

★ 후기고 배정 발표 일시 : 2014.02.07.(금) [배정 통지서 배부 장소 : 학생별 원서접수처]★

전형료 납부 확인란 학교장 (인) ※ 전형료(3,000원)을 현금 납부함	위와 같이 2014학년도 후기 고등학교 제1학년에 입학하고자 원서를 제출합니다. 2013년 12월 일 지원자 성명 홍길동 인 보호자 성명 인 위에 기재한 사항이 사실과 틀림없음을 증명합니다. 2013년 12월 일 ( ) 중 학 교 장 [직인] 서울특별시교육감 귀하

신 입 생 입학원서 작성 요령

> 학생의 생활기록부에 기재된 인적 사항 등은 기본적으로 나이스 원서작성 프로그램에 자동 반영됨

1. **지역교육청** : 학교(지역교육청)에서 기재, 지원자는 기재하지 않음
2. **접수책임자(인)** : 접수기관(지역교육청)의 중등교육지원과장 인장 날인(적색스탬프 사용)
3. **전화번호** : 학교 및 지원자(보호자)의 자택, 휴대전화 번호를 기재
   - 학교(지역교육청) : 나이스 원서작성 프로그램에서 입력
   - 지원자의 집, 보호자의 휴대폰 : 원서 출력물에 수기기재(프로그램으로 입력하지 않음)
4. **성명** : 지원자의 본명 기재
   - 외국인의 경우 : 본인을 확인할 수 있는 한글 이름으로 기재
5. **생년월일** : 주민등록번호 앞 6자리와 일치하도록 기재
6. **성별** : 해당 성(性)에 ○표
7. **주소** : 지원자(타시도 거주자 포함)의 주민등록등본(실거주지)상 주소(도로명 주소) 기재
   - 주요주소 : 예) 서울특별시 ○○구 ○○길 48
   - 상세주소 : 예) 102동-304호(법정동, 공동주택명)
8. **거주지 행정동**
   - 행정동 확인 : 서울특별시교육청 행정동 확인시스템(http://doro.sen.go.kr) 이용
   - 서울시 거주자 : 현 거주지의 행정동 기재
   (도로명 주소를 정확히 기재한 경우, 나이스 원서작성 프로그램에서 자동변환)
   - 타시도 거주자 : 현주소-소속학교 통학로상의 서울·타시도 경계 지역에 위치한 서울시 행정동을 선택·기재(나이스 원서작성 프로그램에서 직접 선택)

9. **졸업연도** : 졸업예정자 14, 졸업자는 졸업연도, 검정고시합격자는 합격연도 끝
    2자리수 기재

10. **반·번호** : 졸업예정자는 예시처럼 각각 2자리씩 기재 예시) 1반 9번 : 0109

※ 졸업생 및 검정고시 합격자, 타시도 출신·기타 학생의 반·번호는 아래와 같이
    부여

대상	서울시 소재 졸업생	검정고시 합격자	타시도 출신·기타 (학력인정자 포함)
반	97	98	99
번호	00	00	00

※ 학급(반)명이 숫자가 아닌 경우, 학교에서 학급별 일련번호를 부여하여 기재

11. **중학교 성적(석차백분율)** : 응시자의 석차백분율 기재
    ○ 졸업자 및 졸업예정자 : 출신중학교에서 기재
    ○ 검정고시 합격자(비교평가 응시자 포함) : 지역교육청 중등교육지원과에서
    기재

12. **종교** : 기독교, 불교, 천주교, 기타(무종교 포함) 중 택1 하여 기재

13. **지원자 구분** : 지원자 유형에 따라 다음과 같이 구분하여 기재

일반 / 보훈 / 체육특기자 / 지체부자유자 / 면제자(특례자) / 보훈·체육특기자 /
보훈·지체부자유자 / 보훈·면제자 / 면제자·지체부자유자 / 면제자·체육특기자

14. **자율형 공립고(19교) 지원** : 희망자에 한하여 자율형 공립고 중 1개교만 선택

학교군	자치구	학교명	남녀	학교군	자치구	학교명	남녀
동부	중랑구	면목고	남자	북부	노원구	수락고	공학
	중랑구	원묵고	공학	중부	중구	성동고	남자
	동대문구	청량고	공학		용산구	중경고	공학
서부	마포구	상암고	공학	강서	강서구	등촌고	공학
	마포구	서울여고	여자	동작	관악구	당곡고	공학

남부	구로구	고척고	공학	성동	성동구	경일고	공학
		구현고	공학		광진구	광양고	공학
	금천구	금천고	공학	성북	성북구	경동고	남자
	영등포구	대영고	공학		강북구	미양고	공학
북부	도봉구	도봉고	공학				

15. 중점학교(22교) 지원 : 희망자에 한하여 중점학교(과학·예술체육중점학교 포함) 중 1개교만 선택

구분	학교군	학교명	학급수	남녀	학교군	학교명	학급수	남녀
과학중점학교(19교)	동부	혜원여고	2	여자	강동	잠신고	2	공학
		휘경여고	2	여자	강서	마포고	3	남자
	서부	선정고	3	공학		명덕고	3	남자
	남부	신도림고	2	공학	강남	경기고	3	남자
		여의도고	3	남자		반포고	3	공학
	북부	대진고	3	남자		서울고	3	남자
		창동고	3	공학	동작	성보고	2	남자
	중부	용산고	3	남자		숭의여고	2	여자
	강동	강일고	2	공학	성북	미양고	2	공학
		방산고	2	공학				
예술체육중점학교(3교)	동부	송곡고	2	남자	성동	대원여고	2	여자
	동부	송곡여고	2	여자				

※ 중점과정 운영 학급수는 변경될 수도 있음
※ 과학중점학교의 과학중점과정으로 배정받은 학생이 해당 학교의 과학중점과정 이수를 원하지 않을 경우 학교장 추천에 의하여 거주지 학교군의 다른 학교로 전입학을 시킬 수 있습니다.

16. 후기일반고 지원 : 각 단계 내에서는 서로 다른 학교를 지원해야 하나, 1단계 지망교와 2단계 지망교의 전부 또는 일부 중복 지원 가능

【가능】: 서로 다른 학교 지원

1단계 단일학교군(서울시 전 지역)		2단계 일반학교군(거주지 학교군)	
1 지망교	2 지망교	1 지망교	2 지망교
A고	B고	C고	D고

【가능】: 서로 다른 단계의 중복 지원
(단, 1단계에서 거주지 내 학교를 지원한 경우에 한함)

1단계 단일학교군(서울시 전 지역)		2단계 일반학교군(거주지 학교군)	
1 지망교	2 지망교	1 지망교	2 지망교
A고	B고	A고	B고

1단계 단일학교군(서울시 전 지역)		2단계 일반학교군(거주지 학교군)	
1 지망교	2 지망교	1 지망교	2 지망교
A고	B고	A고	C고

【 불가능 】: 동 단계 내에서 중복 지원

1단계 단일학교군(서울시 전 지역)		2단계 일반학교군(거주지 학교군)	
1 지망교	2 지망교	1 지망교	2 지망교
A고	A고	B고	B고

17. **지원자 성명, 보호자 성명**: 정확하게 기재하고 날인 또는 서명
18. **날짜**: 작성일 현재 날짜 기재
19. **학교장 직인**: 지역교육청에서 개별 접수[검정고시합격자 및 타시도 소재 중학교 졸업(예정)자 등]하는 경우에는 중등교육지원과장의 실인을 날인
20. **전형료 납부 확인란**: 전형료 납부 확인 후, 학교장 직인 날인(타시도 졸업생은 지역교육청 수납인)

※ 전형료 세입조치 안내 : 기 시행한 공문[학교지원-12779(2013.9.10.)] 참조

2장
종교교육으로 인한
회피 및 전학 제도 해외 사례

유재봉 교수(성균관대학교, 교육학)

1. 들어가는 말

학교에서 종교의 자유와 종교교육의 자유를 보장하는 문제는 중요하면서도 어려운 문제이다. 세계화가 진행됨에 따라 대부분의 국가는 다인종·다문화·다종교 사회가 되었다. 따라서 종교의 자유와 종교교육에 관한 갈등과 분쟁이 심화되고 있는 상황이다. 예컨대, '공립초등학교에서 진화론이 신앙에 배치된다고 하여 창조론을 가르쳐도 되는가,' '공립학교 졸업식에서 종교적 기도나 축도를 해도 좋은가,' '학교의 음악 수업과 학교합창단에서 기독교 노래를 선택해도 좋은가' 등이다. 이러한 종교교육과 관련된 문제는 정도의 차이는 있지만, 각국이 시급히 해결해야 할 현안 과제로 부각되고 있다.

현재 종교교육에 관한 각국의 입장은 크게 두 가지로 나뉜다. 하나는 공립학교의 종교교육에 적극적인 입장으로써, 모든 국민의 종교교육을 받을 권리를 법적으로 규정하고 있는 국가이다. 영국, 독일, 벨기에 등이 이에 속한다. 영국은 1988년 교육개혁법(Education Reform Act)의 제1조에서 모든 공립학교는 종교교육(religious education)과 종교예배(religious worship)가 국가 수준의 교육과정에서 실시되어야 함을 밝히고 있다. 독일도 헌법 제7조에서 공립학교의 종교교육을 정규 과목으로 규정하고 있다. 벨기에도 헌법 제7조에서 "학령에 달한 모든 학생들은 공동체의 비용으로 도덕 또는 종교교육을 받을 권리를 가진다."라고 규정하고 있다(3항).

다른 하나는 공립학교의 종교교육에 소극적인 입장으로써, 공립학교의 종교교육을 금지하거나 제한하고 있는 국가이다. 미국, 일본 등이 이에 속한다. 미국은 수정헌법 제1조의 "연방의회는 국교 설립에 관한 것이나 자유로운 종교 행사를 금지하는 어떠한 법률도 제정해서는 아니 된다."에 근거하여, 기본적으로 정교분리의 원칙을 취하고 있으며, 국가의 지원을 받는 공립학교는 종교교육이 금지되고, 종교에 관해 중립적인 입장을 견지해야 한다. 일본은 헌법 제20조에서 "국가 및 그 기관은 종교교육과 기타 어떠한 종교적 활동도 하여서는 안 된다."라고 하여 교육과 종교의 분리를 규정하고 있다(제3항).

그러므로 본 글에서는 학교에서의 종교의 자유와 종교교육의 자유에 관한 해외의 사례를 크게 공립학교의 종교교육에 적극적인 입장과 소극적인 입장으로 나누어 각각에 해당하는 대표적인 국가의 사례를 고찰한다. 공립학교의 종교교육에 적극적인 국가의 사례로는 영국과 독일을, 공립학교의 종교교육에 소극적인 국가의 사례로는 미국과 일본을 살펴본다. 각국의 사례의 내용에는 첫째, 각 국가의 종교교육에 관한 전반적인 입장 개관, 둘째, 공립학교와 사립학교의 종교교육의 자유 및 종교교육의 성격, 셋째, 공립학교와 사립학교의 학생 배정 및 선발방식을 포함한다.

2. 영국의 사례

1) 영국의 종교교육 개관

영국은 오랫동안 교회와 학교 사이에 긴밀한 관련을 가지고 있어서 종교교육이 자연스럽게 이루어져 왔다. 영국은 2001년 기준 기독교가 71.6%이며, 기독교가 국교인 나라이다. 1870년 이전 영국의 대부분 학교는 종교단체에 의해 설립되었기 때문에, 국가 수준이 아닌 학교 수준에서 각 종교단체의 성격에 부합하는 종교교육이 자연스럽게 실시되었다. 영국에서 종교교육이 의무 교과가 된 것은 1944년 교육법(The 1944 Education Act)에서부터이며, 현행 영국 교육의 골격을 이루고 있는 1988년 교육개혁법(The 1988 Education Reform Act)에서도 여전히 의무 교과로 규정하고 있다.

교육개혁법 1장에 따르면, 학교는 종교교육 및 예배, 국가교육과정에 대해 그 역할을 다해야 한다. 즉, 모든 공립학교는 종교교육을 의무적으로 실시해야 하며, 모든 학생은 종교교육을 받을 권리를 가진다. 예배도 전적으로 혹은 주로 전체가 기독교적 성격(wholly or mainly of a broadly Christian character)을 띠어야 한다. 그러나 특정 기독교 교파나 교단(particular Christian denomination)의 독특한 입장을 대변해서는 안 된다고 규정하고 있다. 부모가 종교교육을 거부하는 경우에는 종교교육을 받지 않을 수 있지만, 그에 상응하는 다른 가치 있는 활동을 해야 한다. 종교교육은 영국의 종교적 전통인 '기독교'를 반영해야 하고, 영국의 주요 다른 종교도 가르칠 수 있다. 영국의 주요 종교는 대체로 6대 종교, 즉, 기독교, 유대교, 회교, 힌두교, 시크교, 불교이다.[1] 그러므로 영국의 종교교육은 기독교와 더불어 나머지 주요 종교도 포괄하여 가르쳐야 한다.

---

1 2001년 센서스에 의하면, UK 전체의 종교 분포는 기독교 외에 불교 0.3%, 힌두교 1.0%, 유대교 0.5%, 회교 2.7%, 시크교 0.6%, 기타 종교 0.3%이다.

학교에서 가르쳐야 할 종교교육은 각 지역(교육)청에 설치된 종교교육상임위원회(Standing Advisory Council on RE: SACRE)에서 결정한다. 종교교육상임위원회는 국교, 국교 외의 지역 종교, 지역교사협의회, 지방의회의 대표들로 구성된 네 하위 위원회로 구성된다. 종교교육상임위원회가 하는 일은 지역의 종교교육을 감독·지원하는 일, 종교교육의 목적과 구체적 목표를 결정하는 일, 종교교육의 내용을 보여 주는 공통교육계획서를 검토하는 일, 종교교육을 원하지 않는 경우 그 정당성을 검토하는 일 등이다. 영국의 종교교육은 기본적으로 각 지역이 가지고 있는 '공통교육계획서'에 따라 실시되고 있다. 공통교육계획서는 특정 종파의 독특한 교리를 포함하지 않아야 하며, 지역마다 종교교육의 내용과 구조가 다양하고 융통성이 있다.

2) 영국 공립학교와 사립학교의 종교교육의 자유 및 종교교육의 성격

영국은 기본적으로 공립학교와 사립학교의 종교교육의 자유와 성격이 상이하다. 이에 대해 설명하기 전에, 먼저 영국의 공립학교와 사사립학교에 대해 이해하는 것이 필요하다. 영국은 크게 공립학교(maintained school)와 사립학교(independent school)로 나뉜다. 공립학교에는 설립 주체, 재정지원방식, 학교운영방식에 따라 크게 공립공영학교(Community School), 사립공영 운영학교(Voluntary Controlled School), 사립공영 보조학교(Voluntary Aided School), 특별협약학교(Special Agreement School)로 나눠진다. 공립공영학교는 전적으로 정부의 재정지원에 의해 설립되고 지역(교육)청에 의해 운영하는 전형적인 공립학교이다. 사립공영학교에는 사립공영 운영학교와 사립공영 기부학교가

있다. 둘 다 설립 주체가 개별(종교)단체라는 점에서는 동일하지만, 전자는 재정을 국고에서 전액 부담하고 이사진 일부와 교사 임명에 지역(교육)청이 관여한다면, 후자는 우리나라의 사립학교처럼 학교운영비의 일부를 국고에서 보조받고 이사의 일부를 지역(교육)청에서 임명한다. 특별협약학교는 학교 경비의 75%를 국고에서 부담하는 대신 교사 임명에 지역(교육)청이 관여한다. 영국의 공립학교는 국가교육과정을 준수하도록 하고 있다.

영국의 사립학교는 전체 학교의 7% 정도를 차지하고 있으며, 이튼, 세인트폴, 웨스트민스터 등 유명 사립학교(public school)로부터 특정 교육이념을 실현하기 위한 섬머힐과 같은 다양한 종류의 학교가 있다. 사립학교는 국가의 재정지원을 받지 않지만, 교사 임명과 학교 운영 전반에 대해서 자율성을 가진다. 종교교육을 비롯한 모든 학교교육과정도 원칙상 학교의 자율에 맡겨져 있으나, 대부분의 사립학교는 국가 교육과정을 준용하고 있는 실정이다.

종교교육의 성격은 역사적으로 그리고 공립학교의 형태에 따라 약간 상이하다. 먼저, 영국의 종교교육 성격의 역사적 변천과정은 크게 세 시기를 거치면서 변화되었다. 그것은 신앙교육의 시기(1944-1974), 종교학의 시기(1975-1987), 종교교육의 시기이다(유재봉, 2013).

먼저, 신앙교육의 시기는 1944년 교육법이 제정되면서 시작되었으며, 이 시기의 학교에서의 종교교육은 집단으로 예배를 드리고, 종교교리를 가르치는 신앙교육(religious instruction)의 성격을 띠었다. 1944년 교육법에 집단예배와 종교수업에 대한 법적 의무 규정은 없지만, 모든 공립학교에서의 교육은 대체로 집단 예배로 시작하였고, 또한 교리 중심의 종교수업(religious instruction)을 실시하였다(Dent, 1968: 20).

물론 이때에도 학부모가 요구하는 경우, 예배와 종교교육을 전적으로 혹은 부분적으로 받지 않을 수 있었다.

둘째, 종교학의 시기는 1960년대에 회교, 힌두교, 시크교 등 다른 종교를 가진 이민자들이 증가하면서 기독교와 다른 종교를 가진 학생들 사이에서 서로의 종교를 이해하며 살아가는 일의 필요성 때문에 도입되었다. 이러한 문제를 대처하는 방법으로 대두된 것이 '종교학' (studies of religions, or religious studies), 즉, 종교적 신념과 가치를 갖도록 하는 것보다는 특정 종교 현상을 객관적으로 이해하는 데 목적을 두었다. 이러한 종교교육은 다양한 종교 현상에 대해 편견 없이 객관적으로 이해하게 한다는 점, 다종교 사회에서 상이한 종교 이해를 촉진시킨다는 점에서 의미를 가지나, 특정 종교의 신념이나 가치를 내면화하는 데는 한계를 가진다.

셋째, 종교교육의 시기이다. 1988년 교육개혁법(ERA)은 종교교육과 관련하여, 세 가지 핵심 내용을 포함하고 있다. 그것은 모든 학생은 '종교교육'을 받아야 한다는 점, 모든 학교는 매일 종교적 예배를 제공해야 한다는 점, 종교는 대체로 기독교적 성격을 띠어야 한다는 점이다(Baker, 1992: 14). 교육개혁법에 드러난 종교교육의 성격과 방법상의 변화 중 가장 눈에 띄는 것은 종교교육과 관련된 용어의 변화이다. 1944년 교육법에서 사용되던 '종교수업'(Religious Instruction)이라는 용어가 1988년 교육개혁법에서는 '종교교육'(Religious Education)이라는 . 용어로 변경되었다. 이 용어에 함의되어 있듯이, 이제 모든 공립학교는 종교교육을 실시하되, 이전에 다소 자유롭게 실시해 왔던 특정 종교교리나 종교적 신념을 가르치는 '신앙교육'은 할 수 없게 된 것이다. 이에 따라 공립학교는 기독교뿐만 아니라 영국의 주요 다른 종교(유대교, 회교, 힌두교, 시크교, 불교)를 교육해야 한다는 점도 명시하고 있으며 (8.3항), 이 점은 '공통교육계획서'(Agreed Syllabus)에도 반영되어 있다.

다음으로, 영국의 종교교육의 성격과 자유는 공립학교의 형태에 따라 조금씩 달랐다. 공립공영학교(Community School)에서는 특정 종파의 예배 형식을 따르거나 독특한 교리를 가르치기보다는 지역의 공통교육계획서(Agreed Syllabus) 지침에 따라 집단 예배나 종교수업이 이루어졌다. 사립공영 운영학교(Voluntary Controlled School)의 경우, 일반 공립학교처럼 그 학교가 채택하고 있는 공통교육계획서에 따라 이루어지지만, 학부모가 요청하면 일주일에 두 번은 특정 종파의 종교교육을 받을 수 있었다. 종교계 학교인 사립공영 보조학교(Voluntary Aided School)나 특별협약학교(Special Agreement School)의 경우에는, 다른 공립학교와는 달리, 종교수업 여부가 전적으로 학교운영위원회의 결정하에 있고, 지역 공통교육계획서를 반드시 따를 필요 없이 특정 종파 교육을 하는 것이 가능하였다(Dent, 1968: 21-22).

3) 영국 학교의 학생 배정 및 선발방식

영국의 공립학교의 입학과 선택은 기본적으로 학부모와 학생이 자율적으로 결정한다. 초·중등학교의 경우, 학부모는 자녀와 의논하여 통학 거리, 학교의 환경, 교육이념 등을 고려하여 지역의 학교 중 하나를 선택한다. 물론, 공립학교 중에도 학부모나 학생이 선호하는 학교도 있고, 그렇지 않은 학교도 있다. 학생은 지역(교육)청의 학교지원서(apply for a school place)에서 1지망에서 3지망 학교까지 선택할 수 있게 되어 있다. 1지망 학교가 선정되지 않고, 2지망 혹은 3지망 학교가 선정되기도 한다. 선정의 우선순위는 지원자의 거주지가 해당 학군 (catchment area)에 속하는지, 형제자매가 동일학교에 다니고 있는지, 통학 거리가 가까운지 등을 고려하여 선정하게 된다. 그리고 한 가지 특징적인 점은 종교기관이 설립한 사립공영 보조학교(Voluntary Aided School)의 경우에는 입학의 우선순위로 교단이나 신앙의 수준 등을 중요한 전형요소로 고려하기도 한다는 점이다.

희망하는 학교에 선정되지 않은 경우, 재심(appeal)을 신청할 수 있다. 재심이 성공적이지 못한 경우, 원하는 학교에 대기자 명단에 올려 두었다가 빈자리가 나오면 한 학기나 일 년 후에 옮기는 것이 가능하다. 전학의 경우에도 특별한 이유가 있으면 가능하며, 이 경우에 분명한 이유를 제시해야 한다. 중등사립학교의 입학이나 전학은 11세 혹은 13세에, 대학예비학교(sixth form college)의 경우는 16세에 별도의 선발 시험을 거쳐 성적이나 교육이념에 부합한 학생을 선발하는 것이 일반적이다. 공립학교와는 달리 사립학교는 별도의 시험을 통해 합격해야 선발되거나 학교를 옮길 수 있다.

3. 독일의 사례

1) 독일의 종교교육 개관

독일은 루터에 의해 종교개혁이 일어났던 국가인 만큼 오랫동안 기독교가 국교였다. 독일의 종교교육은 1919년 바이마르 헌법과 그 골격을 유지하고 있는 독일연방공화국 헌법에 토대를 두고 있다. 독일의 바이마르 헌법에 따르면, 독일은 더 이상 국교가 존재하지 않으며, 국가의 중립성을 규정하고 있다. 그리하여 독일의 종교학교는 대부분 일반학교로 전환되었다. 바이마르 헌법에 토대를 두고 있는 독일 헌법에 따르면, 국가가 종교교육의 주체이면서 감독기관이지만, 국가가 종교수업 내용을 결정할 수 없고 교단과 협력하여 교단이 결정한다.

독일은 국교가 없지만, 기독교 인구가 65% 정도 차지하고 있으며, 여전히 기독교적 신앙과 기독교적 가치가 학교교육의 전반을 지배하고 있다. 학교에서의 종교의 자유와 정규 교과로서의 종교의 위치는 여전히 확고하게 유지되고 있다. 나아가, 독일의 교육과정에서 종교 교과가 가장 핵심 교과이며, 종교교육이 교육의 근간이 되고 있다. 그러나 최근 베를린과 브레멘, 브란덴부르크 등에서 가치 교과와 LER 교과가 종교수업을 대치하려는 경향이 나타나고 있다.

2) 독일 공립학교와 사립학교의 종교교육의 자유 및 종교교육의 성격

독일은 시대에 따라 그 성격이 조금씩 다르기는 하지만, 공립학교에서 일반적으로 종교교육이 이루어지며, 종교 교과가 학교에서 필수과목이라는 위치만큼은 변함없이 지켜져 왔다. 학교에서의 종교 교과의 위치와 관련하여, 독일에서는 계몽주의 이래 19세기를 지나는 동안 세속주의의 움직임 때문에 종교를 정규 과목에서 제외하려는 시도들이 있어 왔다. 그 결과, 바이마르 공화국에서 국가와 교회의 분리가 시작하였고, 독일 교회는 국가교회에서 국민교회로 변화하였으며, 공교육에서 종교교육이 차지하는 위상에도 변화를 가져 왔다. 1918년의 바이마르 헌법에는 한편으로 공교육에서의 세속화를 반영하여 초등

수준의 종교학교가 일반학교로 전환되었으며, 다른 한편으로는 제149조를 통해 종교는 정규 과목으로서의 위상을 법적으로 보장받았으며, 국가는 종교교육에 영향력을 행사할 수 없다는 것도 명시되었다. 이러한 바이마르의 헌법정신이 오늘날 독일 교육의 근간을 이루고 있다.

독일 헌법 제7조는 학교에 관한 법률로써, 종교교육에 관한 내용을 담고 있다. 그것은 크게 세 가지이다. 첫째는, 모든 학교는 교회의 감독에서 국가의 감독으로 이양한다는 것이고, 둘째는 학부모와 학생이 학교를 선택할 수 있는 권리를 가지며, 셋째는, 공립학교에서 종교교육은 정규 과목, 즉, 제1의 필수 교과라는 것이다. 종교교육은 헌법에 맞게 교단에 맡겨지며, 이 점은 종파교육을 할 수 있다는 것을 의미한다. 아닌 게 아니라, 독일의 종교수업은 국가와 교회의 협력관계를 잘 보여 준다.

그러나 최근의 독일 사회는 더 이상 기독교를 중심으로 하는 단일한 사회가 아니며 가치관도 획일적인 기독교 윤리관을 벗어나 다원적 가치를 추구하는 경향을 보이고 있다. 그리하여 공립학교의 종교교육의 실효성에 대해서 비판을 하거나 기독교 일변도 종교교육에서 벗어나야 한다는 요구가 제기되고 있다. 특히, 독일 통일 이전의 구동독 지역은 원래 종교교육이 금지되었기 때문에, 통일이 되면서 학교에서의 종교교육이 중요한 문제가 되었다.

동독학교의 종교교육은 대체로 서독의 방식을 따랐지만, 브란덴부르크처럼 예외의 경우도 있었다. 현재 독일은 모든 주에서 헌법에 따라 모든 공립학교에서 종교를 정규 과목으로 가르치고 있지만, 이에 대한 지속적인 도전이 있는 것도 사실이다. 베를린, 브란덴부르크, 브레멘은 학교에서 기독교 교리를 포함하는 종교교육을 실시하는 대신

베를린은 '가치' 교과를 정규 과목으로 도입하였으며, 브란덴부르크는 LER(생활규범/윤리/종교 Lebensgestaltung/Ethik/Religion)을 정규 교과로 도입하고 종교 교과를 선택과목으로 하였다. LER은 한 주에 두 시간씩 전 학년에 걸쳐 통합과 분화의 단계로 나뉘어 실시된다. 통합단계에서는 생활규범, 윤리, 종교를 포괄적으로 가르치며, 분화단계에서는 기독교의 기본교리를 가르친다. 독일의 종교교육은 한편으로는 기독교적 종교수업이 다양한 방식의 종교교육의 도전을 받고 있으며, 다른 한편으로 기독교적 종교교육을 회복하려는 경향이 있다.

독일의 종교교육은 최근에 들어 상황이 조금 변하고는 있지만, 여전히 기독교교육이다. 공립학교에서는 기독교 중심의 종교교육을 하고 있으나, 영국과 마찬가지로 모든 교사가 자신의 의지에 반해서 종교수업을 담당해야 할 의무는 없다. 공립학교와 마치가지로, 독일의 사립학교는 전체 학교의 약 6%를 차지하며, 무종교를 표방하는 사립학교를 제외하고는 종교 교과를 가르치고 있다.

3) 독일 학교의 학생 배정 및 선발방식

독일은 엄격한 공교육 체계를 유지하고 있어서 대부분 공립학교로 구성되어 있으며, 공교육에 대한 신뢰가 높다. 독일 학교 체계에서 학생 배정에 관한 규칙은 없다. 다만, 학교나 학교청에서 거주지와 근접한 학교를 추천한다. 학교와 교사는 상급학교 진학 시 교육적 권위를 가지고 결정하고, 학부모들은 학교의 결정을 존중한다.

독일은 동일한 형태의 학교 간에는 질적 수준의 차이가 거의 존재하지 않기 때문에 대부분의 학생들이 거주지와 가장 가까운 학교로 진

학한다. 사립학교의 비중은 매우 적으며, 사립학교는 자유로운 학생
선발권을 가진다.

4. 미국의 사례

1) 미국의 종교교육 개관

미국은 초기에는 대다수 학교가 종교계 사립학교였으므로, 기독교
적 종교교육은 당연한 교과과정으로 받아들여졌다. 그러나 1860년부
터 공립학교가 설립되면서 학교에서의 종교교육이 문제시 되었다. 미
국은 이러한 문제를 법원의 판결을 통하여 일정한 종교교육의 원칙을
확립해 왔다.

미국은 2009년 기준으로 기독교가 전체 인구의 85.6%에 이르고, 기
독교적 가치를 추구하는 국가이다. 그러나 기본적으로 정교분리의 원
칙을 취하고 있고, 따라서 공립학교에서의 종교교육이 원칙상 금지
된다. 정교분리와 공립학교에서의 종교교육 금지는 수정헌법에 토대
를 두고 있다. 수정헌법 제1조에는 "연방의회는 국교 설립에 관한 것
이나 자유로운 종교 행사를 금지하는 어떠한 법률도 제정해서는 아
니 된다."라고 규정하고 있다. 수정헌법 제1조는 국교설립금지 조항
(Establishment Clause)과 종교행사자유 조항(Free Exercise Clause)으로 구
성되어 있으며, 이것은 미국의 종교의 자유를 논의하는 근간이 된다.

종교교육과 관련한 부분은 주로 종교행사자유 조항이 관련된다. 이
조항에 따르면, 종교적 신념의 자유는 절대적인 것이지만 종교 신념에

따른 행위적 부분은 본질상 절대적일 수 없다. 즉, 종교적 신념을 규제하는 것에 대해서는 절대적 헌법 보호가 필요하다면, 종교적 행위를 규제하는 것에 대해서는 제한된 보호가 성립된다(김은실, 2013: 28-29).

　미국은 학부모와 학생의 종교적 자유는 최대한 보장하는 반면, 교사는 철저히 종교적 중립을 유지함으로써 종교의 자유와 정교분리라는 수정헌법 정신을 구현하려고 하고 있다.

　2) 미국 공립학교와 사립학교의 종교교육의 자유 및 종교교육의 성격

　미국 종교교육의 원칙은 공립학교가 종교의 중립 내지 종교교육을 금지한다면, 사립학교에서는 종교교육의 자유를 허용하는 방식을 취한다. 미국은 수정헌법 제1조에 따라 정교분리의 원칙과 공립학교에서의 종교교육이 원칙상 금지된다. 그러므로 국가의 지원을 받는 공립학교는 종교에 관해 중립적인 입장을 견지하고, 학생의 종교의 자유를 보장해야 한다. 따라서 교과과정이나 비교과과정을 통해 종교교육을 실시할 수 없다. 공립학교에서의 종교교육의 쟁점은 학교에서 행하는 프로그램이나 활동 등을 통하여 정부가 과도하게 관여하는지의 여부이다. 다시 말해서, 학교의 맥락에서 학생의 종교 자유를 침해했는지의 여부는 학교가 학생의 종교 자유를 중대하게(substantial) 제한했는가 그리고 중대하게 제한한 경우에도 불가피하게 했는가(compelling interest)에 따라 사안별로 심리하여 판단한다(김은실, 2013; 31).

　그렇다고 하여, 공립학교에 소속되어 있는 학생의 종교교육이 전혀 불가능한 것은 아니다. 미국의 공립학교에서 시행되는 종교교육의 유형은 크게 네 가지이다. 첫째, 학부모의 요청에 의해 공립학교 시설 안

에서 이루어지는 종교교육이다. 둘째, 학부모의 요청에 의해 공립학교 시설 밖에서 이루어지는 종교교육이다. 셋째, 특정한 날에 학생들을 조퇴시켜 종교교육을 받을 수 있는 자유 시간을 허락하는 방식이다. 넷째, 공립학교와 종파학교에 이중으로 등록시켜 세속교육을 공립학교에서 받고, 종교교육은 종파학교에서 별도로 받게 하는 방식이다. 첫째와 둘째의 종교교육은 일종의 시간허가제(released time)로 학부모의 요청으로 공립학교 시설 내부 또는 외부에서 종교교육을 받는 방식이고, 셋째 방식은 조퇴제(dismissed time)로 종교교육을 받고자 원하는 학생들을 조퇴시켜 제3의 장소에서 종교교육을 받는 방식이며, 넷째 방식은 분할등록제(shared time) 또는 이중등록제(dual enrollment)로써 세속교육과 종교교육을 위해 양 기관에 등록시키는 방식이다. 이러한 방식은 종교적 신앙을 갖고 있는 부모의 입장에서 의무교육법에 묶여 자녀들을 공립학교에 취학시킬 수밖에 없지만, 부모들이 갖고 있는 종교라는 자연법상의 권리를 보호하기 위한 방책이다.

미국 공립학교에서의 종교교육은 "공립학교에서의 종교적 표현에 관한 연방정부의 지침"에 따르면, '종교에 관한 교육'(education about religion)의 합법성과 학생들의 종교의 자유와 교사의 종교적 중립을 천명하였다. 2010년 미국 "공립학교에서의 종교에 관한 교육지침서"에는 미국의 종교에 대한 문맹과 그에 따라 발생하는 공존과 화합의 파괴 문제를 해결하기 위해 '종교에 관한 교육'의 중요성을 강조하고 있다. 우리나라처럼, 미국 학교에서의 종교 교과는 수많은 선택과목 중의 하나이며, 실제로 학교에서 종교를 가르치고 있는 학교는 소수에 불과하다. 그리고 학교에서의 종교교육의 성격은 '신앙교육'(education of religion)이 아닌 '종교에 관한 교육'(education about religion)만 합법적인 것으로 인정하고 있다(류성민·안신, 2011: 27-28).

미국의 사립학교는 전체 학교의 10% 정도를 차지하고 있으며, 공립학교와는 여러 측면에서 상이하다. 미국 사립학교의 경우, 기본권의 주체인 사인으로써 존재할 수 있는 종교의 자유에 관한 권리가 인정되며, 따라서 신앙교육을 포함한 다양한 종교교육을 실시할 수 있다. 각 주정부의 통제를 받는 공립학교와는 달리, 미국의 사립학교는 주정부의 재정적 지원을 받지 않기 때문에 운영에 있어서 정부로부터 독립되어 있으며, 자율권이 보장된다. 특히 종교계 사립학교의 주요 목적과 기능은 종교적 신념과 가치를 가르치는 것이기 때문에, 만약 정부가 종교교육에 대해 지나치게 간섭한다면 종교계 사립학교의 본래 목적을 침해하는 것이며, 종교교육의 자유에 과도한 부담을 주는 것이다 (김은실, 2013: 32). 그러므로 종교교육을 원하는 학부모는 사립학교, 특히 종교계 사립학교에 보냄으로써 희망하는 종교교육의 자유를 누릴 수 있다.

미국의 대부분 사립학교는 종교적인 목적이나 종교교육과 관련하여 설립된 것이다. 미국의 사립학교는 교구부속학교(parish private school), 독립적 비영리 학교, 영리 목적 학교로 나뉘며, 교구부속학교가 전체 사립학교의 68%(2011년 기준, 22,731/33,366개교, 4,700,119명)에 이른다. 공립학교와는 달리, 사립학교는 입학생의 선택권을 비롯한 학교에 상당한 재량권이 있다. 물론 미국 정부는 사립학교에 관한 '합리적' 규제를 할 수 있는 권한이 인정되고 있다. 그러나 종교계 사립학교에 대해서는 정부의 간섭이나 규제는 필수적이고 직접적인 이해관계와 관련해서만 허용된다. 종교적 신념과 가치를 가르치는 종립학교에 대해 과도한 부담을 주는 행위는 종교의 자유에 적대 행위를 하는 것으로 간주되며, 정부의 재량권 행사는 합리적이고 명확한 요건을 충족시키는 경우에 한정해야 한다. 그러므로 종교계 사립학교에 대한 정부의 규제는 비종교적 교육부분에 한정되어 있다(김은실, 2013: 36-42).

3) 미국학교의 학생 배정 및 선발방식

미국에서 교육 선택권은 기본(자유)권에 해당하며, 학부모의 학교 선택권은 가장 기본적인 개인자유권(privacy) 영역에 해당하므로 국가는 그 권리를 박탈(encroach)해서는 안 된다. 학교 선택권은 공립학교, 공립학교이나 사립학교 특성을 가진 마그넷 스쿨(Magnet school)이나 차터 스쿨(Charter school) 그리고 사립학교에 따라 상이하다.

공립학교는 학교 구를 두어 학생이 입학할 수 있는 공립학교는 상대적으로 제한되어 있다. 그러나 미국은 점차 학생과 학부모에 대한 학교 선택권에 대한 범위를 넓혀 가는 방향으로 변화하고 있다. 미국은 1925년부터 대법원에서 학생과 학부모의 학교 선택권을 인정하고 있으며, 2001년에 공화당이 제출한 법안에도 학교의 선택권을 부모와 학생에게 환원한다는 내용이 들어 있다. 2002년 1월에 발효된 부시 행정부의 NCLB(No Child Left Behind)도 학부모에게 학교의 선택권을 보장한다는 내용을 포함하고 있다. 미국은 최근 교육과정을 특성화하는 마그넷 학교(Magnet school)나 학교 운영의 자율성을 인정하는 협약학교(Charter school) 등 학생과 학부모에게 다양한 학교 선택권을 제공하고 있다.

우리나라와 미국은 동일하게 정교분리와 공립학교에서의 종교교육을 제한하고 있지만, 학생 또는 학부모가 갖는 학교 선택권에 관해서는 판이하다. 우리나라는 입시 과열을 막기 위해 평준화 정책을 사용하고 있고, 사립학교도 국가가 정한 교육과정을 준수해야 한다. 그러나 미국의 사립학교는 교육 선택권의 연장선인 학교 선택권을 개인자유권 영역에 해당한다고 보고, 교육을 기본 자유권에 포함하고 있다. 따라서 공립학교의 보편적인 입학 규정이 사립학교에는 적용되지 않으며, 사립학교의 학생 선발권은 자유롭게 보장된다. 사립학교에 대한 정부의 규제는 비종교적인 교육부분에 한정되어 있다.

5. 일본의 사례

1) 일본의 종교교육 개관

일본은 고유 종교인 신도를 비롯하여 외래 종교들인 불교, 유교, 도교, 기독교, 이슬람교, 힌두교 등 다양한 종교를 신봉하고 있는 대표적인 다종교 국가이다. 그러나 일본은 한국이나 미국처럼 철저한 정교분리의 원칙을 종교 정책에 적용하고 있다. 종교의 자유는 보장하되 국가가 종교에 관여하거나 종교가 국가의 도움이나 피해를 받지 않도록 한다는 것이 일본 종교 정책의 기조이다. 이러한 이유에서 일본에서는 종교와 관련된 국경일도 없을 뿐만 아니라, 어떠한 종교행사도 정부가 지원할 수 없도록 되어 있다. 이러한 원칙은 종교교육에도 예외 없이 적용되고 있다.

일본은 메이지 시대 이전까지만 해도 불교사원 등이 종교교육기관으로 기능하는 등 종교가 교육에 중요한 영향을 미쳤지만, 메이지유신

이후 헌법에서 종교의 자유와 정교의 분리가 규정되고 문부성에서 학교에서의 종교교육과 종교의식을 금지시킴으로써 종교교육은 학교에서 배제되었다. 심지어 초종교적인 입지를 획득한 국가 신도는 국민교육의 핵심적 위치를 차지했으며, 국가 신도도 폐지되었다. 헌법 제20조 3항에는 "국가 및 그 기관은 종교교육, 기타 여하한 종교적 활동도 하여서는 아니 된다."고 하고 있고, 헌법 제89조에는 "공금 기타 공공재산은 종교상의 조직이나 단체의 사용, 편익 또는 유지를 위하여, 또는 공공의 지배에 속하지 않는 자선, 교육이나 박애사업에 대하여 이를 지출하거나 그 이용의 제공을 하여서는 아니 된다."함으로써 정교의 분리를 확립시켰다.

2) 일본 공립학교와 사립학교의 종교교육의 자유 및 종교교육의 성격

일본은 헌법과 교육기본법(1947)에 따라 공립학교에서 정교분리의 원칙이 적용되고 있으며, 특정 종교를 위한 종교교육을 공교육에서 금지하였다. 그러므로 공립학교에서 적극적인 종교교육은 불가능하다.

그렇다고 하여 공립학교에서 종교교육이 전혀 불가능한 것은 아니다. 일본에서 종교교육은 대체로 종교지식교육(宗敎知識敎育), 종파교육(宗派敎育), 종교정조교육(宗敎情操敎育)의 세 가지로 분류된다. 종교지식교육이 종교에 관한 객관적이면서도 올바른 지식을 습득하기 위한 교육이라면, 종파교육은 학생들이 특정 종교의 입장에서 해당 종교의 가르침을 배우거나 그 종교의 신앙으로 인도하거나 신앙을 심화하는 교육이다. 종교정조교육이란 종교를 통해서 정조, 가령, 인간을 초월한 거대한 존재,' '생명의 근원'에 대한 '경외심' 함양을 목표로 하는

교육을 일컫는다. 공립학교에서의 종파교육은 불가능한 반면, 종교지식교육과 종교정조교육은 가능하지만 사실상 부분적으로만 실시되고 있는 실정이다. 일본의 중등학교는 독점적인 종교 과목이 없으며, 따라서 종교 교과서도 없다. 종교 내용을 포함하고 있는 다른 교과서도 종교의 성스러운 가치와 종교적 구원과 같은 핵심적 내용보다는 종교의 이데올로기적 측면과 인본주의적 이해만이 강조되고 있을 뿐이다. 실제로, 공립학교에서 종교교육에 대한 관심은 거의 없으며, 따라서 종교에 관한 논의가 거의 이루어지지 않고 있다.

일본에서 특정 종교를 위한 종교교육은 종교계 사립학교에서만 할 수 있다. 법적으로 종교계 사립학교에서는 학생들의 종교의 자유를 보장하고 있다. 그러므로 종교계 사립학교에서는 종교지식교육, 종파교육, 종교정조교육이 원칙상 모두 가능하다. 그러나 일본의 종교계 사립학교의 비율은 2%에 불과하기 때문에, 사실상 학교에서의 종교교육은 도외시되고 있는 실정이다.

3) 일본 학교의 학생 배정 및 선발방식

일본에서 고등학교 입학은 학교별로 엄격한 선발시험을 거쳐서 학교장이 선발하며(비평준화 정책, 일본 학교교육법 시행 규칙 제90조) 고등학교의 수준별 학교 선택·입학이 이루어지고 있다. 일본에서 학생들이 학교에 진학하면서 종교적인 문제로 학교 선택에 갈등하는 사례는 극히 드물다. 일본의 공립학교에서의 종교교육은 원칙상 법적으로 금지하기 때문에, 종교 문제로 인한 갈등을 원천적으로 봉쇄하고 있다.

6. 나가는 말: 해외 사례가 주는 시사점

이상의 해외 종교교육 사례에서 보았듯이, 종교교육에 대한 각 나라들의 입장은 크게 학교에서 종교교육을 적극적으로 실시하는 국가와 정교분리와 종교중립의 입장에서 종교교육을 금지하거나 제한하는 국가로 나뉜다. 영국과 독일이 전자에 해당한다면, 미국과 일본이 후자에 해당한다. 우리나라도 후자의 경우에 속한다.

종교교육과 관련하여, 다원주의 사회가 진행됨에 따라 세계 각국은 신앙교육이나 종파교육을 지양하는 경향이 있다. 영국과 독일은 대체로 공립학교에서 기독교적 종교교육을 실시하고 있는 반면에, 미국과 일본은 공립학교에서 종교교육이 금지되거나 제한되고 있다. 영국과 독일에서 종교는 필수 교과이며, 기독교적 성격을 지닌 종교교육이 이루어지고 있다. 미국과 일본 공립학교에서의 종교교육은 신앙교육이나 종파교육은 금지되며, 종교에 관한 교육이나 종교적 지식이나 정조를 가르치는 교육이 부분적으로 허용되고 있다. 그러나 사립학교, 특히 종교계 사립학교에 대해서는 영국, 독일, 미국, 일본 할 것 없이 신앙교육과 종파교육이 자유롭게 허용되고 있다.

학생 선발권과 관련하여, 독일은 학교나 학교청에서 학교 구에 소속된 학교에 배정하는 방식을 취하며, 영국과 미국은 학부모의 학교 선택권을 존중한다. 일본의 경우, 학생이 원하는 학교에 선발시험을 통해 입학하게 된다. 그러므로 해외의 학교들은 학부모와 학생들의 학교 선택권이 허용됨으로써 종교 문제로 인한 회피 제도나 전학 제도가 원칙상 불필요하다.

우리나라의 경우, 종교 문제로 인한 회피 제도나 전학 제도의 문제를 해결하기 위해 세 가지 수준의 방안이 요청된다.

첫째 수준의 방안은 적극적인 방식으로써, 제도상의 개혁을 포함한다. 즉, 학부모와 학생의 '학교 선택권'을 허용하는 방안이다. 여기에는 두 가지 방식이 있을 수 있다. 하나는 공립학교와 사립학교 모두에 학생 선발권을 주는 방식이고, 다른 하나는 사립학교에만 학생 선발권을 주는 방식이다. 이 방안은 종교 문제로 인한 회피 제도나 전학 제도의 문제를 근원적으로 봉쇄할 수 있으나, 우리나라의 경우, 사립학교가 전체 학교의 절반에 이르고, 사립학교가 공영화 되어 있으며, 평준화 제도가 오랫동안 정착되어 온 우리나라 상황에서 교육열과 입시 문제의 부작용이 발생할 수 있다. 이러한 제도상의 개혁이 어렵다면, 종교계 사립학교에는 특목고나 자사고 등처럼 전기선발권을 허용하는 방식이 가능하다.

둘째 수준의 방안은 온건한 방식으로써, 학생 선발권으로 그대로 두고 '종교교육의 자율권'을 부여하는 방식이다. 공립학교에서의 종교교육은 종파교육이나 신앙교육을 제한하는 대신에, 사립학교에 종교교육을 비롯한 사립학교의 고유한 이념을 추구할 수 있도록 하는 것으로, 모든 사립학교에 실시하는 것이 어렵다면, 종교계 사립학교만이라도 학교의 이념에 따라 신앙교육이나 종파교육을 허용할 수 있도록 하는 방식이다. 이러한 방안은 첫째 수준의 방안보다 온건하고 자유민주주의 원리에도 부합하는 방식이다. 그리고 정부가 시행하고자 하는 의지만 있으면, 큰 혼란 없이 시행할 수 있으며, 종교 문제로 인한 갈등을 해소할 수 있다는 장점이 있다.

셋째 수준의 방안은 소극적인 방식으로써, 기존의 학교 선택권과 학생 선발권을 그대로 둔 채, 종교로 인해 갈등과 부적응을 겪는 문제를 해소하기 위해 학교를 배정할 때 종교를 고려하거나 전학을 허용하는 방식이다. 즉, 종교 문제로 학업생활이 심각하게 장애를 받을 것이 예상되거나 실지로 받고 있는 경우, 학교 배정에서 특정 학교를 회피하거나 학교 생활 중 전학을 허용하는 것이다. 선호하는 학교를 적극적으로 선택하게 하는 제도와는 달리, 이 제도는 소수이지만 종교로 인해 극심한 갈등이나 고통을 겪는 학생들의 문제를 해결할 수 있고, 기존의 제도를 유지하면서 부작용을 제거할 수 있다는 점에서 가장 간편하고 수월한 방식이다.

참고문헌

김은실(2013). "학교에서의 종교의 자유: 미국을 중심으로." 「교육법학연구」 25(3). 대한교육법학회.

김재춘(2013). "한국 기독교학교에서의 종교교육의 가능성." 강영택 외, 『종교교육론』. 서울: 학지사.

류성민 외 1인(2010). "외국(영·미)의 종교교육제도 개선사례 연구." 문화체육관광부.

유재봉(2013). "영국의 종교교육: 학교에서의 종교교육의 가능성 탐색." 「교육과정연구」 31(2). 한국교육과정학회. 199-219.

정종섭 외 2인(2009). "국내외 종교차별 사례 연구." 문화체육관광부.

Baker, M.(1992). *A Parents' Guide to the New Curriculum.* London: BBC Books.

Dent, H. C.(1968). *The 1944 Education Act.* London: University of London Press.

3장
학교 배정 및 회피 제도
설문조사 분석

김현철 교수(성균관대학교, 교육학)

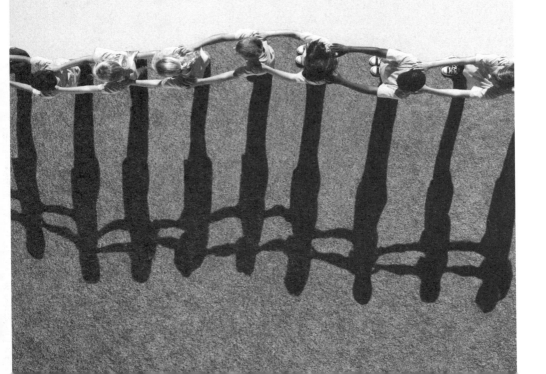

종교적 이유로 인하여 학교 현장에서 발생하고 있는 문제의 심각성과 고등학교 진학 시 회피 배정 제도의 운용에 대한 찬반의견을 확인하기 위한 설문조사가 고등학교 진학 예정인 중학교 3학년의 학부모를 대상으로 실시되었다. 이 설문조사는 서울 시내 10개 중학교의 3학년 학급 각 1개씩, 약 350명의 학부모를 대상으로 하였으며, 여기서는 이들 조사대상 중 설문에 응답한 300명의 응답 결과가 보고되었다. 설문지의 조사내용은 응답자의 기본 인적사항, 종교계 학교 배정에 대한 인식조사, 회피 및 전학 제도에 대한 인식조사 등의 세 부분으로 분할되었으며, 결과 보고도 설문지 내용을 따라 세 부분으로 구분되었다.

1. 인적사항

다음 〈표 1〉에는 설문 응답자와 설문지를 가지고 온 학생과의 관계에 대한 응답 결과가 제시되었다. 이 표에 의하면 설문의 응답자는 주로 어머니(83.67%)였으며, 다음은 아버지(13.33%)였고, 조부모와 '기타'의 응답비율은 아주 낮았다. '기타' 응답자는 고모, 언니, 외숙모, 이모가 각각 1명씩이었다.

<표 1> 학생과의 관계

	빈도	백분율
부	40	13.33
모	251	83.67
조부모	3	1.00
기타	4	1.33
무응답	2	0.67

다음 〈표 2〉와 〈표 3〉에는 각각 설문 응답자와 학생의 종교가 제시되었다. 이들 표에 의하면 설문 응답자는 '종교 없음'의 비율(42.67%)이 가장 높고, 다음으로 개신교(34.33%), 불교(11.00%), 천주교(11.00%)의 순이었으며, 학생의 종교 역시 '종교 없음'(50.00%)의 비율이 가장 높고, 다음으로 개신교(36.00%)의 비율이 높았으나, 천주교(8.67%)와 불교(2.67%)의 비율은 설문 응답자보다 낮았다.

<표 2> 응답자의 종교

	빈도	백분율
1) 개신교	103	34.33
2) 불 교	33	11.00
3) 천주교	33	11.00
4) 없 음	128	42.67
5) 기 타	3	1.00

<표 3> 학생의 종교

	빈도	백분율
1) 개신교	108	36.00
2) 불 교	8	2.67
3) 천주교	26	8.67
4) 없 음	150	50.00
5) 기 타	3	1.00
무응답	5	1.66

다음 〈표 4〉에는 설문 응답자 종교와 학생 종교의 관계가 제시되었다. 이 표에 의하면 전체적으로 설문 응답자와 학생은 종교가 같은 경우가 많았으나 개신교와 천주교는 응답자와 학생의 종교가 같은 비율이 높은 편인데 반하여, 응답자의 종교가 불교인 경우에는 학생은 '종교 없음'이 더 많았다.

〈표 4〉 응답자 종교와 학생 종교의 관계

응답자 종교	학생 종교						
	1) 개신교	2) 불교	3) 천주교	4) 없음	5) 기타	무응답	합계
1) 개신교	93	0	0	9	1	0	103
2) 불 교	0	8	0	23	0	2	33
3) 천주교	1	0	23	9	0	0	33
4) 없 음	14	0	3	108	0	3	128
5) 기 타	0	0	0	1	2	0	3
합 계	108	8	26	150	3	5	300

다음 〈표 5〉에는 개신교, 불교, 천주교, 원불교, 통일교, 제7안식교, 증산교(대순진리교), 대종교 등 8개 종교 각각에 대한 호감도가 제시되었다. 이 표에 의하면 원불교, 통일교, 제7안식교, 증산교, 대종교 등의 군소종교에 대한 호감도는 개신교, 불교, 천주교 등의 주요 종교에 비하여 '비호감'과 '매우 비호감'의 응답 비율이 크게 높았으며, 주요 종교 중에서 개신교는 불교와 천주교에 비하여 비호감(11.00%)의 비율이 높은 한편, '매우 호감'(20.33%)의 응답비율도 높아서 양극화된 호감도를 보였다.

〈표 5〉 종교에 대한 호감도

	매우 비호감	비호감	보통	호감	매우 호감	무응답
개신교	18(6.00)	33(11.00)	125(41.67)	49(16.33)	61(20.33)	14(4.67)
불 교	29(9.67)	15(5.00)	158(52.67)	55(18.33)	17(5.67)	26(8.67)
천주교	19(6.33)	21(7.00)	151(50.33)	62(20.67)	24(8.00)	23(7.67)
원불교	43(14.33)	77(25.67)	130(43.33)	11(3.67)	3(1.00)	36(12.00)
통일교	93(31.00)	81(27.00)	87(29.00)	6(2.00)	1(0.33)	32(10.67)
제7안식교	100(33.33)	76(25.33)	84(28.00)	6(2.00)	1(0.33)	33(11.00)
증산교	110(36.67)	63(21.00)	89(29.67)	4(1.33)	1(0.33)	33(11.00)
대종교	91(30.33)	73(24.33)	97(32.33)	5(1.67)	1(0.33)	33(11.00)

다음 〈표 6〉부터 〈표 13〉에는 각각 개신교, 불교, 천주교, '종교 없음' 등의 응답자 종교별로 여러 종교에 대한 호감도가 제시되었다. 이들 표에 의하면 개신교($x2$=204.6920, p〈0.0001), 불교($x2$=158.9980, p〈0.0001), 천주교($x2$=119.5719, p〈 0.0001), 원불교($x2$=81.6720, p〈0.0001), 통일교($x2$=36.1598, p=0.0147), 증산교($x2$=34.4281, p=0.0234), 대종교($x2$=41.5375, p=0.0032) 등 7개 종교에 대해서는 유의수준 0.05에서 응답자 종교에 따라 호감도에 통계적으로 유의한 차이가 있었다. 제7안식교($x2$=29.4206 p=0.0798)에 대한 호감도는 응답자 종교 전반에서 부정적인 응답이 많았다. 우선, 개신교인은 개신교를 제외한 모든 종교에 대하여 비호감의 응답비율이 높았으며, '종교 없음'은 원불교, 통일교, 제7안식교, 증산교, 대종교 등 군소종교와 개신교에 대한 비호감의 응답비율이 높았다. 천주교는 모든 종교에 대하여 비호감의 응답비율이 낮은 편이었고, 특별히 불교에 대해서는 다른 응답자 종교에 비하여 호감의 응답비율(33명 중 8명; 24.24%)이 높았다. 불교는 천주교에 대하여는 비교적 중립적인 호감도를 보였으나 개신교에 대해서는 비호감의 응답비율이 높았다.

<표 6> 개신교에 대한 호감도

응답자 종교	매우 비호감	비호감	보통	호감	매우 호감	무응답	합계
1) 개신교	2	2	10	30	59	0	103
2) 불 교	2	7	20	0	0	4	33
3) 천주교	3	2	16	7	1	4	33
4) 없 음	11	22	77	12	1	5	128
5) 기 타	0	0	2	0	0	1	3
합 계	18	33	125	49	61	14	300

<표 7> 불교에 대한 호감도

응답자 종교	매우 비호감	비호감	보통	호감	매우 호감	무응답	합계
1) 개신교	24	8	47	6	3	15	103
2) 불 교	1	1	4	14	13	0	33
3) 천주교	0	0	21	8	0	4	33
4) 없 음	4	6	85	25	1	7	128
5) 기 타	0	0	1	2	0	0	3
합 계	29	15	158	55	17	26	300

<표 8> 천주교에 대한 호감도

응답자 종교	매우 비호감	비호감	보통	호감	매우 호감	무응답	합계
1) 개신교	14	7	47	16	5	14	103
2) 불 교	0	1	21	9	0	2	33
3) 천주교	0	1	6	10	16	0	33
4) 없 음	5	12	75	27	3	6	128
5) 기 타	0	0	2	0	0	1	3
합 계	19	21	151	62	24	23	300

〈표 9〉 원불교에 대한 호감도

응답자 종교	매우 비호감	비호감	보통	호감	매우 호감	무응답	합계
1) 개신교	27	27	29	3	2	15	103
2) 불 교	0	2	22	4	0	5	33
3) 천주교	2	9	16	2	0	4	33
4) 없 음	14	39	62	2	0	11	128
5) 기 타	0	0	1	0	1	1	3
합 계	43	77	130	11	3	36	300

〈표 10〉 통일교에 대한 호감도

응답자 종교	매우 비호감	비호감	보통	호감	매우 호감	무응답	합계
1) 개신교	45	22	18	3	1	14	103
2) 불 교	4	7	18	1	0	3	33
3) 천주교	9	7	11	1	0	5	33
4) 없 음	35	44	39	1	0	9	128
5) 기 타	0	1	1	0	0	1	3
합 계	93	81	87	6	1	32	300

〈표 11〉 제7안식교에 대한 호감도

응답자 종교	매우 비호감	비호감	보통	호감	매우 호감	무응답	합계
1) 개신교	45	19	19	4	1	15	103
2) 불 교	8	7	15	0	0	3	33
3) 천주교	11	6	11	1	0	4	33
4) 없 음	36	43	38	1	0	10	128
5) 기 타	0	1	1	0	0	1	3
합 계	100	76	84	6	1	33	300

〈표 12〉 증산교(대순진리회)에 대한 호감도

응답자 종교	매우 비호감	비호감	보통	호감	매우 호감	무응답	합계
1) 개신교	46	20	18	3	1	15	103
2) 불 교	8	4	18	0	0	3	33

3) 천주교	14	3	11	1	0	4	33
4) 없 음	42	35	41	0	0	10	128
5) 기 타	0	1	1	0	0	1	3
합 계	110	63	89	4	1	33	300

<표 13> 대종교에 대한 호감도

응답자 종교	매우 비호감	비호감	보통	호감	매우 호감	무응답	합계
1) 개신교	43	22	19	3	1	15	103
2) 불 교	4	7	18	1	0	3	33
3) 천주교	13	2	13	1	0	4	33
4) 없 음	31	41	46	0	0	10	128
5) 기 타	0	1	1	0	0	1	3
합 계	91	73	97	5	1	33	300

다음 〈표 14〉에는 응답자의 신앙생활 기간이 제시되었다. 이 표에 의하면 300명의 응답자 중에서 '종교 없음'의 비율이 36%로 가장 많았고, 3~10년, 11~20년, 21~30년이 각각 15% 내외로 비슷하였으며, 31~40년, 41년 이상의 응답비율은 5% 미만이었다. 이 연구에 참여한 설문 응답자의 신앙생활 기간은 대체로 넓게 고루 분포된 편이었다.

〈표 14〉 응답자의 신앙 년수

	빈도	백분율
없음	108	36.00
3년 이하	28	9.33
3-10년	45	15.00
11-20년	43	14.33
21-30년	39	13.00
31-40년	14	4.67
41년 이상	14	4.67
무응답	9	3.00

다음 〈표 15〉에는 응답자의 거주지역이 소속 교육청 기준 11개 학군으로 분류·제시되었다. 이 표에 의하면 이 연구에 참여한 응답자의 거주지역은 2학군(29.00%)이 가장 많았고, 다음으로는 4학군(17.33%), 11학군(17.00%), 9학군(10.33%)의 순이었으며, 3학군(1.00%)과 8학군(0.33%)의 비율은 아주 낮았다.

〈표 15〉 응답자의 거주지역

	빈도	백분율
1) 동부: 동대문구, 중랑구	19	6.33
2) 서부: 마포구, 서대문구, 은평구	87	29.00
3) 남부: 영등포구, 구로구, 금천구	3	1.00
4) 북부: 노원구, 도봉구	52	17.33
5) 중부: 종로구, 중구, 용산구	28	9.33
6) 강동: 강동구, 송파구	24	8.00
8) 강남: 강남구, 서초구	1	0.33
9) 동작: 동작구, 관악구	31	10.33
11) 성북: 강북구, 성북구	51	17.00
무응답	4	1.33

다음 〈표 17〉부터 〈표 27〉에는 학생이 고등학교에 진학할 때 지원하기를 원하는 학교에 대한 응답 결과가 11개 학군별로 각각 제시되었으며, 〈표 16〉에는 이들 11개 표를 종합한 서울시 전체에서의 기독교재단 학교에 대한 진학 희망 비율이 제시되었다.

우선, 〈표 16〉에 의하면 4학군과 5학군에는 기독교재단 학교가 각각 4개교씩 있는 반면에 8학군, 10학군, 11학군에는 기독교재단 학교가 전혀 없었다. 서울시의 전체 일반계 고등학교 수는 총 183개교인데, 이 중에서 기독교재단 학교는 20개교로 기독교재단 고등학교의 비율은 10.93%이고 이들 20개 학교의 각 학군 내 진학 희망 비율은 평균

16.47%로 타종교재단이나 비종립학교에 비하여 전반적으로 기독교재단 학교의 진학 희망 비율이 높은 편이었다. 3학군, 4학군, 7학군 등에서는 학군 내의 기독교재단 학교 중에서 일부 진학 희망 비율이 낮은 학교들이 관찰되었는데, 3학군과 7학군은 앞에 언급된 바와 같이 학군 전체의 진학 희망 응답수가 각각 7건씩에 불과하여 정확한 진학 희망 비율의 파악을 위해서는 표본수를 확대한 정밀한 조사가 필요한 것으로 보인다.

〈표 16〉 학군별 기독교재단 학교수와 진학 희망 비율

학군	전체 학교수	기독교재단 학교수	학교비율(%)	학군 내 기독교재단 학교 진학 희망비율 평균
1	11	2	18.18	23.53
2	17	3	17.65	19.93
3	14	1	7.14	0.00
4	21	4	19.05	5.64
5	16	4	25.00	20.59
6	25	2	8.00	25.00
7	24	1	4.17	0.00
8	21	0	0.00	0.00
9	15	3	20.00	22.54
10	8	0	0.00	0.00
11	11	0	0.00	0.00
합	183	20	10.93	16.47

〈표 17〉부터 〈표 27〉에는 각 학군별로 개별학교의 진학 희망 비율이 제시되었다. 이들 표에서 '1단계'는 서울시 전 지역을 대상으로 하는 단일학교군 지원을 의미하며, '2단계'는 거주지 학교를 대상으로 하는 지원을 의미한다. 설문조사에서는 1단계와 2단계의 1지망과 2지망이 조사되었는데 표에서 '합'으로 표시된 것은 학교별 1단계 1, 2지망,

2단계 1, 2지망 빈도의 합이며, '%'는 각 학교군 내에서 개별 학교의 진학 희망 비율이다. 진학 희망은 전체적으로 2학군(204건), 4학군(142건), 9학군(71건), 6학군(70건), 5학군(68건), 11학군(54건) 등 여섯 개 학군 소속 학교가 많았으며, 1학군(17건), 3학군(7건), 7학군(7건), 8학군(12건), 10학군(1건) 등 다섯 개 학군 소속 학교에 대한 진학 희망 응답수는 적었는데 이는 〈표 2〉에 제시된 바와 같이 이 연구의 응답자 거주지가 2학군(29.00%), 4학군(17.33%), 11학군(17.00%), 9학군(10.33%) 등 일부지역에 편중되어 있어서 나타난 현상으로 해석된다.

서울시의 전체 고등학교 중에서 특별히 진학 희망 응답수가 많은 학교들은 B2(103명), I1(48명), E1(45명) 등이었는데 이들은 모두 기독교재단 학교들이었다. 2학군 B2의 경우에는 전체 300명의 응답자 중에서 103명이 진학 희망 학교로 응답하여 전체 서울시 내의 고등학교 중에서 가장 진학 희망 비율이 높았으며, 2학군 내에서도 50.49%의 높은 진학 희망 점유율을 보였다. 9학군의 I1고등학교와 5학군의 E1고등학교의 경우, 소속 학군 내에서의 진학 희망 점유율은 각각 67.61%와 66.18%로 2학군의 B1고등학교보다도 오히려 높은 것으로 나타났다.

〈표 17〉 1학군

구	학교	종교	1단계 1지망	1단계 2지망	2단계 1지망	2단계 2지망	합	%
중랑구	A1	개신교		3			3	17.65
중랑구	A2	개신교			3	2	5	29.41
동대문구	A3	기타					0	0.00
동대문구	A4	-					0	0.00
동대문구	A5	-		2			2	11.76
동대문구	A6	-					0	0.00
동대문구	A7	-					0	0.00
중랑구	A8	-		1	2	1	4	23.53

구	학교	종교	1단계 1지망	1단계 2지망	2단계 1지망	2단계 2지망	합	%
중랑구	A9	-					0	0.00
중랑구	A10	-					0	0.00
중랑구	A11	-	1		1	1	3	17.65
총 합							17	100.00

<표 18> 2학군

구	학교	종교	1단계 1지망	1단계 2지망	2단계 1지망	2단계 2지망	합	%
마포구	B1	개신교					0	0.00
서대문구	B2	개신교	27	17	33	26	103	50.49
은평구	B3	개신교	4	4	6	5	19	9.31
서대문구	B4	기타					0	0.00
은평구	B5	기타					0	0.00
마포구	B6	-	1				1	0.49
마포구	B7	-		1			1	0.49
서대문구	B8	-	2	1	2	2	7	3.43
서대문구	B9	-	1	1	1	1	4	1.96
서대문구	B10	-					0	0.00
은평구	B11	-	11	10	17	12	50	24.51
은평구	B12	-		1			1	0.49
은평구	B13	-	2				2	0.98
은평구	B14	-					0	0.00
은평구	B15	-		1			1	0.49
은평구	B16	-		1			1	0.49
은평구	B17	-	1	6	2	5	14	6.86
총 합							204	100.00

<표 19> 3학군

구	학교	종교	1단계 1지망	1단계 2지망	2단계 1지망	2단계 2지망	합	%
금천구	C1	개신교					0	0.00
영등포구	C2	-					0	0.00
영등포구	C3	-				1	1	14.29
영등포구	C4	-			1		1	14.29
영등포구	C5	-	2	2			4	57.14
영등포구	C6	-					0	0.00

영등포구	C7	-		1			1	14.29
구로구	C8	-					0	0.00
구로구	C9	-					0	0.00
구로구	C10	-					0	0.00
구로구	C11	-					0	0.00
구로구	C12	-					0	0.00
금천구	C13						0	0.00
금천구	C14						0	0.00
총 합							7	100.00

<표 20> 4학군

구	학교	종교	1단계 1지망	1단계 2지망	2단계 1지망	2단계 2지망	합	%
노원구	D1	개신교	2	1	2	1	6	4.23
노원구	D2	개신교					0	0.00
노원구	D3	개신교					0	0.00
도봉구	D4	개신교	9	2	10	5	26	18.31
노원구	D5	기타	1	1	1	1	4	2.82
노원구	D6	기타	2	4	1	1	8	5.63
노원구	D7	-					0	0.00
노원구	D8	-		1		1	2	1.41
노원구	D9	-					0	0.00
노원구	D10	-					0	0.00
노원구	D11	-	9	3	14	6	32	22.54
노원구	D12	-	2	3		3	8	5.63
노원구	D13	-	3	10	7	12	32	22.54
노원구	D14	-					0	0.00
노원구	D15	-					0	0.00
노원구	D16	-	2	1	1	1	5	3.52
노원구	D17	-	1	2	1		4	2.82
도봉구	D18	-					0	0.00
도봉구	D19	-		1		1	2	1.41
도봉구	D20	-	1	3	3	5	12	8.45
도봉구	D21	-		1			1	0.70
총 합							142	100.00

<표 21> 5학군

구	학교	종교	1단계 1지망	1단계 2지망	2단계 1지망	2단계 2지망	합	%
종로구	E1	개신교	13	9	15	8	45	66.18
종로구	E2	개신교	5	2	1		8	11.76
중구	E3	개신교		1		2	3	4.41
용산구	E4	개신교					0	0.00
중구	E5	천주교	1				1	1.47
용산구	E6	천주교	1				1	1.47
종로구	E7	-		1	1	1	3	6	8.82
종로구	E8	-		1		1	2	2.94
종로구	E9	-					0	0.00
종로구	E10	-					0	0.00
종로구	E11	-		1	1		2	2.94
중구	E12	-					0	0.00
용산구	E13	-					0	0.00
용산구	E14	-					0	0.00
용산구	E15	-					0	0.00
용산구	E16	-					0	0.00
총 합							68	100.00

<표 22> 6학군

구	학교	종교	1단계 1지망	1단계 2지망	2단계 1지망	2단계 2지망	합	%
강동구	F1	개신교	1				1	1.43
송파구	F2	개신교	8	7	14	5	34	48.57
송파구	F3	기타					0	0.00
강동구	F4	-					0	0.00
강동구	F5	-					0	0.00
강동구	F6	-					0	0.00
강동구	F7	-					0	0.00
강동구	F8	-					0	0.00
강동구	F9	-					0	0.00
강동구	F10	-					0	0.00
강동구	F11	-					0	0.00

구	학교	종교	1단계 1지망	1단계 2지망	2단계 1지망	2단계 2지망	합	%
강동구	F12	-					0	0.00
송파구	F13	-					0	0.00
송파구	F14	-					0	0.00
송파구	F15	-					0	0.00
송파구	F16	-					0	0.00
송파구	F17	-					0	0.00
송파구	F18	-		8	4	13	25	35.71
송파구	F19	-					0	0.00
송파구	F20	-	3		4		7	10.00
송파구	F21	-				1	1	1.43
송파구	F22	-	1		1		2	2.86
송파구	F23	-					0	0.00
송파구	F24	-					0	0.00
송파구	F25	-					0	0.00
총 합							70	100.00

〈표 23〉 7학군

구	학교	종교	1단계 1지망	1단계 2지망	2단계 1지망	2단계 2지망	합	%
양천구	G1	개신교					0	0.00
강서구	G2	-					0	0.00
강서구	G3	-					0	0.00
강서구	G4	-					0	0.00
강서구	G5	-	1				1	14.29
강서구	G6	-					0	0.00
강서구	G7	-					0	0.00
강서구	G8	-					0	0.00
강서구	G9	-		1			1	14.29
강서구	G10	-					0	0.00
강서구	G11	-					0	0.00
강서구	G12	-					0	0.00
강서구	G13	-	4				4	57.14
강서구	G14	-					0	0.00
강서구	G15	-					0	0.00
양천구	G16	-					0	0.00
양천구	G17	-					0	0.00

구	학교	종교	1단계 1지망	1단계 2지망	2단계 1지망	2단계 2지망	합	%
양천구	G18	-					0	0.00
양천구	G19	-					0	0.00
양천구	G20	-					0	0.00
양천구	G21	-					0	0.00
양천구	G22	-					0	0.00
양천구	G23	-					0	0.00
양천구	G24	-		1			1	14.29
총 합							7	100.00

<표 24> 8학군

구	학교	종교	1단계 1지망	1단계 2지망	2단계 1지망	2단계 2지망	합	%
강남구	H1	불교		1			1	8.33
서초구	H2	기타	4				4	33.33
강남구	H3	-					0	0.00
강남구	H4	-					0	0.00
강남구	H5	-	1	1			2	16.67
강남구	H6	-					0	0.00
강남구	H7	-					0	0.00
강남구	H8	-	3	2			5	41.67
강남구	H9	-					0	0.00
강남구	H10	-					0	0.00
강남구	H11	-					0	0.00
강남구	H12	-					0	0.00
강남구	H13	-					0	0.00
강남구	H14	-					0	0.00
서초구	H15	-					0	0.00
서초구	H16	-					0	0.00
서초구	H17	-					0	0.00
서초구	H18	-					0	0.00
서초구	H19	-					0	0.00
서초구	H20	-					0	0.00
서초구	H21	-					0	0.00
총 합							12	100.00

<표 25> 9학군

구	학교	종교	1단계 1지망	1단계 2지망	2단계 1지망	2단계 2지망	합	%
동작구	I1	개신교	17	7	19	5	48	67.61
관악구	I2	개신교					0	0.00
관악구	I3	개신교					0	0.00
동작구	I4	-			1		1	1.41
동작구	I5	-					0	0.00
동작구	I6	-	1	8	1	11	21	29.58
동작구	I7	-					0	0.00
관악구	I8	-					0	0.00
관악구	I9	-					0	0.00
관악구	I10	-					0	0.00
관악구	I11	-	1				1	1.41
관악구	I12	-					0	0.00
관악구	I13	-					0	0.00
관악구	I14	-					0	0.00
관악구	I15	-					0	0.00
총 합							71	100.00

<표 26> 10학군

구	학교	종교	1단계 1지망	1단계 2지망	2단계 1지망	2단계 2지망	합	%
광진구	J1	불교					0	0.00
광진구	J2	기타	1				1	100.00
성동구	J3	-					0	0.00
성동구	J4	-					0	0.00
광진구	J5	-					0	0.00
광진구	J6	-					0	0.00
광진구	J7	-					0	0.00
광진구	J8	-					0	0.00
총 합							1	100.00

<표 27> 11학군

구	학교	종교	1단계 1지망	1단계 2지망	2단계 1지망	2단계 2지망	합	%
강북구	K1	-					1	1.85
강북구	K2	-	1	2	2	3	8	14.81
강북구	K3	-	1	1		1	3	5.56
강북구	K4	-			2	1	3	5.56
성북구	K5	-		1		1	2	3.70
성북구	K6	-	4	1	9	4	18	33.33
성북구	K7	-		1		1	2	3.70
성북구	K8	-					0	0.00
성북구	K9	-			1		1	1.85
성북구	K10	-	2	3	3	5	13	24.07
성북구	K11	-		2	1		3	5.56
총 합							54	100.00

다음 <표 28>에는 만약 현행 2단계 학교 배정 방식에 종교를 고려한 3단계 배정이 추가 실시된다면 이때 회피를 희망하는 종교재단학교가 있는지, 있다면 어떤 종교재단학교를 회피하기 원하는지에 대한 응답 결과가 제시되었다. 이 표에 의하면 종교계재단학교 배정에 대하여 '상관없다'는 응답이 35.33%였으며, 회피를 희망하는 경우에는 원불교(27.67%), 통일교(34.67%), 제7안식교(34.33%), 증산교(33.67%), 대종교(32.00%) 재단의 학교에 대한 회피 희망 비율이 높았다. 3대 종교 중에는 불교(19.00%)재단학교에 대한 회피 희망 비율이 가장 높았고, 다음으로는 개신교(14.33%), 천주교(11.67%)의 순이었다. 자녀가 진학할 예정인 학군 내에 해당 종교재단의 학교가 없는 경우에는 응답자가 이를 응답하지 않았을 가능성을 감안한다면 각 종교별 학교에 대한 회피 희망 비율은 최소한 이 연구에서 조사된 것보다 높을 가능성이 많은 것으로 판단된다.

〈표 28〉 3단계 배정 시 종교계 학교 회피 희망(복수 선택 가능)

	선택하지 않음		선택	
	빈도	비율	빈도	비율
상관없음	194	64.67	106	35.33
개신교	257	85.67	43	14.33
불교	243	81.00	57	19.00
천주교	265	88.33	35	11.67
원불교	217	72.33	83	27.67
통일교	196	65.33	104	34.67
제7안식교	197	65.67	103	34.33
증산교(대순진리회)	199	66.33	101	33.67
대종교	204	68.00	96	32.00

　　다음 〈표 29〉에는 3단계 배정 시 각 종교계 학교 회피 희망 비율이
응답자 종교별로 제시되었다. 이 표에 의하면 개신교인은 불교, 원불
교, 통일교, 제7안식교, 증산교, 대종교 등 모든 타종교재단 학교에 대
한 회피 희망 비율이 다른 응답자 종교에 비하여 높고, 천주교는 개신
교에 비하여는 타종교재단학교에 대한 회피 희망 비율이 크게 낮으며
불교에 비해서도 회피 희망 비율이 낮은 것으로 나타났다. 응답자가
'종교 없음'의 경우에는 불교나 천주교보다 개신교재단학교에 대한 회
피 희망 비율이 더 높았다.

〈표 29〉 응답자 종교별 3단계 배정 시 종교계 학교 회피 희망

응답자 종교	상관 없음	개신교	불교	천주교	원불교	통일교	제7 안식교	증산교	대종교
1) 개신교	24	18	39	17	45	49	48	48	46
2) 불 교	14	5	4	3	6	10	9	9	8
3) 천주교	11	1	2	0	8	10	11	11	10
4) 없 음	54	18	11	14	24	34	34	33	31
5) 기 타	1	0	0	1	0	0	0	0	0
	104	42	56	35	83	103	102	101	95

다음 〈표 30〉에는 진학 희망 학교의 선택 이유가 제시되었다. 이 표에 의하면 진학 희망 학교의 선택 이유로는 1순위에서는 '통학 거리'(26.67%), '교육시설 및 환경'(15.67%), '명문대 진학률'(13.67%), '특성화된 교육프로그램'(8.33%) 순이었으며, 2순위에서는 '교육시설 및 환경'(23.33%), '통학 거리'(20.33%)의 응답 비중이 가장 높고, 3순위에서도 2순위의 경우와 동일하게 '교육시설 및 환경'(13.33%), '통학 거리'(11.33%)의 응답 비중이 높았다. 한편, '신앙 및 인성교육'은 1, 2, 3순위에서 모두 이들보다 비중이 낮아서 학부모들의 진학 희망 학교 선택 기준은 '신앙 및 인성교육'보다는 공부를 잘 가르치는 학교인 것으로 보인다.

〈표 30〉 진학 희망 학교 선택 이유

	1순위	2순위	3순위
1) 명문대 진학률	41(13.67)	25(8.33)	27(9.00)
2) 통학 거리	80(26.67)	61(20.33)	34(11.33)
3) 교육시설 및 환경	47(15.67)	70(23.33)	40(13.33)
4) 신앙 및 인성교육	22(7.33)	11(3.67)	19(6.33)
5) 특성화된 교육 프로그램	25(8.33)	26(8.67)	33(11.00)
6) 학교의 전통	5(1.66)	10(3.33)	32(10.67)
무응답	80(26.66)	97(32.33)	115(38.33)

다음 〈표 31〉부터 〈표 33〉에는 각각 학교 선택 이유 1, 2, 3순위의 응답자 종교별 응답비율이 제시되었다. 이들 표에 의하면 학교 선택 이유 1, 2, 3순위 중에서 1순위($x2$=48.0094, p=0.0343)와 3순위($x2$=40.4647, p=0.0191)는 유의수준 0.05에서 응답자 종교별로 학교 선택 이유에 통계적으로 유의한 차이가 있었다(2순위의 경우 $x2$=32.8348, p=0.1076). 개신교의 경우에는 1, 2, 3순위 모두 '신앙 및 인성교육'의 응답비중이 다른 종교에 비하여 특별히 높았다.

〈표 31〉 학교 선택 이유 1순위

응답자 종교	1) 명문대 진학률	2) 통학 거리	3) 교육시설 및 환경	4) 신앙 및 인성교육	5) 특성화된 교육 프로그램	6) 학교의 전통	무응답	합계
1) 개신교	17	27	14	14	11	2	18	103
2) 불 교	4	9	11	1	2	0	6	33
3) 천주교	4	7	3	3	5	0	11	33
4) 없 음	16	37	19	4	7	3	42	128
5) 기 타	0	0	0	0	0	0	3	3
	41	80	47	22	25	5	80	300

〈표 32〉 학교 선택 이유 2순위

응답자 종교	1) 명문대 진학률	2) 통학 거리	3) 교육시설 및 환경	4) 신앙 및 인성교육	5) 특성화된 교육 프로그램	6) 학교의 전통	무응답	합계
1) 개신교	10	21	29	8	7	1	27	103
2) 불 교	4	11	5	0	4	2	7	33
3) 천주교	2	7	7	2	2	0	13	33
4) 없 음	9	22	29	1	13	7	47	128
5) 기 타	0	0	0	0	0	0	3	3
	25	61	70	11	26	10	97	300

〈표 33〉 학교 선택 이유 3순위

응답자 종교	1) 명문대 진학률	2) 통학 거리	3) 교육시설 및 환경	4) 신앙 및 인성교육	5) 특성화된 교육 프로그램	6) 학교의 전통	무응답	합계
1) 개신교	7	14	13	15	6	11	37	103
2) 불 교	5	5	6	1	5	3	8	33
3) 천주교	1	5	1	0	6	3	17	33
4) 없 음	14	10	20	3	16	15	50	128
5) 기 타	0	0	0	0	0	0	3	3
	27	34	40	19	33	32	115	300

다음 〈표 34〉와 〈표 35〉에는 각각 종교인이라면 자녀를 해당 종교계 학교에 보내야 한다고 생각하는지에 대한 응답 결과와 이에 대한 응답자 종교별 응답 결과가 제시되었다. 우선 〈표 34〉에 의하면 이 문항에 대해서는 긍정보다는 부정의 응답비율이 높았다. 그러나 〈표 35〉의 응답자 종교별 분석에 의하면 이 문항에 대한 응답은 응답자 종교에 따라서 차이가 있었는데($x2$=93.1605, p〈0.0001) 기독교인의 경우에는 이 문항에 대한 긍정의 응답이 다른 종교에 비하여 월등히 많았다.

〈표 34〉 해당 종교계 학교 진학 희망

	빈도	백분율
1) 전혀 그렇지 않다	61	20.33
2) 그렇지 않다	84	28.00
3) 보통이다	95	31.67
4) 그렇다	32	10.67
5) 매우 그렇다	6	2.00
무응답	22	7.33

〈표 35〉 응답자 종교별 해당 종교계 학교 진학 희망

응답자 종교	1) 전혀 그렇지 않다	2) 그렇지 않다	3) 보통이다	4) 그렇다	5) 매우 그렇다	무응답	합계
1) 개신교	6	20	43	28	5	1	103
2) 불 교	10	13	9	0	0	1	33
3) 천주교	9	12	9	2	0	1	33
4) 없 음	36	38	33	2	1	18	128
5) 기 타	0	1	1	0	10	1	3
합 계	61	84	95	32	6	22	300

다음 〈표 36〉과 〈표 37〉에는 각각 진학 희망 학교의 선택에서 학교가 '종교계 학교'인지의 여부가 중요한 요인으로 작용하였는지에 대

한 질문에 대한 응답 결과와 이에 대한 응답자 종교별 응답 결과가 제시되었다. 우선 〈표 36〉에 의하면 진학 희망 학교의 선택에서 종교계 학교를 '고려하지 않는다'(19.67%+29.33%=49.00%)는 응답이 '고려한다'(13.00%+2.00%=15.00%)는 응답보다 많았다. 그러나 〈표 37〉에 의하면 이에 대한 응답은 응답자 종교별로 차이가 있었는데($x2$=68.2658, $p < 0.0001$) 개신교의 경우에는 다른 종교에 비하여 이를 고려한다는 응답의 비율이 월등하게 높았다.

〈표 36〉 진학 희망 학교의 선택에서 종교계 학교 고려

	빈도	백분율
1) 전혀 그렇지 않다	59	19.67
2) 그렇지 않다	88	29.33
3) 보통이다	98	32.67
4) 그렇다	39	13.00
5) 매우 그렇다	6	2.00
무응답	10	3.33

〈표 37〉 응답자 종교별 진학 희망 학교의 선택에서 종교계 학교 고려

응답자 종교	1) 전혀 그렇지 않다	2) 그렇지 않다	3) 보통이다	4) 그렇다	5) 매우 그렇다	무응답	합계
1) 개신교	6	23	39	30	5	0	103
2) 불 교	10	11	9	2	0	1	33
3) 천주교	8	13	9	2	0	1	33
4) 없 음	34	40	41	4	1	8	128
5) 기 타	1	1	0	1	0	0	3
합 계	59	88	98	39	6	10	300

2. 종교계 학교 배정에 대한 인식조사

다음 〈표 38〉과 〈표 39〉에는 각각 자녀가 본인의 종교와 다른 종교계 학교에 배정받는 것에 대해서 문제 있다고 생각하는지와 이 문항에 대한 응답자 종교별 응답 결과가 제시되었다. 우선 〈표 38〉에 의하면 본인의 종교와 다른 종교계 학교에 배정받는 것이 '문제가 되지 않는다'(13.00%+22.00%=35.00%)는 응답이 '문제가 된다'(19.67%+7.33%=27.00%)는 응답보다 조금 많았다. 그러나 〈표 39〉에 의하면 이에 대한 응답 결과는 응답자 종교별로 차이가 있어서($x2$=82.6703, p〈0.0001) 개신교인의 경우에는 '문제'라는 응답의 비율이 높았고, 불교, 천주교, '종교 없음'의 경우에는 문제가 아니라는 응답의 비율이 높았다.

〈표 38〉 본인의 종교와 다른 종교계 학교에 배정받는 것에 대한 문제의식

	빈도	백분율
1) 전혀 그렇지 않다	39	13.00
2) 그렇지 않다	66	22.00
3) 보통이다	102	34.00
4) 그렇다	59	19.67
5) 매우 그렇다	22	7.33
무응답	12	4.00

〈표 39〉 본인의 종교와 다른 종교계 학교에 배정받는 것에 대한
응답자 종교별 문제의식

응답자 종교	1) 전혀 그렇지 않다	2) 그렇지 않다	3) 보통이다	4) 그렇다	5) 매우 그렇다	무응답	합계
1) 개신교	2	17	25	39	17	3	103
2) 불 교	8	10	11	3	0	1	33
3) 천주교	6	5	15	2	2	3	33
4) 없 음	23	33	51	14	3	4	128

5) 기 타	0	1	0	1	0	1	3
합 계	39	66	102	59	22	12	300

다음 〈표 40〉과 〈표 41〉에는 각각 종교적인 이유로 배정받을 것으로 예상되는 종교계 학교에 보내기 싫은 마음이 있는지와 이 문항에 대한 응답자 종교별 응답 결과가 제시되었다. 우선 〈표 40〉에 의하면 배정받을 것으로 예상되는 종교계 학교에 대하여 회피 의사가 있다는 응답이 34.67%, 회피 의사가 없다는 응답이 60.67%였다. 〈표 41〉에 의하면 응답 결과는 응답자 종교별로 차이가 있어서($x2= 58.8243$, $p\langle 0.0001$) 개신교인의 경우에는 회피 의사가 있다는 응답의 비율이 다른 종교보다 크게 높았고, '종교 없음'과 천주교의 경우에는 회피 의사가 없다는 응답의 비율이 다른 종교보다 크게 높았다.

〈표 40〉 종교적인 이유로 배정받을 것으로 예상되는
종교계 학교 회피 의사

	빈도	백분율
1) 있다	104	34.67
2) 없다	182	60.67
무응답	14	4.67

〈표 41〉 응답자 종교별 종교계 학교 회피 의사

응답자 종교	1) 있다	2) 없다	무응답	합계
1) 개신교	58	41	4	103
2) 불 교	12	18	3	33
3) 천주교	6	24	3	33
4) 없 음	26	99	3	128
5) 기 타	2	0	1	3
합 계	104	182	14	300

다음 〈표 42〉에는 종교적 이유에 의한 종교계 학교 회피 의사가 있는 경우의 회피 이유, 〈표 43〉에는 기타 회피 이유 그리고 〈표 44〉에는 응답자 종교별 회피 이유가 각각 제시되었다. 우선, 〈표 42〉에 의하면 '특정 종교를 집중적으로 배우는 것이 좋지 않을 것 같아서'라는 응답의 비중(52.59%)이 압도적으로 높았으며, 다음으로는 '현재 가지고 있는 종교에 대한 신앙심이 약해질까 봐'(17.24%), '공부에 방해될까 봐'(15.52%), '현재 가지고 있는 종교를 바꾸게 될까 봐(전도될까 봐)'(6.03%)의 순이었다. 기타 의견은 대부분 〈표 42〉의 회피 이유들과 크게 다르지 않았다.

한편, 〈표 44〉에 의하면 이 문항에 대한 응답 결과는 응답자 종교별로 차이가 있었는데($x2$=88.8950, p〈0.0001) 개신교의 경우에는 '현재 가지고 있는 종교를 바꾸게 될까 봐'(전도될까 봐)와 '현재 가지고 있는 종교에 대한 신앙심이 약해질까 봐'의 응답비율이 다른 종교에 비하여 특별히 높았고, 불교와 '종교 없음'의 경우에는 '공부에 방해될까 봐'와 '특정 종교를 집중적으로 배우는 것이 좋지 않을 것 같아서,' 천주교의 경우에는 '특정 종교를 집중적으로 배우는 것이 좋지 않을 것 같아서'의 응답비율이 상대적으로 높았다.

〈표 42〉 회피 이유

	빈도	백분율
1) 현재 가지고 있는 종교를 바꾸게 될까 봐(전도될까 봐)	7	6.03
2) 현재 가지고 있는 종교에 대한 신앙심이 약해질까 봐	20	17.24
3) 공부에 방해될까 봐	18	15.52
4) 특정 종교를 집중적으로 배우는 것이 좋지 않을 것 같아서	61	52.59
5) 기타	10	8.62

<표 43> 기타 회피 이유

기타	빈도	백분율
개인적으로 자녀도 부모의 종교와 함께하기를 원하는 바람에서	1	0.33
교과목 시간 중 교리시간이 있으면 그 종교에 대해 배우는 시간을 갖고, 또한 입학식, 졸업식 때 종교 행사와 함께 진행하는 것에 매우 불편하고 싫어서	1	0.33
너무 과하게 치우칠까 봐	1	0.33
다른 종교를 강요받는다면 정신적으로 힘들 것 같아서	1	0.33
원하지 않는 종교 활동 때문에	1	0.33
이단종교에 편입될까 봐	1	0.33
자신이 믿는 종교가 아니어서	1	0.33
종교교육의 의무 배경 때문에	1	0.33
종교는 개인적으로 선택 가능한 것이고, 강요하는 것은 아니라고 생각해서	1	0.33
타종교의 분위기도 좋지 않은 것 같아서	1	0.33
특히 통일교, 대순진리교 등 이단종파학교일까 봐	1	0.33

<표 44> 응답자 종교별 회피 이유

응답자 종교	1) 전도 될까 봐	2) 신앙심 약화	3) 공부 방해	4) 특정 종교 집중	5) 기타	무응답	합계
1) 개신교	6	19	3	31	6	39	103
2) 불 교	0	0	4	9	0	21	33
3) 천주교	1	0	0	5	1	26	33
4) 없 음	0	1	11	14	3	99	128
5) 기 타	0	0	0	2	0	1	3
합 계	7	20	18	61	10	186	300

다음 <표 45>에는 원치 않는 종교계 학교에 배정 받은 경우의 대처 방안, <표 46>에는 기타 대처방안, 그리고 <표 47>에는 응답자 종교 별 대처방안에 대한 응답 결과가 각각 제시되었다. 우선 <표 45>에 의 하면 원치 않는 종교계 학교에 배정받아도 '전혀 문제가 없다'의 응답 이 가장 많았으며(32.00%), 다음으로는 '종교교육을 받지 않도록 학교

에 요청한다'(27.33%), '힘들지만 참고 다니게 한다'(25.33%), '이사를 가서 학교를 옮긴다'(6.67%)의 순이었다. 〈표 46〉의 기타 의견은 전학한다는 의견이 많이 나타났다.

한편 〈표 47〉에 의하면 이에 대한 응답 결과는 응답자 종교별로 차이가 있어서($x2=56.7466$, $p=0.0045$) 개신교의 경우에는 '종교교육을 받지 않도록 학교에 요청한다'와 '이사를 가서 학교를 옮긴다'의 응답비율이 다른 종교에 비하여 특별히 높았고, '종교 없음'의 경우에는 '전혀 문제가 없다'와 '힘들지만 참고 다니게 한다'의 응답비율이 상대적으로 높았다.

〈표 45〉 원치 않는 종교계 학교에 배정받는 경우의 대처방안

	빈도	백분율
1) 전혀 문제가 없다	96	32.00
2) 힘들지만 참고 다니게 한다	76	25.33
3) 종교교육을 받지 않도록 학교에 요청한다	82	27.33
4) 이사를 가서 학교를 옮긴다	20	6.67
5) 기타	12	4.00
무응답	16	5.33

〈표 46〉 기타

	빈도	백분율
개신교, 천주교, 불교 외의 종교학교에 배정될 경우 전학 간다	1	0.33
공부에 방해가 되지 않는다면 문제없다	1	0.33
다른 종교를 알 수 있는 기회로 삼는다	1	0.33
스파르타식의 종교교육만 아니면 상관없다	1	0.33
어느 정도냐에 따라 대처한다	1	0.33
여러 종교의 정보 제공 차원에서 교육받는 것은 괜찮다	1	0.33
자녀 의견을 듣고 참고한다	1	0.33
잘 모르겠다	1	0.33
전학을 간다	1	0.33

전학을 요청한다	1	0.33
종교랑 무관하다	1	0.33
평생 종교가 아니기 때문에 괜찮다	1	0.33
학교를 전학시킨다	1	0.33

〈표 47〉 응답자 종교별 원치 않는 종교계 학교에
배정받는 경우의 대처방안

응답자 종교	1) 문제없다	2) 참고 다닌다	3) 학교에 요청한다	4) 학교를 옮긴다	5) 기타	무응답	합계
1) 개신교	16	25	43	11	6	4	103
2) 불 교	13	9	4	2	3	2	33
3) 천주교	13	8	5	3	0	4	33
4) 없 음	54	34	29	4	2	5	128
5) 기 타	0	0	2	0	1	0	3
합 계	96	76	83	20	12	15	300

다음 〈표 48〉에는 원치 않는 종교교육의 책임소재에 대한 의견이
제시되었다. 이 표에 의하면 이는 '교육청'(33.00%), '해당 종교계 학교'
(27.00%)의 책임이라는 응답이 많았다.

〈표 48〉 원치 않는 종교교육의 책임소재

	빈도	백분율
1) 국가	26	8.67
2) 교육청	94	33.00
3) 해당 종교계 학교	81	27.00
4) 학생(부모)	9	3.00
5) 모르겠다	65	21.67
6) 기타	4	1.33
무응답	20	6.67

3. 회피 및 전학 제도에 대한 의식조사

다음 〈표 49〉에는 종교로 인한 전학 제도의 필요성, 〈표 50〉에는 이에 대한 응답자 종교별 응답 결과가 각각 제시되었다. 우선 〈표 49〉에 의하면 '종교'로 인한 전학 제도가 '필요하다'는 의견이 가장 많았으며 (48.67%), 다음으로는 '보통이다'(25.33%), '매우 필요하다'(11.33%)로 필요하다는 의견이 필요하지 않다는 의견보다 압도적으로 많았다. 한편 〈표 50〉에 의하면 이는 응답자 종교에 따라서 차이가 있었는데($x2$=34.8618, p=0.0705) 개신교와 '종교 없음'은 '필요하다'와 '매우 필요하다'의 의견이 많았고, 불교와 천주교는 '보통이다'의 의견이 상대적으로 많았다.

〈표 49〉 '종교'로 인한 전학 제도의 필요성

	빈도	백분율
1) 전혀 필요하지 않다	5	1.67
2) 필요하지 않다	20	6.67
3) 보통이다	76	25.33
4) 필요하다	146	48.67
5) 매우 필요하다	34	11.33
6) 잘 모르겠다	6	2.00
무응답	13	4.33

〈표 50〉 응답자 종교별 '종교'로 인한 전학 제도의 필요성

응답자 종교	전혀 필요하지 않다	필요하지 않다	보통 이다	필요 하다	매우 필요하다	잘 모르겠다	무응답	합계
1) 개신교	0	4	20	57	18	1	3	103
2) 불 교	1	4	12	13	0	2	1	33
3) 천주교	0	2	10	14	3	0	4	33
4) 없 음	4	9	34	61	12	3	5	128
5) 기 타	0	1	0	1	1	0	0	3
합 계	5	20	76	146	34	6	13	300

다음 〈표 51〉에는 '종교로 인한 전학 제도로 전학이 가능하다면 전학하게 하시겠습니까?(전학할 다른 주변 학교를 선택할 선택권은 없고, 선택으로 인해 통학 거리가 더 멀어질 수도 있습니다)'의 문항에 대한 응답 결과가 제시되었으며, 〈표 52〉에는 이에 대한 응답자 종교별 응답 결과가 각각 제시되었다. 우선 〈표 51〉에 의하면 종교 전학 제도의 활용에 긍정적인 응답(26.33%+6.33%=32.66%)이 부정적인 응답(4.33%+18.33%=22.66%)보다 조금 많은 것으로 나타났으며, 〈표 52〉에 의하면 이는 응답자 종교별로 차이가 있어서($x2$=43.5680, p=0.0086) 개신교와 '종교 없음'은 '그렇다'와 '매우 그렇다'의 응답이 많고, 불교와 천주교는 '보통이다'의 응답이 많았다.

〈표 51〉 종교로 인한 전학 제도의 활용 의사

	빈도	백분율
1) 전혀 그렇지 않다	13	4.33
2) 그렇지 않다	55	18.33
3) 보통이다	106	35.33
4) 그렇다	79	26.33
5) 매우 그렇다	19	6.33
6) 잘 모르겠다	13	4.33
무응답	15	5.00

〈표 52〉 응답자 종교별 종교로 인한 전학 제도의 활용 의사

응답자 종교	전혀 필요하지 않다	필요하지 않다	보통 이다	필요 하다	매우 필요하다	잘 모르겠다	무응답	합계
1) 개신교	0	13	33	39	12	3	3	103
2) 불 교	3	4	17	4	0	3	2	33
3) 천주교	1	11	10	5	1	1	4	33
4) 없 음	9	26	45	30	6	6	6	128
5) 기 타	0	1	1	1	0	0	0	3
합 계	13	55	106	79	19	13	15	300

다음 〈표 53〉에는 '종교로 인한 회피 배정 제도(특정 종교교육으로 힘들어 할 수 있는 아이를 위해, 원하지 않는 종교계 학교에 배정되지 않기를 신청한 경우, 사전에 그 학교를 피할 수 있는 제도적 장치)에 대해서 어떻게 생각하십니까?'의 문항에 대한 응답 결과가 제시되었으며, 〈표 54〉에는 이에 대한 응답자 종교별 응답 결과가 각각 제시되었다. 〈표 53〉에 의하면 회피 제도가 '필요하다'는 응답(48.33%)과 '매우 필요하다'는 응답(10.67%)이 '전혀 필요하지 않다'는 응답(1.33%)과 '필요하지 않다'(3.67%)보다 월등히 높았으며, 〈표 54〉에 의하면 개신교와 '종교 없음'에서 '필요하다'와 '매우 필요하다'는 응답이 많았고 불교와 천주교에서는 '보통이다'의 응답이 상대적으로 많았다($x2$=44.2207, p=0.0072).

〈표 53〉 종교로 인한 회피 배정 제도의 필요성

	빈도	백분율
1) 전혀 필요하지 않다	4	1.33
2) 필요하지 않다	11	3.67
3) 보통이다	87	29.00
4) 필요하다	145	48.33
5) 매우 필요하다	32	10.67
6) 잘 모르겠다	8	2.67
무응답	13	4.33

〈표 54〉 응답자 종교별 종교로 인한 회피 배정 제도의 필요성

응답자 종교	전혀 필요하지 않다	필요하지 않다	보통 이다	필요 하다	매우 필요하다	잘 모르겠다	무응답	합계
1) 개신교	0	2	23	54	20	1	3	103
2) 불 교	1	2	13	12	2	2	1	33
3) 천주교	0	0	12	15	2	0	4	33
4) 없 음	3	7	39	62	8	4	5	128
5) 기 타	0	0	0	2	0	1	0	3
합 계	4	11	87	145	32	8	13	300

다음 〈표 55〉에는 '종교'로 인한 회피 배정 제도가 있다면, 회피를 신청하시겠습니까?(다른 학교를 선택할 선택권은 없고, 회피 신청으로 인해 통학 거리가 더 멀어질 수도 있습니다)의 문항에 대한 응답 결과가 제시되었으며, 〈표 56〉에는 이에 대한 응답자 종교별 응답 결과가 각각 제시되었다. 〈표 55〉에 의하면 회피 제도의 활용 의사는 '긍정'의 응답(30.33%+6.33%=36.66%)이 '부정'의 응답(5.00%+14.67%=19.67%)보다 훨씬 많았다. 또 〈표 56〉에 의하면 이는 응답자 종교별로 차이가 있어서 ($x2$=49.6592, p=0.0016) 개신교와 '종교 없음'은 긍정의 응답이, 불교와 천주교는 '보통이다'의 응답이 상대적으로 많았다.

〈표 55〉 종교로 인한 회피 배정 신청 의향

	빈도	백분율
1) 전혀 그렇지 않다	15	5.00
2) 그렇지 않다	44	14.67
3) 보통이다	107	35.67
4) 그렇다	91	30.33
5) 매우 그렇다	19	6.33
6) 잘 모르겠다	11	3.67
무응답	13	4.33

〈표 56〉 응답자 종교별 종교로 인한 회피 배정 신청 의향

응답자 종교	전혀 필요하지 않다	필요하지 않다	보통 이다	필요 하다	매우 필요하다	잘 모르겠다	무응답	합계
1) 개신교	1	8	36	43	12	0	3	103
2) 불 교	2	4	10	13	0	3	1	33
3) 천주교	1	6	13	5	2	2	4	33
4) 없 음	11	26	45	30	5	6	5	128
5) 기 타	0	0	3	0	0	0	0	3
합 계	15	44	107	91	19	11	13	300

4. 소결

이 설문조사에서는 내년도에 고등학교에 진학할 예정인 서울 시내 중학교 3학년의 학부모 300명을 대상으로
  (1) 종교별 호감도와 진학 희망 고등학교,
  (2) 회피 희망 종교재단 학교와 회피 이유,
  (3) 타종교재단학교 배정에 대한 문제의식과 대처계획,
  (4) 종교적 이유에 의한 전학 제도의 필요성과 활용 의향,
  (5) 종교적 이유에 의한 회피 배정 제도의 필요성과 활용 의향
등이 조사되었다.

1) 종교별 호감도와 진학 희망 고등학교

종교별 호감도(〈표 5〉)는 개신교, 불교, 천주교 등의 주요 종교에 대해서는 호감의 응답이 많은 반면, 원불교, 통일교, 제7안식교, 증산교, 대종교 등의 군소종교에 대해서는 비호감의 응답이 많았다. 주요 종교의 호감도는 개신교, 천주교, 불교의 순으로 호감도가 높았으나 개신교에 대해서는 '매우 호감'과 '매우 비호감'의 극단적인 반응이 모두 많았다. 특별히 '종교 없음'의 응답자들에서는 개신교에 대한 비호감 반응이 천주교나 불교보다 많았다.

서울시 183개 일반계 고등학교 중에서 개신교 재단 고등학교는 20개(〈표 16〉)였는데 서울시 전체에서 진학 희망 빈도가 가장 높은 학교들은 B2고등학교, I1여자고등학교, E1고등학교, F2여자고등학교 등 대부분 개신교 종단학교들이었으며, 각 학군별로 개신교 학교들에 대

한 평균 진학 희망 빈도가 타종교나 비종립학교들보다 월등히 많았다 (〈표 17〉부터 〈표 27〉). 그러나 2학군 B1고등학교, 3학군 C1고등학교, 4 학군 D2고등학교와 D3고등학교, 5학군 E5여자고등학교, 7학군 G1고 등학교, 9학군 I2여자고등학교와 I3고등학교 등 8개 고등학교는 진학 희망 응답수가 전혀 없어서 종교에 의한 회피 제도가 시행될 경우에 어려움을 겪게 될 가능성이 있는지에 대한 추가적인 조사와 원인 탐색 및 대책 마련이 필요한 것으로 보인다.

진학 희망 고등학교의 선택 이유(〈표 30〉)는 통학 거리나 교육시설 및 환경, 명문대 진학률 등의 교육여건 관련 응답이 많았고 신앙 및 인 성교육의 응답비율은 높지 않아서 종교에 의한 회피 제도가 실시되는 경우에도 교육여건 개선이나 교육성과 달성을 위한 지속적인 노력이 중요한 것으로 보인다.

한편, 응답자 종교별 분석에서는 응답자 종교가 개신교인 경우에 학교 선택 이유로 신앙 및 인성교육의 응답비율이 타종교에 비해 월 등히 높았다. 또한 '자녀 종교와 동일한 종교재단 설립 학교 진학 희망 비율,' '진학 희망 학교의 선택에서 종교계 학교를 고려,' '본인의 종교 와 다른 종교계 학교에 배정받는 것에 대한 문제의식' 등의 문항에서 전체적으로는 동의의 비율이 높지 않았으나 개신교 응답자의 경우에 는 동의의 비율이 타종교에 비해 매우 높아서, 다른 종교에 비해 기독 교인들은 신앙교육의 중요성에 대한 인식이 높은 것으로 나타났다.

2) 회피 희망 종교재단학교와 회피 이유

종교계 학교 회피 희망 비율(〈표 28〉)은 35.33%만 회피 의사가 없다고 응답하였으며, 본인의 종교와 동일 종교계 학교 진학(〈표 34〉)은 42.33%가 찬성하였고, 진학 희망 학교의 선택(〈표 36〉)에서 49.00%가 종교계 학교 여부를 고려하지 않았다고 응답하여 전체적으로 학교 배정에 종교가 고려되는 것에 대하여 찬성의 비율이 높았다.

종교재단학교의 회피 이유(〈표 42〉)는 전체적으로는 '특정 종교를 집중적으로 배우는 것이 좋지 않을 것 같아서'라는 응답의 비중이 높았으나 개신교의 경우에는 '현재 가지고 있는 종교를 바꾸게 될까 봐(전도될까 봐)'와 '현재 가지고 있는 종교에 대한 신앙심이 약해질까 봐'의 응답비율이 다른 종교에 비하여 특별히 높았다.

3) 타종교재단학교 배정에 대한 문제의식과 대처계획

본인의 종교와 다른 종교계 학교에 배정(〈표 38〉)되는 것에 대해서는 27.00%가 문제의식을 가졌으나 개신교 응답자의 경우에는 문제의식을 가진 비율이 타종교에 비하여 월등히 높았다(58명/103명; 56.31%). 종교적인 이유에 의한 종교계 학교 회피 의사(〈표 40〉)는 전체적으로 34.67%가 회피 의사를 보였으며, 이 문항에서도 개신교는 타종교에 비하여 회피 의사 비율(58명/103명; 56.31%)이 높았다. 원치 않는 종교계 학교에 배정되는 경우의 대처방안으로는 전체적으로는 '문제없다'와 '참고 다닌다'의 응답비율이 높았으나 개신교 응답자의 경우에는 '종교교육을 받지 않도록 학교에 요청한다'와 '학교를 옮긴다'는 의견이 상대적으로 많아서 원치 않는 종교계 학교에 배정받는 문제에 대해서 적극적으로 대처할 계획인 것으로 보인다.

4) 종교적 이유에 의한 전학 제도의 필요성과 활용 의향

종교적 이유로 의한 전학 제도의 필요성(〈표 49〉)에 대해서는 전체적으로 긍정의견이 50.00%로 부정의견 8.33%보다 크게 많았으며, 32.66%가 제도의 활용 의향이 있다고 응답하였다.

5) 종교적 이유에 의한 회피 배정 제도의 필요성과 활용 의향

종교로 인한 회피 배정 제도의 필요성(〈표 53〉)에 대해서는 긍정적인 의견이 59.00%로 부정적인 의견 5.00%보다 아주 크게 높아서 제도 도입에 대한 찬성 의견이 높았으며, 응답자가 개신교인 경우(〈표 54〉)에는 긍정적인 의견의 비율(74명/103명; 71.84%)이 더 높았다. 또 39.66%가 종교로 인한 회피 배정을 신청할 의향이 있다고 응답했다.

이 연구에서 첫째, 종교계 학교에 대한 회피 희망 비율이 높고(〈표 28〉), 둘째, 본인의 종교와 다른 종교에 배정되었을 때의 전학 제도에 대한 찬성 비율이 높으며(〈표 38〉), 셋째, 회피 제도에 대한 찬성의 비율이 종교적 이유에 의한 전학 제도에 대한 찬성 비율보다도 더 높고, 제도 활용 의향도 더 높게 나타났다(〈표 49〉).

결과를 종합하면, 본인의 종교와 다른 학교에 배정되어 나타나는 문제점이나 배정 이후에 학교를 변경하는 전학에 따른 부작용을 방지할 수 있도록 배정 이전에 문제를 사전에 차단하는 방식인 회피 배정 제도의 도입은 교육적·학생인권적 관점에서 유용한 제도가 될 수 있을 것으로 판단된다.

4장
종교계 학교에서의 종교교육 및 갈등 현실에 대한 질적 분석

김병찬 교수(경희대학교, 교육학)

1. 면담 개요

면담 목적	종교계 학교의 종교교육 현황 및 갈등 현실에 대한 심층적 이해			
면담 방식	FGI(Focus Group Interview)			
면담 방법	반구조화된 면담			
면담 대상	교장 4명 (중2, 고2)	교목 3명 (중1, 고2)	학부모 2명 (고2)	학생 5명 (중1, 고4)
	* 모두 기독교학교장	* 모두 기독교학교 교목	* 1명은 기독인 학부모, 1명은 무종교	* 2명은 불교계 학교에 다니는 기독인 학생, 2명은 기독교학교에 다니는 불교 및 무종교 학생, 1명은 기독교학교에 다니는 기독인 학생
면담 일시	2014. 4. 25 14:00-17:00	2014. 2. 14 14:00-17:00	2014. 7. 4 10:00-12:00	1차(2014. 2. 6 14:00-17:00) 2차(2014. 5. 30 10:00-12:00)

2. 면담 내용 분석 결과

면담 내용은 질적 연구 분석 방법인 영역분석과 주제분석 방법을 활용하여 분석하였다. 분석은 면담 내용에 따라 종교계 학교에서의 현황, 문제점 및 애로사항, 개선방안 및 대안 등을 중심으로 이루어졌다.

면담 내용 분석 결과는 주체별로 교장, 교목, 학부모, 학생 등의 순서로 나누어 논의하고, 종합적으로 문제점 및 개선방안을 제시한다.

가. 교장 그룹

면담을 진행한 교장들이 근무하고 있던 기독교학교들은 중학교와 고등학교 모두 공통적으로 매 주 일정하게 종교 과목 수업을 운영하고 있으며, 이와 함께 주요 학사일정이 있는 경우에도 대체로 예배 형식으로 진행을 하는 편으로 나타났다. 또한, 매 주 방송을 통한 영상예배를 운영하고 있으며, 담임교사의 재량에 따라 학급예배를 진행하고, 주도적 학생들을 바탕으로 종교 관련 학생모임도 이루어지고 있었다. 즉, 면담을 진행한 기독교학교들은 여러 종교교육 관련 수업과 프로그램, 행사 등을 통하여 일상적인 종교교육 활동을 진행하고 있는 것으로 나타났다.

1) 종교교육 활동

(1) 매 주 운영되는 정규 종교수업과 예배 활동

면담의 참여자는 고등학교 2개교와 중학교 2개교의 교장 4명이었는데, 이들은 모두 일주일에 한 번씩은 종교수업을 진행하고 있으며, 이와 함께 예배 시간 또한 매 주 한 번 이상 운영하고 있는 것으로 나타났다. 다음의 사례들을 살펴보자.

…모든 학년에 한 시간씩 종교 과목이 있습니다. 고등학교도 다 한 시간씩 있는 상황이고요. '종교와 삶'으로 교과서 제목이 바뀌었지요. 목사님하고 전도사님이 과목을 진행하시고, 목사님이 주당 13시간 들어가시거든요. 그러니까 저희는 18학급이니까 나머지 5시간은 전도사님이 들어가시고요.…(A중학교 교장, 면담 내용)

…선택과목으로 들어갑니다. 선택과목이 종교와 한문인데, 입학 때 "저희 학교의 건학이념과 기독교교육을 어떤 방법으로 하고 있다" 이런 가정통신문을 보냅니다. 그래서 동의를 먼저 받습니다.…

(C중학교 교장, 면담 내용)

이처럼 기독교학교들은 매 주 한 시간씩 정규 수업으로 종교수업을 진행하고 있으며, 목사와 전도사의 지도 하에 '종교와 삶'이라는 제목의 교과서를 사용하여 수업이 운영되고 있었다. 또한, 위 사례에서 나타난 것과 같이 종교 과목은 선택과목으로써 학부모의 의견을 수렴하여, 종교 과목과 타과목 중에 학생이 선택을 할 수 있는 기회를 부여하고 있었다. 종교 과목 외에도 여러 학교들은 매 주 한 시간씩 채플이라는 예배 시간을 운영하고 있었는데, 요일은 다르지만, 중학교와 고등학교 모두에서 공통적으로 운영되고 있는 것으로 나타났다. 다음의 사례를 살펴보자.

…일주일에 한 번씩 매 주 수요일에 채플 시간이 있고, 대강당에 모여 수요예배를 드립니다. 금요일에는 금요순회예배가 있어요. 금요예배라 해서, 첫 주에는 영상예배를 드리고, 둘째 주는 제가 하나님 말씀

전하면서 기도회를 갖고요. 그 다음에 셋째 주에는 저희가 찬양예배를 드립니다. 그리고 넷째 주는 교사순회예배라고 해서 선생님들이 각 반에 들어가시고요.···(A중학교 교장, 면담 내용)

이처럼 A중학교에서는 금요일에 금요순회예배라는 활동을 운영하는데, 매 주 프로그램들을 바꾸어 가며 예배를 진행하고 있는 것으로 나타났다.

정리하자면, 면담을 진행한 교장들이 재직 중인 기독교학교들은 공통적으로 매 주 한 번씩 정규 종교수업 시간을 운영하고 있으며, 종교수업 시간 외에 매 주 한 번씩 채플이라는 예배 시간을 운영하고 있었다. 특히 여러 기독교학교에서는 이와 같은 활동 외에도, 여러 예배 관련 프로그램을 마련하여 예배 시간을 운영하고 있는 것으로 나타났다.

(2) 주요 학사일정의 예배 형식 운영과 다양한 별도 예배 활동

면담에 참여한 교장들에 의하면, 기독교학교에서는 종교교육과 정규예배 시간들을 통해 여러 신앙 활동을 진행해 오고 있었다. 이와 함께 학사일정 중 주요한 행사가 있을 시에는, 이러한 행사를 예배 형식으로 운영하고 있었다. 다음의 사례들을 살펴보자.

···기독교학교로서 입학식이나 졸업식, 이런 것들이 거의 예배 형태로 진행이 되고, 졸업식 전날엔 졸업예배가 또 특별히 진행이 됩니다. 3학년을 대상으로 졸업예배가 진행되고요.···(C중학교 교장, 면담 내용)

···기본 예배는 절기예배, 부활절예배, 추수감사절예배, 절기예배가 있

고, 나머지 개교기념식 같은 경우도 예배 형식으로 드리지요. 대체로 예배 형식을 취하고, 졸업식, 졸업감사예배, 입학감사예배, 이런 것들, 그러니까 주요한 학사일정 속에서 주요한 행사들은 다 예배 형식으로 이루어진다, 그게 기독교학교인가 그렇지 않은가의 가장 기본적인 차이점이 아닌가 그런 생각을 합니다. 그리고 영상예배도 드리고요.···

(B고등학교 교장, 면담 내용)

···8시에 모여서 보통 1교시라고 하는 그 시간에 예배를 가진 다음에 학급예배를 합니다. 목요일마다 전문교수님이 모여서 채플예배를 드리고, 성탄절 때 같이 성탄축하예배를 드리고 그리고 절기예배, 부활절예배, 또 추수감사절예배 별도로 따로 드리고요. 채플 때는 각 반 학생들이 돌아가면서 찬양 준비해서 드립니다. 그리고 고난주간 같은 경우에는 아침마다 방송으로 목사님이 기도회를 인도해 주시고···.

(D고등학교 교장, 면담 내용)

위의 사례와 같이 여러 기독교학교들은 기독교와 관련된 특별한 날, 즉, 부활절, 추수감사절, 성탄절 등에 있어서 이를 기념하는 예배 시간을 정규 예배 시간과는 달리 별도로 운영하고 있었다. 뿐만 아니라, 학사일정 중에서도 주요한 일정이 있을 때에는 이에 따른 행사를 예배 형식으로 진행하고 있었는데, 예를 들어 입학식에는 입학감사예배를, 졸업식에서는 졸업감사예배를 운영하고 있었다. 즉, 주요한 학사일정의 행사를 예배 형식으로 운영하고 있는 것으로 나타났으며, 이러한 운영방식에 기독교학교의 정체성을 나타내는 의미가 포함되어 있다고 여기고 있었다.

또한, D고등학교의 사례에서 나타난 것과 같이 방송을 활용한 영상예배 프로그램도 면담을 진행한 모든 학교에서 공통적으로 운영하고 있었다. 다음의 사례를 살펴보자.

…월요일 아침마다 8시 10분에서 20분까지 하는데, 교장부터 시작해서 전 교사가 차례대로 돌아가면서 해요. 성경 가지고 목사님처럼 설교말씀을 가지고 하는 게 아니라, 교훈이 될 수 있는 그런 어떤 메시지를 준비해서, 아이들에게 방송을. 아이들은 교실에 앉아 있고, 교무실에서 중앙마이크를 가지고….(B고등학교 교장, 면담 내용)

…월요일에는 방송으로 말씀과 찬양 등으로 예배와 똑같이 진행을 하고요. 각 교실에 모니터로 나오죠. 자막도 나오고, 찬송가도 나오고요.…(D고등학교 교장, 면담 내용)

이처럼 기독교학교에서는 아침 시간에 약 10분간의 시간 동안, 교실의 방송매체를 활용하여 영상예배 시간을 운영하고 있었다. B고등학교의 영상예배는 짙은 종교적 색채를 띠고 운영이 된다고 하기보다는 성경이나 종교적 메시지를 통해 학생들에게 교훈이 될 수 있는 내용으로 운영되고 있었다. 하지만 모든 기독교학교가 이런 방식으로 운영되는 것은 아니며, D고등학교의 경우와 같이 일반 예배와 유사하게 진행을 하고 있는 경우도 있었다. 즉, 모든 학교가 영상예배를 운영하고 있기는 하지만, 각 학교의 특성에 따라 영상예배의 내용은 차이가 있다는 것이다.

결과적으로 B고등학교에서는 종교수업과 기본 예배 외에도 부활절이나 성탄절 같은 기독교의 기념일이나 졸업식 같은 학교의 중요한 행사가 있을 시에는 예배 형식으로 운영하고 있는 것으로 나타났으며, 면담을 진행했던 기독교학교들은 각 학교마다 내용은 다를 수 있지만, 공통적으로 영상예배를 활용하고 있는 것으로 나타났다.

(3) 담임 재량에 따른 학급예배와 자발적 학생모임을 통한 예배 활동

위에서 살펴본 것과 같이 종교 과목 수업 시간이나 기본 예배, 주요 행사와 기념일에 치르는 예배 활동은 학교 자체에서 규정되어 운영되고 있었다. 기독교학교들은 이러한 예배 활동 외에도 학급예배와 학생모임예배 등을 운영하고 있었는데, 이러한 학급예배와 학생모임예배는 각각 담임교사의 재량과 학생들의 자발성에 초점이 맞추어져 있었다. 먼저 학급예배에 관련된 다음의 사례를 살펴보자.

···조회 시간에 학급예배를 하는데, 각 담임선생님들이 다 기독교 신자들이기 때문에 담임선생님들의 재량에 맡깁니다. 그러면 선생님들이 기도를 하고 시작하죠. 어떻게 보면 각 학급 경영에서 담임선생님들에게 자발적인, 자율적인 어떤 신앙에 기초해서 이렇게 해 주시는 것이 실질적으로 학생지도과정에서 선생님의 진심이 아이들에게 묻어나고, 그런 느낌을 주는 것이 아닌가. 부분적이긴 하지만, 이게 참 효과가 크고, 의미가 깊다는 생각을 가지고 있습니다.···

(B고등학교 교장, 면담 내용)

이처럼 B고등학교를 비롯한 여러 기독교학교에서는 공통적으로 학급예배를 운영하고 있었는데, 대부분 학급예배는 담임교사들의 자율

적 재량에 맞춰서 진행되고 있는 것으로 나타났다. 위의 사례에 따르면, 학급예배는 각 학급별로 담임교사와 담임교사가 담당하고 있는 학생들로 구성되어 운영되고 있기 때문에, 학생지도와 함께 이루어지는 경우가 많다. 즉, 자신의 학급 학생들에 대해 담임교사는 많은 것을 알고 있으며, 가까운 관계를 유지하는 경우가 많기 때문에, 보다 실질적이고 진심어린 예배를 진행할 수 있다는 것이다. 이에 따라 B고등학교의 교장은 이러한 학급예배는 기독교학교에 있어서 큰 의미가 있는 활동 중 하나로 인식하고 있었다.

또한, 기독교학교에서는 학급예배 외에도 학생들이 주도적으로 운영하고 있는 예배모임이 운영되고 있는 것으로 나타났는데, 다음의 사례들을 통해 이를 확인할 수 있다.

> …매 주 목요일엔 예배를 사랑하는 학생들 모임이 있어요. 예사모라고 이제 저희 점심시간이 12시 반에서 1시 20분까지 끝나는데, 1시부터 그 모임을 가져요. 아이들이 자발적으로 정말 예배를 사랑하는 아이들이 모이는데, 어떤 때는 100여 명 정도가 모이기도 하고, 보통 40-50명 정도 애들이 같이 이렇게 모입니다. 그럼 목사님하고 저하고 전도사님하고 이렇게 가고, 예배를 또 주관해 주시는 선생님들이 자발적으로 오셔서 찬양을 하기도 하고, 아이들 기도제목을 나누기도 하고요.…
>
> (A중학교 교장, 면담 내용)

> …선교부장들 팀, 헤세드라는 찬양팀, 그 두 팀이 기도실에서 정기기도모임을 따로 갖습니다. 이 아이들이 기독교에 선교적 목적의 가지고, 다른 아이들을 이끌어 가는 그런 입장이 있으니까 자기들 스스로

해서 이렇게 함께 기도하는 시간을 일주일에 한 번씩 각각 갖습니다. 학교에도 큰 힘이 되고 있지요.…(D고등학교 교장, 면담 내용)

이처럼 기독교학교에서는 선교부장이나 기독교에 대한 신앙이 깊은 학생들이 주체가 되어 정기적으로 기도모임을 갖고 있는 것으로 나타났다. 이러한 선교부장들이나 신앙이 깊은 학생들은 일반 학생들을 신앙적으로 이끌어 가는 선교적 위치를 갖는다. 그에 따라 기독교학교에서는 이러한 모임을 적극적으로 지원하고 있으며, 교장들은 이러한 모임에 의하여 학교에도 긍정적 효과가 생길 수 있다고 여기고 있는 것으로 나타났다.

정리하자면, 학교의 규정대로 운영되고 있는 종교수업, 기본 예배나 여러 행사들은 기독교학교의 중심이 되고 있다. 하지만 이러한 정규 활동뿐만 아니라 이와 함께 학급예배나 학생기도모임 등의 자발적, 자율적 신앙 활동 또한 기독교학교의 큰 의미가 되는 활동으로 운영되고 있는 것이다.

(4) 종교 관련 특별 프로그램 운영하기

면담에 참여한 교장들이 재직 중인 여러 기독교학교에서는 학생들의 신앙을 위한 여러 종교 관련 특별 프로그램들을 마련하여 운영하고 있는 것으로 나타났다. 먼저 B고등학교의 특색 사업인 세례예식에 대한 사례부터 살펴보자.

…저희 특색 사업 중에 11월 달에 세례예식이 있어요. 세례예식을 주는 학교가 전국에 두 학교입니다. 세례예식을 11월 마지막 주 수요일

에. 이게 저희 학교 특색사업에 들어가죠. 애들이 이제 졸업할 때는 거의 95프로 이상이 다 세례를 받고, 졸업을 합니다.…

(B고등학교 교장, 면담 내용)

위의 사례와 같이 B고등학교에서는 매 해 11월에 세례예식이라는 프로그램을 운영하고 있는데, 이러한 세례예식 사업은 B고등학교의 특색 사업 중 하나로써, 이러한 예식 프로그램을 통해 학생들이 학교를 졸업하는 시기가 되면, 거의 대부분의 학생들이 기독교의 세례를 받고 졸업을 하고 있는 것으로 나타났다.

또한, B고등학교 외에도 여러 기독교학교에서는 학교의 특성에 맞는 다양한 프로그램들을 마련하여 운영되고 있었다. 다음의 사례를 살펴보자.

…봄철에 신앙수련회를 이틀 동안 갖습니다. 잠을 자는 것은 아니고, 2일간 수업을 하지 않고 학교 강당에서 신앙수련회를 합니다. 뭐 새로운 찬양 프로그램이라든가 어떤 외부 목사님이라든가 다 섭외를 해서요.…(C중학교 교장, 면담 내용)

…저희 학교에 생활관이 있는데, 1학년 학생들은 생활관에서 주로 기독교적인 영상 프로그램을 가지고 생활관 교육을 합니다. 1박 2일로. 이건 학생들이 첫날에 수업 끝나고 생활관에 입소를 해서, 저녁 내 프로그램이 진행되고, 생활관에서 자고 아침에 일어나서 학교수업에 들어가고. 이제 생활관에서 같이 숙식을 하면서 진행되는 그런 프로그램이 있습니다.…(C중학교 교장, 면담 내용)

이처럼 C중학교에서는 2일간 수업 시간을 대신하여 기독교와 관련된 신앙수련회를 운영하고 있었으며, 1학년 학생들을 대상으로 1박 2일의 생활관 프로그램도 진행하고 있었다. 즉, 생활관이라는 기숙 시설을 통해 학생들에게 종교 관련 프로그램을 운영하면서 학생들의 결신을 돕고, 종교적 믿음을 강화하기 위한 노력을 기울이고 있었다.

결과적으로 기독교학교들은 세례의식, 신앙수련회, 생활관 교육 등 각 학교의 특색에 맞는 특별 프로그램들을 마련하여 학생들을 대상으로 선교활동을 하거나 학생들의 종교적 믿음을 향상시키기 위한 종교교육 프로그램을 운영하고 있는 것이다.

2) 종교적 갈등

교장들과의 면담 결과에 따르면, 기독교학교에서의 종교적 갈등은 겉으로 크게 드러나거나 표출되는 현상은 체감하기 힘들 정도로 거의 발생하지 않고 있으며, 비교적 소극적이고 약하게 드러나고 있는 것으로 나타났다. 하지만 기독교를 의도적으로 흠집 내기 위한 세력이 존재하며, 이들과의 갈등이 발생하기도 하였다.

이러한 기독교학교의 종교적 갈등은 표출되지 않는 불만들, 소극적으로 거부하기, 별도로 혼자 공부하기, 종교교육에 대한 의도적 흠집 내기 등으로 나타났다.

(1) 표출되지 않는 불만들

면담을 진행한 교장들이 재직하고 있는 기독교학교들에서는 사실상 종교교육이나 관련 행사 등에 대한 강력한 불만이나 거부 활동은 발생하지 않고 있는 것으로 나타났다. 하지만 기독교학교의 교장들은 학생이나 학부모의 종교교육에 대한 커다란 거부 반응이 직접적으로 표출되지 않았다고 하여, 불만이 없다고 하기보다는 속으로 내재되어 있을 것이라고 생각하고 있었다.

…학부모님들이나 학생들이 왜 이렇게 신앙적으로 강조하고, 종교를 강요하느냐 이렇게 노골적으로 표현한 적은 없지만, 표현을 안 했다고 해서 100% 우리와 같은 마음이라고 해석할 순 없을 것 같습니다. 어떤 구체적인 현상이 돌출되어 나오지 않고 있다고 해서, 잠복된 것까지 완전히 없다고 생각해선 안 될 것 같아요.…

(B고등학교 교장, 면담 내용)

…학생들이 그냥 싫지만 정서적으로 싫고, 믿지 않지만, 그냥 학교에서 선생님이 하시라고 하니까 따라갑니다. "따라가지요. 믿지는 않지만, 저 뭐 별로 거부하거나 그렇게 하고 싶지는 않습니다." "그냥 저 안 믿지만, 싫습니다." "어떨 때는 힘들고, 그렇지만 선생님 괜찮습니다." 하면서 그냥 시키는 대로 이렇게 하는 애들이 분명히 있습니다.…

(B고등학교 교장, 면담 내용)

이처럼 면담을 진행한 교장들은 몇몇 학생들이 종교 관련 교육이나 행사에 대해 거부감을 가지고 있을 수도 있지만, 이를 겉으로 표출하지 않은 채 교사나 학교의 지시대로 따르고 있을 것이라고 예상하고 있었다. 표현을 하지는 않지만, 종교로 인한 고충이 있는 학생들이 분명히 존재하기 때문에, 종교학교에서는 이에 대한 관심을 가질 필요가 있어야 한다는 것이다.

이를 방증하듯 기독교교육에 대해서 소극적으로나마 거부하는 현상들이 나타나기도 한다.

(2) 소극적으로 거부하기

위에서 살펴본 것과 같이, 면담을 진행한 기독교학교들에서는 겉으로 강한 거부감을 표현하거나 적극적으로 불만을 표현하는 현상은 거의 나타나지 않고 있었다. 하지만 종교교육에 대한 거부감을 소극적으로 표현하는 학생들이 적게나마 존재하고 있는 것으로 나타났다. 이러한 학생들은 수업이나 행사를 절대적으로 거부하며 아예 참여를 하지 않기보다는, 종교 활동에 참여는 하지만 그 안에서의 프로그램을 따르지 않는 모습이 나타나고 있었다. 다음의 사례들을 살펴보자.

…얘들아 이거 우리 몇 번 읽어보자 하는데, 유독 하지 않고, 노트에다 써 보자 하면, 일부러 막 글씨 아닌 이상하게 낙서를 해놓고, 선생님이 놀래서 왜 그랬냐고 하니까 나중에 알고 보니까 애가 남묘호렌게쿄였어요. 그래서 자기는 도저히 안 쓰겠다 해서 목사님도 존중해 줬다 하시더라고요.…(A중학교 교장, 면담 내용)

…대놓고 노골적으로 노출되는 그런 반감 표현, 이런 것들은 없습니다. 예배도 다 참여를 하고요. 찬양할 때 박수치는 거 따라하는 그런 것 정도는 하지요. 거기에 반발해서 예배를 참석하지 않겠다든지 성경 시간에 반론을 얘기한다든지 그렇게 나오는 학생들은 없지만요.…

(C중학교 교장, 면담 내용)

…저희 학교에는 히잡을 쓰는 이슬람 믿는 아이가 작년에 입학을 했어요. 근데 체육 시간에 절대 활동 안 하고, 예배 시간에도 찬양 안 부르고, 율동할 때도 절대 안 하고 혼자 가만히 있어요. 그래서 학생한테, 네가 원하는 대로 해 줄 테니 받기 싫으면 도서관에 가서 있어라 했더니, 아니래요. 싫어요. 저 애들 가는 데 따라가겠대요. 그렇게 따라가서 하지는 않고요.…(A중학교 교장, 면담 내용)

위에서 살펴보았던 것처럼 기독교학교의 교장들은 공통적으로, 기독교학교에 기독교에 대한 믿음이나 신앙을 가지고 있지 않은 학생들이 존재하지만, 직접적으로 반감을 표현하거나 강력한 불만을 이야기하는 학생은 없다고 이야기하였다. 즉, 학생들은 직접적으로 종교 활동에 대한 거부감을 표현하기보다는 소극적인 방식으로 종교수업이나 예배를 거부하고 있는 것으로 나타났는데, 위의 사례와 같이 수업에는 참여하지만, 수업과는 관련 없는 다른 행동을 하거나 적극적으로 수업에 참여하지는 않았다. 이에 따라 기독교학교의 교장들은 학생들의 거부 반응이나 표현이 거세지는 않지만 이처럼 불만을 가진 학생들을 선교하기 위한 노력이 반드시 필요할 것이라 여기고 있었다. 다음의 사례를 살펴보자.

…사실상 기독교나 우리 학교의 행사 같은, 그런 신앙에 대해 거부감을 가지고 있는 아이들이 상당히 있다고 봅니다. 드러나지 않을 뿐이지요. 그런 애들이 없다고 하면 사실 기독교학교의 어떤 목적, 그런 것들이 죽는다고 생각을 합니다. 우리가 이런 아이들에 대해 인식을 하고, 시인할 수 있을 때, 그런 아이들을 위해 학교 설립의 취지와 목적,

정체성을 어떻게 살려서 선교적 사명을 해야 할 것인가에 대한 목표의

식도 생길 수 있는 것이지요.…(B고등학교 교장, 면담 내용)

이처럼 기독교학교의 교장들은 종교와 관련되어 내재되어 있는 학생과 학부모의 불만들을 반드시 인식하고 이를 개선해 나가는 노력이 있어야 한다고 여기고 있었다. 그리고 이러한 노력을 통해 기독교학교의 설립 취지 중 하나인 선교적 측면에서의 사명을 완수할 수 있다는 인식을 가지고 있었다.

다시 말하면, 비록 현재 기독교학교에서는 종교적 활동에 대해 커다란 불만을 갖거나 강력하게 거부하는 상황이 발생하고 있지는 않지만, 이러한 불만들은 분명히 내재되어 있을 것이라 인식하고 있었다. 그리고 기독교학교의 정체성은 선교적 측면에서도 찾을 수 있기 때문에, 겉으로 드러나지 않는 종교와 관련된 불만이나 거부감을 인식하고, 기독교 신앙을 알릴 수 있는 선교를 위한 노력을 기울일 필요가 있다는 것이다.

(3) 어쩔 수 없이 별도로 공부하기

기독교학교들은 일반적으로 학교에서 운영하는 종교 과목을 선택과목으로 규정하여 종교 과목을 수강하고 싶어 하지 않는 학생들을 위하여 다른 과목을 개설하여 운영하고 있는 것으로 나타났다. 하지만 이러한 종교 과목 외의 선택과목을 운영하는 데 있어서 어려움이 있는 것으로 나타났다. 다음의 사례들을 살펴보자.

…저희는 선택과목이 종교하고 한문인데, 지금까지 종교 과목을 선택

안 하고 다른 과목을 선택하는 애가 거의 없었어요. 한 번도 없었는데, 올해 딱 한 명 생겼습니다. 그런데 지금 교육청 지침에 의하면, 타교과를 선택한 학생이 20명 이하일 경우에는 수업을 진행할 수 없도록 되어 있습니다. 그래서 한 명이기 때문에, 이 학생은 예배 시간이나 종교 시간에 도서관에서 별도의 프로그램을 진행시키고 있습니다.…

(C중학교 교장, 면담 내용)

…저희도 여호와의 증인 학생이 한 명 있어요. 작년에 그 학생을 저희도 따로 도서실에서 별도로. 그 아이가 예배를 안 드리면 안 되냐고 목사님한테 상담을 하러 왔대요. 어머님하고도 상담을 했는데, 어머님도 안 들어가는 게 좋겠다 했고요. 혼자 별도로 알아서 하고 싶다고 해서, 예배 시간에는 도서실에서 혼자 공부하고 있습니다.…

(B고등학교 교장, 면담 내용)

이처럼 기독교학교에서는 타종교를 믿는 학생이나 종교교육에 대해 거부감을 가지고 있는 학생들을 위하여 종교교육을 대체할 수 있는 선택과목들을 마련하고 있었다. 위 사례에서는 종교 과목 대신에 '한문' 과목을 마련하고 있었는데, 대부분의 학생들이 종교수업을 선택하여 듣기 때문에, 이러한 과목을 선택하는 학생들은 매우 소수에 불과하였다. 이러한 소수의 학생들은 종교 과목이 아닌 타과목을 선택할 수는 있지만, 교육청의 지침상, 타과목을 선택한 아이들이 매우 적어서, 수업을 운영할 수가 없는 상황이다. 이에 따라 타과목을 선택한 소수의 학생들은 도서관 등에서 별도로 혼자 다른 활동을 하고 있는 것으로 나타났다. 즉, 종교수업을 선택하지 않고 타과목을 선택하고자 하는 학생들이 적지 않다면 이러한 학생들이 원하는 선택과목이 개설될 수 있겠지만, 매우 소수의 학생들이 대체과목을 선택하게 됨으로써 결국 정상적인 수업을 받지 못하고 있는 상황인 것이다.

(4) 종교교육에 대한 의도적 흠집 내기: 인권논쟁에서 세력싸움으로 변모되기

기독교학교의 종교교육과 관련된 대부분의 갈등요인과 논쟁은 종교학교에서는 학생들에게 해당 종교에 대한 강요가 이루어지고 있다는 관점에서 시작된다. 즉, 종교에 대한 자유 그리고 이와 관련된 인권에 그 초점이 맞추어져 있다고 할 수 있다. 하지만 기독교학교의 교장들은 이러한 인권에 대한 논쟁보다는 오히려 반기독교 단체 등에 의한 세력싸움으로 갈등이 발생한다고 여기고 있는 것으로 나타났다. 아래의 사례들도 이와 관련된 내용이다.

…저희 입학식 때 강○○ 씨가 와서 입학식을 몰래 찍었습니다. 전혀 예상을 못하고 있었는데, 모자를 푹 눌러 써가지고 입학식 진행하는 동안에 촬영을 한 거죠. 그래서 인터넷 뉴스에 많이 나왔어요. 그래서 이게 종자연인가? 이쪽에서도 성명을 냈지요. 제가 알기로는 시교육청에다가 반박공문까지 낸 것 같습니다. 해명을 요구한다는 공문까지 보내서, 교육청 담당자들이 많이 실사를 나왔었죠.…

(C중학교 교장, 면담 내용)

…확 뭐 이렇게 퍼져 가지고 사회 이슈가 되는 것을 노렸던 것 같은데, 졸업생들이 반박 댓글 달고, 그게 어떻다는 거냐, 아무 문제없다. 입학

식 때 보면 선서하는 게 있는데, 그 내용을 가지고 트집을 잡고, 여러 가지 지적을 했는데, 졸업생들이 반박 댓글 달고 이러한 상태니까 금방 이제 인터넷 뉴스 판에서 사라졌습니다. 별로 호응을 못 얻은 것이죠. 교육청 측에서도 결혼식처럼 학교 특성에 맞는 행사를 진행했다고 우리 손을 들어 주었고요.…(C중학교 교장, 면담 내용)

위 사례들을 살펴보면, 현재 학교에 재학 중인 구성원이나 이 학교를 졸업한 구성원이 아닌 외부에서 의도적으로 예배 행사에 참여했던 것을 알 수 있다. 즉, 입학식에 참여한 외부자는 기독교학교에서 모든 학생들을 대상으로 예배 시간을 운영하는 부분이나 입학 선서 등에 종교 강요적 내용이 포함되어 있다고 생각하고, 이를 밝혀서 사회적 이슈를 만들고자 했던 것이다. 이로 인하여 교육청에서 학교로 실사와 감사를 나오기도 했지만, 보다 큰 이슈를 만들고자 했던 외부자의 의도는 생각처럼 진행되지는 않았으며, 학교 구성원들에 의해 반박되었고, 교육청 측에서도 큰 문제가 없는 것으로 결정되었다.

여기서 한 가지 중요한 부분은 면담을 진행한 교장들은 기독교학교를 반대하는 세력이 의도적으로 움직이고 있다고 생각하고 있었다. 다시 말하면, 면담을 진행한 교장들은 반기독교 세력들이 기독교학교를 의도적으로 흠집 내고자 하는 모습이 나타나고 있다고 인식하고 있었다. 이러한 면담 결과에 따르면, 외부 세력이 인권논쟁을 빌미로 삼고는 있지만, 기독교학교의 종교교육의 인권 침해적 문제점, 종교에 대한 자율권이나 선택권 등에 대한 실제적인 문제점에 그 초점을 맞추어 이에 대한 논쟁을 하려고 하기보다는 기독교학교의 흠을 찾아서 기독교의 종교적 세력을 약화시키기 위한 노력을 기울이고 있는 현상이 존재하는 것으로 나타났다.

3) 개선 요구

지금까지 살펴보았던 것처럼 기독교학교에서는 그 설립 취지에 맞는 여러 종교 과목 수업과 기본 예배 활동, 학급예배, 다양한 프로그램 등을 통해 학생들에게 종교 관련 교육을 진행하고 있는데, 학교 현장에서는 이로 인한 커다란 갈등이 생기지는 않았지만, 내재적인 불만과 갈등이 발생하고 있는 상황이다.

이에 따라 본 절에서는 연구에 참여한 교장들의 의견을 분석하여 그들이 희망하는 기독교학교의 종교교육이 보다 긍정적으로 이루어지기 위한 개선 의견을 제시하고자 하였다. 이는 크게 '입학 전 회피 제도보다는 전학 제도 마련하기,' '전학 제도의 부작용 감소를 위한 보완 장치의 마련,' '학교 본연의 목적을 잊지 않기,' '종교학교의 특수성 회복 노력' 등으로 구분되어 정리될 수 있었다.

(1) 입학 전 '회피 제도'보다는 '전학 제도' 마련하기

면담을 진행했던 기독교학교의 교장들은 타종교에 신앙이 있는 학생들이나 기독교학교에 적응을 어려워하는 학생들이 기독교학교가 아닌 다른 학교에 재학할 수 있는 제도 마련에 대한 필요성을 느끼고 있었다. 교장들은 입학하기 전에 학교를 회피할 수 있는 제도보다는 입학 후에 학교를 경험해 보고 다른 학교로 옮길 수 있는 전학 제도가 마련되기를 희망하고 있었다. 먼저 다음의 사례를 살펴보자.

…아이의 종교에 대한 것도 존중해 줘야 한다고 생각해요. 인권적인 차원에서 당연히 존중이 되어야 하죠. 종교에 대한 자유권을 가지고 있으니까 당연히 자유권을 줘야 한다고 생각합니다. 무작정 강제 배정만 할 것이 아니라….(A중학교 교장, 면담 내용)

…내가 어느 학교를 가지 않게 종교에 대한 기피는 해 줄 수 있게 되어야 하지 않을까 합니다. 정말로 학교에 와서 나 예배 못하겠어요 이렇게 문제를 일으킬 것 같으면, 처음부터 나는 기독교학교, 불교학교로 배정을 원하지 않는다, 이런 것을 써야 하지 않나….

(C중학교 교장, 면담 내용)

…초등학교에서 중학교 갈 때 종교를 쓰지 않게 되어 있다고 하더라고요. 그 종교로 배정해 달라 요구하는 것을 금지하는 것으로 보이는데, 특정 종교로 배정해 달라고 하는 것은 막아 놓아도, 특정 종교학교만큼은 가지 않게 해 달라는, 그런 종교적 기피에 대한 의사는 적극적으로 반영해 달라 하고 싶습니다. 그럼 상당부분 많이 도움이 될 수 있을 것이라 생각합니다. 물론 수급 균형 등의 전반적인 상황을 보면서요.…(B고등학교 교장, 면담 내용)

위의 사례들에 따르면, 기독교학교의 교장들은 학생들의 종교적 자유에 대한 권리를 존중해 줄 필요가 있지만, 현재의 제도는 이러한 부분에 대한 고려가 많이 이루어지지 않고 있다고 인식하고 있었다. 사실상 초등학교에서 중학교에 진학을 할 때, 자신이 희망하는 종교를 기입하게 하여 학생이 원하는 종교학교로 배정하는 것은 무리가 따를 수 있다. 즉, 학교의 수용인원적 측면도 있으며, 특정 종교로만 너무 많은 학생이 몰리게 되어 형평성을 유지하기도 어려울 수 있기 때문이다. 그렇지만 면담을 진행한 교장들은 학생이 기피하는 종교에 대한 의견은 반영할 필요가 있다는 인식을 가지고 있었다. 즉, 이러한 기피 종교에 대한 학생의 의견을 반영한다면, 종교학교에 입학한 후에 종교교육과 관련된 문제가 일어날 여지를 상당히 감소시킬 수 있을 것이라는 생각을 가지고 있는 것이다.

그러나 기독교학교의 교장들은 입학 전에 회피 제도를 마련하여 처음부터 학생들의 종교학교 입학을 차단하기보다는 학교를 경험해 보고 난 뒤에도 어려움이 있는 학생들이 다른 학교로 옮길 수 있는 종교에 의한 전학 제도가 마련되는 것이 더욱 필요하다는 의견을 가지고 있었다. 다음의 사례들을 통해 그 이유를 확인해 볼 수 있다.

···처음부터 회피 제도라는 게 있으면, 종교를 가지고 있지 않은 학생들이 '아, 나는 기독교인이 아니니까 기독교학교는 가지 않겠어.' 하고, 종교적인 색채가 없는 학교들만 선택을 하게 될 수 있을 것 같아요. 그러니까 종교가 없는 학생들이 기독교학교를 처음부터 배제하게 되는 역할을 하게 될 수도 있지 않을까. 우리 입장에서는 그런 아이들을 받아서 변화시키고 하는 것도 우리의 사명이니까요. 저는 회피보다는 전학 제도로 아이들에게 창을 열어 주는 것이 좋다고 생각합니다. 그나마 조금 틈새를, 기회를 주지 않을까 그렇게 생각이 듭니다.···

(C중학교 교장, 면담 내용)

…처음부터 지원을 하지 못하게 막을 것이 아니라, 본인 당사자의 입장에서는 지금 도저히 나는 예배드리고 성경 시간 보내고 뭐하면, 기도하자 하고, 그런 것이 싫다, 나 도저히 학교를 못 다니겠다, 나는 심리적 갈등 때문에 도저히 정서가 안정이 되지 않는다, 너무 싫다고 하면 보내야지요. 하지만 처음부터 받지 않으면 기독교학교의 선교적 취지에도 맞지 않는다는 생각이 듭니다.…(B고등학교 교장, 면담 내용)

기독교학교의 교장들은 전학 제도의 마련을 통해서 종교교육에 거부감을 갖거나 상처받는 학생들을 도울 수 있게 되기를 희망하고 있었다. 하지만 학교를 직접 경험해 보기도 전에 단순히 기독교인이 아니라는 이유로 기독교학교를 선택하지 않게 된다면, 선교의 목적을 달성하는 데 있어서 어려움이 따르게 될 수도 있다는 의견도 함께 갖고 있었다.

정리하자면, 종교교육을 거부하는 소수의 학생들을 위한 제도적 마련이 필요하기는 하지만, 처음부터 학교를 회피할 수 있도록 하기보다는 학교에 진학하여 학교를 경험해 보고 난 뒤에 이를 결정할 수 있도록 하는 전학 제도가 마련되는 것이 더 필요하다는 인식을 가지고 있었다. 또한, 입학 전의 회피 제도가 마련된다면 단순히 기독교인이 아니라는 이유로 기독교학교로의 진학을 거부할 수 있다. 이에 따라 기독교학교의 주요한 설립 목적 중 하나인 선교적 취지를 이룰 수 없기 때문에, 입학 전에는 학생들이 강하게 기피하는 종교를 조사하고 이를 반영하는 것은 필요하지만, 단순히 종교학교라 해서 회피하게 되는 제도는 오히려 부작용이 더 클 것으로 예상하고 있는 것이다.

결과적으로 기독교학교의 교장들은 종교적 이유로 상처받는 학생들을 위한 제도 마련이 필요하기는 하지만, 입학 전의 무조건적인 회피 제도보다는 학교를 경험해 보고 난 뒤에 결정할 수 있는 전학 제도가 필요하다는 인식을 갖고 있는 것으로 나타났다.

(2) 전학 제도의 부작용 감소를 위한 '보완장치'의 마련

위에서 살펴본 것과 같이 대부분의 기독교학교 교장들은 기독교교육이나 행사에 거부감을 갖는 학생들이 다른 학교로 옮길 수 있는 전학 제도가 마련되는 것에는 찬성의 입장을 견지하고 있었다. 하지만 이러한 전학 제도를 악용하는 학생들이 발생할 수도 있기 때문에, 악용을 방지할 수 있는 장치가 구비된 전학 제도가 마련될 필요성이 있는 것으로 나타났다. 다음의 사례들을 살펴보자.

…전학 제도를 쉽게 개방해 놓으면, 그것을 이용하는 사례가 많을 겁니다. 무턱대고, 이 학교가 싫으면 괜히 그 핑계를 가지고 다른 학교로 가려고 하는 모습도 나올 것입니다. 이게 정말 필요한 사람만이 선택하는 것이 아니고, 많은 학부모나 학생이 이 방법을 악용할 염려가 있지요.…(C중학교 교장, 면담 내용)

…전학 제도는 보완장치가 있어야 할 것이라 생각합니다. 왜냐하면 현재 학생들이 자기가 원하는 학교를 가고 싶은데 안 되잖아요. 현재 한 번 입학을 공동학군으로 배정을 받아 놓으면, 공동학군 내에서 다른 학교로 전학을 갈 수가 없게 되어 있습니다. 그런데 전학 제도가 생기면, 내가 대충 아무데나 입학을 했다가 나중에 가고 싶은 학교에 종교를 핑계로 전학 가야겠다, 조건을 만들어 그곳으로 가겠다 하고 이런

기획과 의도를 가지고 악용하려고 하는 사람이 있을 수 있어요.…

이처럼 면담을 진행한 기독교학교의 교장들의 의견에 따르면, 전학 제도가 유용할 수는 있지만, 전학 제도를 악용할 수 있는 여지가 분명히 존재하기 때문에, 이를 공정하게 심사할 수 있는 제도적 보완이 이루어질 필요가 있을 것으로 보인다. 다음의 사례는 C중학교의 교장이 제시한 전학 제도의 보완에 관한 의견이다.

…학교장이 교육청에 신청을 하면, 교육청에서 다른 학교로 배정해 줄 수 있는 그런 제도까지는 가능하지 않을까 싶습니다. 학생이 정말 그 학교에서 종교 문제로 갈등이 너무 심해서, 다른 학교로 배정을 해 줘야 하겠다 하면, 다른 학교로 배정을 받을 수 있는. 전학을 갈 수 있다고 하면, 심사를 해서 어느 학교로 전학을 갈 것이고, 학교를 누가 결정하는지에 대한 문제가 현실적으로 제기될 수밖에 없거든요. 그럼 학생이나 학부모가 내가 가고 싶은 학교를 선택하게 하면, 성적이 좋은 학교를 골라서 종교를 핑계로 전학 가는 상황도 있을 것 같습니다. 그래서 학생이나 학부모에게 맡기기보다는 교육청에서 지정하고, 배정을 해 주면, 전학을 악용하는 일들을 줄일 수 있을 것 같습니다.…

이와 같이 기독교학교의 교장들은 종교교육에 거부감이나 불만을 가지고 있는 학생들이 다른 학교로 전학 갈 수 있는 종교적 사유에 의한 전학 제도는 마련될 필요가 있는 것으로 인식하고 있었지만, 이러한 전학 제도를 악용할 수 있는 소지도 있을 수 있다는 예상을 하고 있었다. 즉, 종교에 대한 거부감으로 학교를 옮기는 학생도 있겠지만, 종교 문제와는 관계가 없지만, 이를 핑계로 자신들이 가고 싶은 다른 학교로 쉽게 옮겨가는 현상들이 발생할 수 있다는 것이다. 이에 따라 전학 제도를 악용할 수 있는 방지장치를 마련해야 한다는 것인데, 그에 대한 예로 교육청 차원에서 심사를 하고, 학교를 배정해 주는 것도 좋을 것이라는 의견이 있었다.

결과적으로 위 사례들에 의하면, 학교와 학생 모두를 위해서 전학 제도의 마련이 분명히 필요할 것이다. 하지만 전학 제도를 악용할 수 있는 여지가 분명히 존재하기 때문에, 이를 공정하게 심사하여 다른 목적으로 이용되지 않을 수 있는 제도적 보완이 이루어질 필요가 있는 것이다.

(3) 학교 본연의 목적도 잊지 않기: 인성교육과 입시교육에도 신경
   쓰기

기독교학교의 교장들은 기독교학교가 보다 긍정적으로 개선되기 위해서는 외부의 제도적 변화도 중요하지만, 기독교학교들이 학교 본연의 목적을 잊지 않고, 종교교육 외에도 학교교육에 대한 많은 노력을 기울 필요가 있다는 인식을 하고 있었다. 먼저 인성교육에 관한 다음의 사례들을 살펴보자.

…무종교 아이들이나 타종교를 믿는 아이들이 있음에도 불구하고, 그
런 노골적인 거부 현상이 한 번도 나타나지 않고, 순응을 해 준다는 것
은 한편으로는 선생님과 아이들의 인격적인 관계의 친밀도와 신뢰도

가 크게 작용하고 있다고 생각합니다. 신앙교육으로만 선교 활동을 하는 것이 아니라 아이들의 인성교육과 함께 가야 한다고 그렇게 생각을 합니다. 그래서 오히려 저희는 신앙교육에 있어서 좀 더 수월하게 가고 있지 않나 생각해요.…(B고등학교 교장, 면담 내용)

…우리 학교에 와서 어떤 소외감을 느낀다거나 인격적인 어떤 부정적 느낌을 아이들이 갖게 된다면, 종교교육에도 커다란 영향을 미칠 것이라는 생각을 합니다. 그런 학교의 관점에서 보면, 모두가 다 선생님으로부터 나는 존중받고 있구나 하는 그런 것에서부터 우리 신앙교육의 원활성을 찾는 것이 필요하고, 하나의 중요한 배경이 된다고 이렇게 생각합니다. 인성교육과 신앙교육이 함께 가야 하는 것이 아닌가….(B고등학교 교장, 면담 내용)

이처럼 기독교학교의 교장들은 기독교학교 교육이 보다 긍정적으로 이루어지기 위해서는 학생과 교사, 학생과 학생 간의 관계 정립이 중요하며, 학생을 향한 존중과 배려를 통한 인성교육이 함께 이루어져야 한다는 필요성을 제시하고 있었다. 즉, 기독교에 대해 거부감을 갖고 있거나 타종교에 대한 신앙심을 갖고 있는 학생이 기독교학교에 재학하게 될 경우, 그들에 대한 배려와 존중이 이루어져야 하며, 그러한 학생들과 보다 긍정적 관계를 유지하여 차별이나 불이익이 일어나지 않도록 노력해야 할 필요가 있다고 하였다. 또한, 종교교육에 있어서도, 학생들의 인성교육을 바탕으로 진행하여 종교교육에 대한 거부감을 줄이고, 종교교육이 보다 원활하게 진행될 수 있도록 해야 한다는 인식을 가지고 있었다.

또한, 기독교학교의 교장들은 다음의 사례들과 같이 인성교육뿐만 아니라, 국내 인문계 고등학교로서 대학 입학을 위한 교육에도 많은 노력을 기울일 필요가 있다고 이야기한다.

…다른 쪽을 책 잡히지 않기 위해서라도 굉장히 열심히 아이들을 가르쳐야 한다는 것이지요. 그러면 대학 입시 성적도 중요하고요. 만약 입시 성적 안 좋고 아이들 수업이나 면학 분위기 안 좋고 하면, 얘기가 나올 수 있어요. 그런데 그런 것들 때문에 선생님들이 열심히 안 할 수가 없거든요. 학생들 스스로가 불만이 있어서 집에 가서 이야기하면 그게 또 전달되어서 학부모 항의도 거세지고 하겠지만, 학생들 스스로가 그런 이야기를 하지 않게….(D고등학교 교장, 면담 내용)

…조심스러운 것이 인문계 고등학교에서 공부를 좀 더 열심히 시켜야지, 저런 것(종교와 관련된 교육이나 행사 등)들 할 시간에, 저런 것들 덜 하고 공부를 시켜 주면 좋지 않을까 하는 생각이 학부모님들에게 생길 수 있지요. 표출되지는 않았지만.…

(B고등학교 교장, 면담 내용)

위 사례와 같이 국내 인문계 고등학교는 대학 입학 성적과 떨어질 수 없는 관계에 있다는 것은 대부분의 사람들이 공감할 수밖에 없는 현실이다. 기독교학교도 종교학교이지만 인문계 학교이기도 하기 때문에, 대입을 위한 부분에도 많은 신경을 쓰고 있는 것으로 나타났다. 특히 면담에 참여한 교장들의 의견에 따르면, 이러한 인문계 고등학교로써 입시 성적에 관한 부분과 면학 분위기에 대한 관심을 많이 쏟아야 종교와 관련된 교육이나 행사 등을 운영하는 데 있어서의 불만을 줄일 수 있고, 보다 원활한 진행이 가능하다고 하였다.

결과적으로 기독교학교에서는 종교학교라고 하여 종교적인 교육만을 강조하기보다는, 학생의 인성과 지식의 성장을 위한 학교 본연의 목적도 항상 염두에 두어야 한다는 인식을 가지고 있었다. 즉, 학생과의 관계에 보다 많은 신경을 쓰고, 인성교육을 함께 진행하여 종교교육에 대한 거부감을 줄이고, 학생들의 전인적 성장을 위한 노력을 기울이고 있으며, 이와 함께 종교교육의 보다 원활한 진행을 위해서는 국내의 인문계 학교로서 입시와 성적을 위한 교육과 면학 분위기 마련에도 많은 힘을 쏟아서 학생들에게 심어 줄 수 있도록 교육할 필요가 있다는 인식을 갖고 있는 것으로 나타났다.

(4) 종교학교의 특수성 회복 노력

기독교학교의 교장들은 회피 제도나 전학 제도 등의 방안들도 필요하지만, 무엇보다도 종교학교의 특수성을 살릴 수 있는 학생 선발권이 부여될 필요성을 피력하고 있었다. 즉, 종교학교의 교육과정과 학교의 취지를 보다 살릴 수 있는 학생들을 선발할 수 있는 제도가 마련되기를 희망하고 있는 것으로 나타났다. 다음의 사례를 살펴보자.

…우리가 종교의 자율성에 대해서 기도하고, 사학에서도 독립, 자율성을 이야기하는데, 우리도 미리 선발을 해서 자유롭게 뽑을 수 있다면, 그런 제도가 만들어진다면, 큰 문제를 해결해 버릴 수 있을 것입니다. 그냥 지금처럼 뽑아 놓고도 종교 과목을 가르치는 데 있어서 제약은 일반학교와 기독교학교가 똑같이 적용이 되어 있더라고요. 그러니까

단수과목 개설 못하게 하고 이런 것들이요. 우리 기독교학교나 불교학
교 같은 종교학교는 그 종교학교의 특수성 때문에 별도로 뽑는 것이잖
아요.…(A중학교 교장, 면담 내용)

위의 사례와 같이 A중학교의 교장은 종교학교는 분명한 특수성이
있기 때문에, 학교에 보다 많은 자율성이 부여될 필요가 있다는 의견
을 제시하였다. 즉, 기독교학교는 일반학교와는 그 특성이 다를 수밖
에 없지만, 현재의 제도 하에서는 종교교육을 원활하게 진행하는 데
한계가 있을 수밖에 없다는 것이다. 이에 따라 기독교학교의 교장들
은 위에서 이야기했던 회피 제도나 전학 제도보다는 학교의 취지와 교
리에 맞는 학생들을 선발할 수 있는 권한이 부여되기를 희망하고 있었
다. 다시 말하면, A중학교 교장은 현재 기독교학교 등 종교학교는 그
특수성을 갖고 있는 것이 분명하지만, 현재의 제도나 규정들은 대부분
일반학교들과 동일하게 적용이 되고 있다는 인식을 갖고 있었다.

결과적으로 위에서 이야기한 학생 선발권이 종교학교에 부여되는
것은 현재 논의가 되기에는 현실적 어려움이 있을 수 있다. 하지만 종
교학교가 다른 일반학교와 다른 특성을 갖고 있다는 것에 대한 이해만
큼은 최우선적으로 이루어질 필요가 있으며, 이를 중심으로 개선방안
이 마련되어야 할 것이다. 그리고 이러한 이해를 바탕으로 종교학교의
특성을 유지하고, 종교학교의 설립 취지와 목적을 보다 원활하게 진행
될 수 있는 제도적 기반을 마련하기 위한 노력이 지속적으로 이루어져
야 할 것으로 보인다.

나. 교목 그룹

1) 종교교육 활동

본 연구의 참여자들이 근무하고 있던 기독교학교들은 매 주 일정하게 종교 과목 수업을 운영하고 있으며, 이와 함께 여러 종교교육 관련 프로그램과 행사를 마련하여 종교교육 활동을 진행하고 있었다. 이러한 종교교육 활동으로는 지정된 종교 교과서보다는 인성교육 중심의 종교 과목수업, 예배 보기, 신앙부흥회, 리더십 캠프, 봉사활동 등 여러 종교교육 프로그램들을 운영하고 있는 것으로 나타났다.

(1) 매 주 운영되는 [종교] 과목수업과 예배 보기

면담을 진행한 교목들이 근무하는 고등학교 2개교와 중학교 1개교는 모두 일주일에 한 시간씩 매 주 종교수업을 진행하고 있으며, 이와 함께 예배 시간 또한 매 주 운영하고 있는 것으로 나타났다. 다음의 사례들은 종교수업과 예배에 관련된 면담 내용이다.

…학교에서 하는 중점적 사업은 종교수업을 하는 것입니다. 학교마다 채플, 예배를 1주일에 한 번씩 하고요. 믿는 학생들만을 위한 선교서클 같은 것, 선교부라든지 활동을 하고요, 전체 학생들을 위한 아침 묵상, 방송으로 기도도 하고, 성경도 읽어 주고 매일매일 그런 것들이 있어요. …매 학기 모든 학생들이 다 일주일에 한 번씩 성경 전용 교실에서 종교수업을 합니다.…(A고등학교 교목, 면담 내용)

…종교수업을 각 학년마다 한 시간씩 하고 있어요. 저는 1학년 6시간, 3학년 6시간, 일주일에 12시간 가르치면서 종교를 통해 인격교육을 실시하고 있어요. 아까 말씀하신 것처럼 예배가 1주일에 한 시간씩 목요일 1교시에 있고, 종교수업과 예배 안에서 다양한 신앙 프로그램들이 있어요.…(B중학교 교목, 면담 내용)

이처럼 기독교학교들은 매 주 한 시간씩 종교수업을 진행하고 있으며, 이러한 종교수업은 성경 전용 교실에서 전교생을 대상으로 진행되고 있는 것으로 나타났으며, 이러한 종교수업 속에는 다양한 신앙 프로그램들이 포함되어 운영되고 있었다. 또한, 위 사례에서 나타난 것과 같이 B학교에서는 매 주 한 시간씩 목요일마다 예배 시간을 운영하고 있었는데, 이는 다른 고등학교 급에서도 공통적으로 운영되고 있는 것으로 나타났다. 이러한 예배 시간과 함께 A고등학교에서는 매일 아침에 방송예배를 진행하기도 하는 것으로 나타났는데, 이를 다음의 사례를 통해 확인해 볼 수 있다.

…매일 아침에 제가 방송으로 '경건의 시간'이라는 예배 시간을 6-7분 정도 갖습니다. 월요일은 제가 성경을 읽어 주고요. 수업하기 전, 조회하기 전에 그런 시간을 갖는 것이지요. 화요일은 학생 대표가 기도하고, 수요일은 선생님 대표가 기도하고, 목요일은 예배가 있으니 생략하고요. 금요일은 이 달의 찬양, 찬양 배우고 부르는 시간, 듣는 시간 이런 것도 포함되어 있는 것이죠. 그렇게 운영합니다.…

(A고등학교 교목, 면담 내용)

위 사례와 같이 A고등학교에서는 '경건의 시간'이라는 이름으로, 예배 시간이 있는 목요일을 제외한 모든 요일에 방송예배 시간을 운영하고 있는 것으로 나타났다. 방송예배는 6-7분 정도로 진행되며, 목사와 교사, 학생들이 번갈아가며 운영하고 있었는데, 특히 금요일에는 찬양을 배우고 부르거나 듣는 시간까지 포함되어 진행되고 있었다.

정리하자면, 면담을 진행한 교목들이 재직 중인 학교들은 모두 일주일에 한 번씩 여러 신앙 프로그램을 포함하는 종교수업 시간을 운영하고 있으며, 종교수업 시간 외에도 매 주 1시간씩 예배 시간을 운영하고 있었다. 특히 A고등학교에서는 예배 시간이 있는 목요일을 제외한 모든 요일에 방송예배 시간도 함께 운영하고 있는 것으로 나타났다.

(2) 종교 교과서 적게 활용하기

위에서 살펴본 것과 같이 면담을 진행한 학교들은 모두 일주일에 한 번씩 종교교육수업을 운영하고 있었다. 이러한 종교교육 시간에는 지정된 종교 교과서를 교재로 사용하고 있는 것으로 나타났는데, 다음 사례를 통해 이를 확인해 볼 수 있다.

…교재도 있어요. 종교 교과서가 있습니다. 성경으로 나오지는 않고, 종교 과목이기 때문에 종교 교과서로 나오지요. 다른 종교도 들어 있는 범종교적인 교재이고, 기독교가 연합해서 만들었어요. 그런데 기독교가 40%를 못 넘게 되어 있습니다. 보편적으로 다루는 것이지요. …

(A고등학교 교목, 면담 내용)

위의 사례와 같이 종교수업 시간에 사용되는 교과서는 기독교학교 연합회에서 만든 교과서로써 기독교와 관련된 내용만 수록되어 있다 기보다는 기독교를 포함한 세계의 여러 종교들에 관련된 내용을 담고 있다. 아무리 기독교학교에서 사용되는 교과서라고 해도, 교과서에 수록된 기독교 관련 내용이 전체의 40%를 넘지는 못하게 되어 있었다.

이처럼 종교수업 시간에 사용할 수 있는 종교 교과서가 존재한다. 하지만 각 학교의 교목들은 이 종교 교과서를 수업 시간에 많이 활용하고 있지는 않은 것으로 나타났다. 다음의 사례들을 살펴보자.

…저희도 3년 동안 1주일에 한 번씩 종교교육을 하고 있고요. '생활과 종교'라는 종교 교과서를 사용합니다. 처음에 O.T 할 때 '기독교학교 이해'가 첫 단원인데 그 아이들이 어렵게 볼 수 있으니까, 저 같은 경우에는 기독교 가수의 뮤직비디오를 보여 주기도 하고, 드라마 "제중원"을 편집해서 보여 줍니다. …기독교학교의 관심 있는 부분을 보여 주면 처음 왔을 때보다 즐거워하고 쉽게 얘기해서 애들 마음이 편해요.…(C고등학교 교목, 면담 내용)

…저는 1학년 때는 교과서는 조금만 해요. 어차피 제가 이슬람교를 알면 얼마나 알겠어요. 이런 것들이 있다고 아이들에게 소개를 해 주고 1학년 때는 인성교육. "목사님과 너희하고의 삶에 대한 이야기이다." 해서 인성교육 또한 좋은 종교교육의 일환으로 생각해서 교재를 안 쓰지만 "목사님은 성경을 통해 인성교육을 하겠다. 너희는 다른 것을 참조해도 된다." 하면서…. 2학기가 되면 신앙이야기를 해요. "인생의 고민들을 풀어볼 수 있는 소스들을 나는 여기서 찾는다. 내가 여기서 찾

왔다는 것이니까 너희들에게 절대 강요하는 게 아니라 소개해 주는 것
이니까….” 그러면서 종교적인 이야기도 하고, 성경도 보여 주고….

(A고등학교 교목, 면담 내용)

위의 사례와 같이 연구에 참여한 학교들은 모두 종교 과목 수업 시
간에 활용할 수 있는 종교 교과서를 지정하고는 있지만, 실질적인 수
업 시간에는 이러한 교과서를 거의 사용하고 있지 않는 것으로 나타났
다. 그리고 이러한 모습은 고등학교 급에서만 나타나는 것이 아니라,
중학교 급에서도 큰 차이 없는 현상이 나타나고 있었다. 다음의 사례
를 살펴보자.

> …기독교학교연합회에서 나온 교과서가 있어요. 저 같은 경우는 1-2
> 시간 정도, 주 메인으로 활용하지 않고 첫 시작 부분하고, 중요한 부분
> 들 3-4시간만 할애하고, 나머지는 인성교육 측면에서 접근을 많이 해
> 요. 되도록 선교적인 측면에서 강요하지 않고 오히려 인생 살아가는
> 데 있어서 꿈이 얼마나 중요하고 이걸 위해서 인격을 함양시키는 게
> 중요하다는 내용으로. 종교를 통해 성품교육, 인성교육을 강화하는 쪽
> 이지요. …(B중학교 교목, 면담 내용)

이처럼 기독교학교들은 중학교와 고등학교 급 모두 종교수업 시간
에 지정된 교과서를 활용하기보다는 다른 방식으로 수업을 진행하고
있는 것으로 나타났다. 먼저 A교와 B교는 종교교육의 일환으로써 인
성교육에 초점을 맞추어 진행하고 있었는데, 선교적인 측면에서 학생
들에게 기독교나 종교에 대한 이해를 강요하기보다는 학생의 성품이

나 인성, 삶에 대한 교육을 중심으로 수업을 진행하고 있었다. 또한, C
교에서는 학생들이 종교에 대해 보다 쉽게 느낄 수 있도록 종교와 관
련된 뮤직비디오나 드라마 등을 활용하여 보다 친숙하고 어렵지 않게
운영하고자 노력하고 있는 것으로 나타났다. 즉, 기독교학교라고 해서
종교교육 시간에 교과서만을 활용하여 딱딱한 방식으로 자신들의 종
교를 알리고 강요하기보다는 종교에 대한 학생들의 거부감을 줄이고,
학생들이 보다 쉽게 이해할 수 있는 방식을 사용하며, 종교를 통해 학
생들이 성품과 인성을 함양할 수 있는 교육을 하고자 노력하고 있는
것이다.

(3) 중학교: 종교적 색체를 줄인 신앙부흥회와 조이캠프, 비전스쿨
    프로그램

면담에 참여한 교목들 중 B중학교에서는 학생들의 결신을 위한 여
러 프로그램과 행사를 마련하여 운영하고 있는 것으로 나타났다. 이러
한 프로그램 중에서는 대표적으로 신앙부흥회와 조이캠프, 비전스쿨
등이 있었다. 다음의 사례들을 살펴보자.

…매 해 4월 신앙부흥회라고 3일 동안 오전 수업을 하지 않고 외부에
서 청소년 전문 강사를 초빙해서 말씀을 1시간 10분 정도 들어서 예배
를 드려서 예수님을 소개하고 자기 자존감을 키우기 위해서 귀한 존재
인지 말씀을 통해 알려 주고, 2부 순서를 통해 개그맨 신앙인들, 많은
연예인들 초청해서 간증도 하고, 기독교 문화적인 힙합 댄스팀을 불러
서 기독교 문화를 경험해 보기도 하고, 그렇게 3일 동안 신앙부흥회를
하면 많은 아이들이 결신을 해요.…(B중학교 교목, 면담 내용)

…결신하는 것을 (신앙부흥회에서) 체크했기 때문에, 이 아이들 통계 조사해서 신앙교육을 맞춤식으로 들어가죠. 결신자들 중심으로, '조이 캠프'라고 해요. 전반기에 1박 2일, 하반기에 1박 2일 은평구에 있는 팀수양관에서 재결신교육을 하죠. 아이들에게 '꿈 코칭,' '인격 코칭,' '리더십 코칭'이라는 이름으로 깊이 다가가면서 새롭게 결신할 수 있 도록 강화하죠. 그렇게 하면서 신앙의 깊이를 갖도록 마련합니다.…

(B중학교 교목, 면담 내용)

위의 사례와 같이 B중학교에서는 매 해 4월에 신앙부흥회라는 프로 그램을 운영하고 있는데, 이러한 신앙부흥회는 외부 강사를 초빙하여 학생들의 자존감을 향상시키고, 기독교를 학생들에 친숙하게 전파하 는 내용들로 운영되고 있었다. 특히 신앙부흥회에서는 개그맨들을 비 롯한 여러 연예인이나 댄스팀을 초청하여 학생들에게 기독교 문화를 보다 친숙하고 거부감 없이 경험해 볼 수 있는 기회를 마련해 주고 있 는 것으로 나타났다. 상당수의 학생들은 이러한 신앙부흥회에서의 경 험을 토대로 결신을 하게 된다. 조이캠프는 바로 이러한 새로 결신한 학생들을 중심으로 운영되는데, 조이캠프는 1박 2일 동안 수양관에서 학생들이 신앙의 깊이가 깊어질 수 있고, 재결신을 할 수 있도록 돕는 내용들로 운영되고 있었다.

또한, B중학교에서는 이러한 프로그램들 외에도 비교적 짧은 시간 동안 자주 운영되는 프로그램도 함께 마련되어 있었다. 다음의 사례를 살펴보자.

…'비전스쿨'이라는 이름으로 점심시간에 12시 반부터 1시까지 30분

동안 비전과 꿈을 키워 주겠다는 생각으로 만든 것인데, 1주일에 1번 정도는 만나고 간식도 주고 리더십도 가르쳐 주고 이러면서 재작년부터 하고 있어요.…기본적으로 선교부장들 훈련시키기 위해 개설했는데, 이왕이면 선교부장뿐만 아니라 너희가 원하는 애들 데려와라 하고 공개적으로 홍보를 해서 오게 만들었죠. 30-40명 정도. 성경 색채를 줄이고 꿈의 중요성과 얘기들을 하지요.…(B중학교 교목, 면담 내용)

이처럼 B중학교에서는 점심시간 위주로, 약 30분 동안 '비전스쿨'이라는 이름의 프로그램을 운영하고 있다. 이러한 비전스쿨은 원래 선교부장이라는 학생 임원들을 대상으로 개설되었지만, 공개적인 홍보를 통해 학생 임원이 아닌 학생들도 자신이 원한다면 프로그램에 참여할 수 있는 것으로 나타났다. 이러한 비전스쿨 역시 종교적 색채를 강하게 띠기보다는 꿈이나 비전 등에 대한 내용을 중심으로 운영되고 있었다.

결과적으로 B중학교에서는 종교수업 외에도 신앙부흥회, 조이캠프, 비전스쿨 등의 여러 신앙적 프로그램을 함께 운영하고 있는데, 이러한 프로그램들의 공통점은 신앙적 색채를 강하게 띠고 억지로 학생들을 참여시키고자 노력하기보다는 학생들이 좋아할 만한 유도요인들과 쉽게 참여할 수 있는 내용들을 마련하고 있다는 것이다.

(4) 고등학교: 크리스천 리더십 캠프와 다양한 봉사체험 활동

위에서 B중학교는 종교교육과 관련된 다양한 프로그램들을 운영하고 있는 것을 살펴보았다. 이와 관련하여 고등학교 급에서도 리더십 캠프와 봉사체험 활동 등 여러 다양한 프로그램들을 운영하고 있는 것으로 나타났다. 먼저 C고교에서 운영 중인 '크리스천 리더십 캠프'에

대한 사례들부터 살펴보자.

> …3월에 우리 아이들이 임원들을 선출하지요. 각 반의 선교부장 1, 2학년 중심으로 1박 2일 동안 학생 간부수련회 '크리스천 리더십 캠프'를 떠나요. 영향력 있는 졸업생들이나 목사님들 초청해서 간증을 듣기도 하고, 저녁에는 십계명도 나름대로 만들어보고, 촛불예배도 드려보고, 그리고 역할극도 같이 만들고, 다양한 방법으로 트레이닝을 합니다.…나름대로 선교부장이 중심이 되어 몇 달에 한 번씩 전체적으로 모이면 소통도 하고, 현장에서 직접 들을 수 있는 이야기들을 해요.…
>
> (C고등학교 교목, 면담 내용)

> …크리스천 리더십 캠프라고 해도 (타종교와) 문제가 없었던 게, 강압하는 분위기가 아니라 학교 선배님이 와서 종교나 비종교를 떠나 좋은 말씀도 하고, 경청할 수 있는 분위기가 되는 것이지요. 레크리에이션도 같이하고. 처음에 와서 아이들끼리도 잘 모르잖아요. 거기서 즐겁게 놀이도 하고 이런 시간을 가져요. 그 다음에 피자나 음식 이런 것들 나눠 먹고, 역할극 하면서 콩트 준비도 하고, 연합하면서 행사를 준비하거든요.…(C고등학교 교목, 면담 내용)

이처럼 C고교에서는 선교부장 중심의 간부수련회 크리스천 리더십 캠프를 운영하고 있는데, 이 캠프에서는 졸업생이나 외부 목사들을 초청하여 강연과 간증을 들을 수 있는 내용이 마련되어 있으며, C고교의 학생들이 직접 체험하고 참여할 수 있는 십계명 만들어보기나 역할극 등도 함께 운영한다. 이러한 프로그램은 학생들의 소통능력을 기르고,

신앙적 트레이닝을 위해 운영되고 있었는데, 학생들에게 종교를 강압하는 분위기거나 종교적 내용만으로 운영되기보다는 즐거운 놀이 시간과 선배나 목사의 좋은 이야기를 듣는 쪽으로 더 초점이 맞추어져 있기 때문에 종교와 관련하여 큰 문제가 발생하지는 않았던 것으로 나타났다. C고교에서는 이러한 캠프 프로그램 외에도 여러 봉사활동도 함께 운영하고 있는 것으로 나타났는데, 이를 다음의 사례를 통해 확인할 수 있다.

> …추수감사절 때는 현미쌀, 과일, 이런 것들 걷어가서 밥퍼 공동체 갖다 주기도 하고, 독거노인이나 합숙하는 데 쌀을 갖다 주기도 하고. 떡도 해서 나눠 주기도 하고, 주변에 어려운 분들, 경로당 해서 나눠 줘요. 그러면서 아이들한테 나눔의 기쁨에 대해 이야기하기도 하고…. 월드비전하고 조인하면 기아체험이라고 해서…(우리 학생들이) 굶어 본 적이 없잖아요? 회비 걷어서, 성금을 걷어 아프리카나 동남아 우물 파 주고, 사랑의 빵 이런 것들도 해요. 우리 이름으로 했다는 것. 기아체험에서 가장 헌신하고 모범을 보인 친구는 몽골을 보내 주고.…
>
> (C고등학교 교목, 면담 내용)

위의 사례와 같이 C고교에서는 추수감사절과 같은 기독교의 기념일에 종교적 색채가 강한 교육 프로그램을 운영하기보다는 봉사활동 프로그램을 통한 행사를 운영하고 있는 것으로 나타났다. 즉, C고교의 학생들은 추수감사절에 여러 음식들을 독거노인이나 봉사단체에 기부하거나 주변에 직접 나누어 주기도 하며, 봉사단체인 월드비전과 조인하여 직접 기아체험을 하거나 해외의 어려운 곳을 돕는 활동에 참여하고 있는 것으로 나타났다.

이처럼 C고교에서는 종교적 색채가 강한 프로그램만을 운영하거나 강요하기보다는 기독교에서 추구하는 교리를 학생들이 거부감을 느끼지 않고 받아들일 수 있는 교육 프로그램들을 마련하여 운영하고 있는 것이다.

(5) 고등학교 : 각 반에 기도노트 쓰기 운영

C고등학교에서는 학교에 재학 중인 모든 학생들에게 '기도노트'라는 것을 작성하게끔 하고 있는 것으로 나타났다. C고교 교목이 이러한 기도노트 작성을 운영하는 목적과 내용을 다음의 사례들을 통해 확인해 볼 수 있다.

…첫 시간에 애들에게 이런 것 쓰라고 했는데, 기도노트에요. 반마다 한 권씩 해 왔는데, 가장 문제가 무엇이냐 하면 옆에 애가 결석했는데 왜 결석했는지도 모르고, 꿈이 뭔지도 모르고. 그래서 첫 시간에 꿈이 뭔지 기도를 하면서 시작해요. 또 그 친구를 위해서 기도도 해 주고, 장기자랑도 하고 격려도 해 주면서 아이들 마음을 오픈할 수 있는 시간을 마련하는 것이지요.…(C고등학교 교목, 면담 내용)

…처음에 기도하는 방법을 모르니깐 기도하는 방법도 써 놓고. 선교부장이 제일 먼저 쓰고, 릴레이 형식으로 써요. 제일 잘하는 반은 피자를 사 준다, 초콜릿을 사 준다고 해서 시상을 해요. 열심히 듣고 쓴 애들은 장학재단 통해서 장학금도 전달해 줘요. 아이들이 그렇게 관심을 갖게끔 하고, 교회 지원을 통해 딱딱하지 않고 재밌으면서 얻는 것이

있는 시간으로 구성하지요.…(C고등학교 교목, 면담 내용)

이처럼 C고등학교에서는 모든 학생들에게 기도노트를 작성하게 하고 있었는데, 이 기도노트는 학생들이 기도하는 방법을 알게끔 하기 위한 목적 외에, 다른 의미도 함께 가지고 있었다. 즉, 자기 자신뿐만 아니라 바로 옆의 사람들에게도 관심을 갖고, 옆의 사람들을 위할 줄 아는 마음가짐을 갖출 수 있게끔 하는 의미를 가지고 있는 것이다.

위 사례처럼 학생들이 릴레이 형식으로 기도노트를 작성하면서, 서로의 꿈을 공유하고, 서로를 격려하며 마음을 열어갈 수 있는 계기를 마련해 주고 있으며, 학생들에게 도움이 되거나 학생들이 좋아하는 유도요인을 마련하여 교회와 기도에 대해 거부감 없이 보다 즐겁게 받아들일 수 있도록 하고 있었다. 즉, 기도노트 작성의 취지는 학생들의 종교에 대한 거부감을 감소시키면서 종교나 기도에 대한 이해를 높이고, 타인을 위한 마음도 가질 수 있다는 의미를 가지고 있는 것이다.

2) 종교적 갈등

기독교학교에서의 종교적 갈등은 비교적 자주 발생하는 편은 아니며, 한 면담자의 이야기에 따르면 극소수로 발생하고 있는 것으로 나타났다. 하지만 발생하는 갈등 사례의 파장은 매우 큰 편인 것으로 인식하고 있었다. 이러한 기독교학교의 종교적 갈등은 일부 교사의 학생 자율권에 대한 반발, 학부모의 의도적 민원 넣기, 교육청의 직접적 개입에 의한 종교교육 위축, 학생의 언론 투고, 대체과목 관련 딜레마 등으로 나타났다.

(1) 종교교육에 대한 의도적 흠집 내기: 일부 교사의 반발과 학부모
    의 의도적 민원 넣기

기독교학교에서 일어나는 대부분의 갈등요인은 지나친 종교교육 강조 문제, 또는 종교 과목과 종교교육에 대한 학생 선택권 부재에 관한 내용인 경우가 많다. 아래의 사례 역시 이와 관련된 내용인데, 첫 번째 사례는 학부모의 민원에 관한 사례이고, 다음 사례는 B중학교에 재직 중인 한 교사의 사례이다. 다음의 사례들을 살펴보자.

…최근에 작년 같은 경우에는 그 부분들이 학부형의 어떤 민원이나 이런 것들로 이어져서 교육청에서 왔는데 결국 학부형이 신앙부흥회 건에 신앙 강조사항이 너무 많다, 3일 동안 12시간인데 16시간으로 오해해서 어떻게 그 긴 시간을 하냐, 정말 문제가 심각하다 하고, 예배가 있고, 종교수업이 있다 보니 7교시가 너무 많다, 그래서 아이들이 수업에 큰 부담을 느낀다, 종교와 관련된 행사가 일주일 동안에 두 시간 동안 있다, 이것은 상당히 문제가 있다, 이렇게 민원이 들어갔죠.…

(B중학교 교목, 면담 내용)

…저희 학교 같은 경우에 교사 중에 전교조 출신이 계시는데, 다 반대하지는 않아요. 유독 한 사람, 세례받은 것으로 이해시키고, 교사로 왔음에도 불구하고, 그분은 뭔가 뜻이 있는지 계속 태클을 걸고 있어요. 한 분이…. 그분이 시한폭탄처럼 연 초, 학기 초가 되면 그런 부분에서 민원을 내릴 수 있도록 민원 소스를 주면서 제3자를 통해 의도적으로 움직이고 있어요. 몇 년 사이에 한두 건 정도. 예배를 왜 강제적으로 하느냐, 예배는 선택제로 해야 한다. 기독교학교라고 아이들의 자율권

을 무시해 버리고, 선택의 기회를 안 주고. 그렇게 민원이 들어가면 기독교학교는 꼼짝 못하거든요.…(B중학교 교목, 면담 내용)

먼저 첫 번째 사례는 교내 교육과정에서 신앙을 강조하는 사항이 너무 많다고 여긴 학부모들의 민원에 관한 사례인데, 이미 위에서 살펴본 것과 같이 B중학교의 교육과정에는 종교와 관련된 수업, 예배 시간 운영 등 여러 종교 관련 시간이 많다고 여긴 학부모들이 교육청에 민원을 제출한 사례이다. 그리고 두 번째 사례는 학교에서 모든 학생들을 대상으로 예배 시간을 운영하는 데 있어서 B중학교에 재직 중인 한 교사와의 사이에서 발생한 갈등 현상에 관한 사례이다. 즉, 갈등 대상인 교사의 의견은 학교에서 종교 과목과 예배 시간을 진행할 때, 학생 모두를 대상으로 하는 것은 학생들의 자율권과 선택권을 무시하는 처사라는 것이다.

여기서 한 가지, 보다 신중하게 살펴보아야 할 부분이 있는데, B중학교 교목은 이 교사가 민원 소스를 제3자에게 주면서 의도적으로 움직이고 있다고 생각하고 있다는 점이다. 즉, 기독교학교를 의도적으로 흠집 내고자 하고 있다는 것이다. 이와 관련된 내용을 다음의 사례들에서도 찾아볼 수 있다.

…의도가 좋지 않은 부모님들이 문제예요. 두 부류가 있는 것 같아요. 이단성 있는 부모님들이 의도를 갖고 기독교학교에 공격을 한다든지…. 그런 시수 같은 것들과 관련해서는 학부모님들은 알 수가 없는데, 학교 상황을 잘 아는 사람이 소스를 줘서 제3자에게 알려 민원이 올라가거든요. 일반 학부모님들은 일단 학교에 고쳐 달라고 요구를 하

는 게 일반적인데, 학교에다가는 요청도 하지 않고, 교육청으로 민원
을 알리고 시수 문제까지 파악해서 자료까지 들고 찾아가고….

(B중학교 교목, 면담 내용)

…고등학교 경우만 해도 선택이고, 아이들이 그만큼 성숙해 있어서 학
교 문화로 받아들여요. 학부모 자체도 고등학교 정도가 되면 학교에
맞춰 줘요. 사실 그걸 제도적으로 이용해서 압박할 수 있는 학부모는
극소수이고요. 이단이라든지 기독교에 대안 큰 반감을 가졌다든지 기
독교학교에 배정된 것을 너무나 싫어한다든지 일부분….

(A고등학교 교목, 면담 내용)

위의 사례들에서 B중학교의 경우 민원을 제기한 학부모는 학교 측
에 아무런 요구도 하지 않은 채 바로 교육청에 민원을 넣어 학교의 교
육을 방해하였으며, A교목은 대부분의 학부모들은 학교의 교육방침을
이해해 주고 있지만, 학교에 대해 종교적으로 좋지 않은 감정을 가진
학부모 등에 의해 압박하고 있다고 이야기하였다. 즉, 중학교에 근무
하는 B교목과 고등학교에 근무하는 A교목은 서로 근무하는 학교도 다
르고, 학교 급도 다르지만, 공통적으로 기독교에 대해 반감을 가진 사
람들이 의도적으로 상급기관 등에 민원을 넣어 학교에서 종교교육을
운영하는 데 방해를 하고 있다는 인식을 갖고 있는 것으로 나타났다.

(2) 교육청의 직접적 개입과 지시에 따른 종교교육의 위축
기독교학교의 종교교육에 대해 민원을 받게 된 교육청에서는 기독
교학교에 직접적으로 개입하고, 시정에 대한 지시를 내리고 있었으며,

이는 기독교학교의 종교교육을 위축시키게끔 하고 있는 것으로 나타났다.

　…민원이 문제가 되어 법에 위배가 되니까 종교교육을 주당 1시간으로 의무적으로 줄여라, 7교시가 일주일에 3-4회인데, 2회 이하로 줄여라, 강하게 지시가 내려왔죠. 인권위원회까지 민원이 들어갔기 때문에 권익위원회에서 교육청으로 하달이 됐고, 교육청은 구체적으로 대안을 해결해야 하니까 컨설팅 장학이란 이름으로 와서 그렇게 해라. 우리 학교의 기독교교육을 많이 위축시켰죠.…(B중학교 교목, 면담 내용)

　위에서 살펴본 것과 같이 종교교육에 대해 좋지 않은 감정을 품은 학부모들은 권익위원회 등의 상급기관에 민원을 넣고 있는 것으로 나타났는데, 이에 따라 민원을 받게 된 교육청에서는 민원을 해결하기 위하여 직접적으로 기독교학교의 교육에 개입했던 것으로 나타났다. 이러한 교육청의 개입으로 인한 시정 요구는 기독교학교의 종교교육을 위축시키는 결과를 가져오게 되었다. 이를 다음의 사례에서도 확인할 수 있다.

　…그래서 이제 7교시를 줄이기 위해 창의적 체험 활동, 진로 수업을 안 하고 1시간 줄여서 7교시를 하나 줄이고, 나름대로 예배 시간을 정규 교과에 넣지 않고, 정규 교과 밖으로 뺐죠. 단, 종교수업은 7교시에 원하는 애들만 예배드리게 해라. 교육청에서 하라고 하는 거예요. 우리는 그렇게 할 수 없다. 결국은 약간의 후퇴일 수 있는데, 1교시는 안 드리지만 0.5교시 조회 시간을 활용해서 우리는 기독교교육을 시키겠

다. 1교시는 아니기 때문에 목요일만 따로 시간을 배정해서 결국은 예배를 드리는 시간을 조회 시간으로 잡아서 바로 아이들이 강당으로 등교를 해요. 거기서 조회 시간에 예배를 드리죠. 그날만 시간이 20분씩 앞당겨지죠. 목요일에만 25분 늦게 끝나요. 시간 조정을 목요일만 따로 하니 상당히 불편하죠.…(B중학교 교목, 면담 내용)

이처럼 B중학교는 상급기관인 교육청의 지시에 따라 교육과정을 변화시킬 수밖에 없었다. 즉, 정규 교육과정 시간이 아닌 조회 시간을 활용하여 기독교교육을 운영하게 되었으며, 이러한 기독교교육을 운영하는 목요일에는 모든 학생들이 강당으로 등교를 하게 되었고, 다른 수업 시간까지 시간을 조절하게 되었던 것으로 나타났다. 즉, 학부모들의 민원에 의한 교육청의 직접적 개입으로 인해 기독교학교의 종교교육을 위축시키게 하거나 또는 편법을 사용하여 종교교육을 운영하는 결과를 내게 하는 현상이 나타나기도 하는 것이다.

(3) 학생의 언론 투고와 왜곡된 보도
C고등학교의 한 학생은 학교에서 운영되는 종교교육에 대한 불만을 언론에 투고하였고, 이로 인하여 사실과는 차이가 있는 내용이 언론에 보도되기도 했던 것으로 나타났다.

…저희 학교에 큰 사건이 있었는데, 8월 9일자 신문에 뭐라고 써 있냐면, "수업 대신 할렐루야, 학교는 마치 종교 과목." 이것을 큰 타이틀로 해서 부흥회 한 것을 써놓은 것이에요. 얘(언론 투고 학생)는 싫어하는 이런 것들을 학교에서 강요하고, 예수 믿지 않으면 이상한 데 가고. 이

렇게 써 놓은 거예요. 실제와는 다른 내용이었어요.…

(C고등학교 교목, 면담 내용)

…신문에 투고한 애가 1학년, 여자애였어요. 그 뒤에 알고 봤더니 '아수나로'가 뒤에 있었어요. 걔를 만나서 얘기해 봤어요. "너 종교수업 싫으니?" "아뇨, 좋은데요." 근데 왜 반대하냐고 하니까 "있어야 한대요, 그 과목이. 선택을 해야 하니깐." 그쪽에서 그렇게 교육을 받은 것이죠. 걔가 하다하다 아무도 반응 안 해 주고, 수련회 가도 애들도 분위기도. "야, 니가 학교에 대해서…." 감정이 안 좋아지니깐 걔가 자기가 자퇴하겠대요. 학부모님도 미안해 하면서 그런 식으로 해서 자퇴를 했죠. 전학도 안 가고 그냥 자퇴해 버리더라고요. 아수나로나 이쪽 활동을 하고 있으니까….(C고등학교 교목, 면담 내용)

이처럼 C고등학교의 한 여학생의 투고로 인하여 C고등학교에서 진행했던 신앙부흥회는 실제와는 다른 내용으로 언론에 보도가 되었으며, 이로 인하여 큰 갈등 상황이 발생했던 것으로 나타났다. 위 사례에 따르면, 학교에서 종교교육을 강요하고 있다는 내용의 투고를 한 이 학생은 청소년인권보장단체인 '아수나로'에서 활동하고 있었는데, 이 학생은 그 단체에서 들었던 내용을 바탕으로 학교 종교교육을 언론에 투고했던 것으로 나타났다. 즉, C교목은 이 학생이 사실상 종교수업에 대해 큰 불만을 갖고 있지는 않았지만, 단체에서 배운 내용에 따라 학교에 대해 부정적인 내용을 부각시켜 투고하게 되었던 것으로 여기고 있었다. 결국 이 학생은 학교에서 더 이상 적응하지 못한 채 학교를 자퇴하게 되었던 것으로 나타났다.

4장 종교계 학교에서의 종교교육 및
갈등 현실에 대한 질적 분석   163

결과적으로 어느 쪽이 옳고 그르다고는 분명히 이야기할 수 없지만, 기독교학교에서 운영하는 종교와 종교교육에 대한 서로 다른 인식과 생각의 차이에 의해서 이러한 갈등 상황이 발생하고 있다는 것은 분명한 사실이다.

(4) 대체과목 개설에 있어서의 딜레마 느끼기

기독교학교들은 학교에서 운영하는 종교 과목을 선택하지 않는 학생들을 위하여 이 과목을 대체할 수 있는 과목들을 개설하여 운영하고 있는 것으로 나타났는데, 이러한 대체과목 개설에 있어서도 어려움이 따르는 것으로 나타났다. 다음의 사례들을 살펴보자.

…종교 과목 선택에 대해 언론에 투고했던 그 한 명의 학생을 위해 교장선생님이 어떻게 해 주었냐면, 그 한 아이를 위해 교육학을 개설해 줬어요. 근데 혼자만 듣게 되고….(C고등학교 교목, 면담 내용)

…종교수업은 어차피 주중에 선택수업으로 1시간 수업이 허용되니깐 학부모 동의서를 받아요. 종교 과목과 환경 과목 중에 선택하게끔, 환경을 선택하는 극소수의 아이들은 결국 도서관에서 나름대로. 따로 환경 선생님이 없기 때문에 도서관에서 사서 선생님 지도 하에 책 읽고 보고서를 쓴다던지. 워낙 적은 아이들이 선택하다 보니까. 지금까지 환경수업은 하고 있지 않죠. 어떤 중학교만 해도 종교 과목과 환경 과목 선택 문제에서 환경을 배웠던 애들이 결국 종교 배우러 가더라고요. 결국 아이들이 나름대로 종교를 선택하고 담임선생님들이 지혜롭게 잘 얘기해 주셔서 작년에는 잘 넘어갔고….(B중학교 교목, 면담 내용)

위의 사례와 같이 기독교학교에서는 종교교육을 대체할 수 있는 선택과목들을 마련하고 있었다. 고등학교에서는 '교육학' 과목을 그리고 중학교에서는 '환경' 과목을 운영하고 있었는데, 대부분의 학생들이 종교수업을 듣기 때문에, 이러한 과목을 선택하는 학생들은 매우 적은 숫자인 것으로 나타났다. 먼저 C고교에서는 단 한 명의 학생만이 대체과목을 수강했지만, 이 학생은 현재 자퇴한 상태이다. B중학교에서는 종교 과목 대신에 사실상 환경 과목을 선택한다고 하여도, 환경 과목을 선택하는 아이들은 매우 적은 숫자이기 때문에, 이를 위한 지원이 제대로 이루어지지 못하고 있는 실정이며, 심지어 환경 과목을 담당하는 담당 교사도 존재하지 않고 있었다. 결국 환경 과목을 선택했던 아이들 대부분이 현재는 종교 과목을 수강하고 있는 것으로 나타났다. 즉, 차라리 종교수업을 선택하지 않고 대체과목을 선택하는 아이들의 숫자가 많다면 이를 위한 지원이 보다 많이 이루어질 수 있지만, 매우 적은 숫자의 학생들만이 대체과목을 선택하게 됨으로써, 학교에서도 이를 위한 재정적, 교육적 지원을 제대로 마련하지 못하고 있는 것이다. 결국 대체과목을 마련하지 않을 수도 없고, 마련을 한다고 해도 제대로 운영을 할 수 없기 때문에, 학교에서는 이에 대한 딜레마를 경험하고 있는 것으로 나타났다.

3) 개선 요구

지금까지 살펴보았던 것처럼 기독교학교에서는 여러 다양한 프로그램과 종교 과목 수업을 통해 학생들에게 종교교육을 진행하고 있는데, 학교 현장에서는 이로 인한 갈등도 지속적으로 발생하고 있는 상황이다. 이에 따라 본 연구의 참여자들은 기독교학교의 종교교육이 보다 긍정적으로 이루어지기 위한 개선 방안으로 크게 회피 제도의 마련, 전학 제도의 개선, 기독교학교들의 포용적 이미지 구축, 기독교학교의 종교 과목 정상화 등을 제시하고 있었다.

(1) 갈등의 방지와 효율적 운영을 위한 '회피 제도'의 마련

기독교학교에서 종교교육을 담당하고 있는 교목들은 현재 기독교학교에 재학하게 되는 타종교의 학생들이 이를 회피할 수 있는 제도가 마련되기를 희망하고 있었다. 먼저 다음의 사례를 살펴보자.

…신앙적인 정체성을 지켜가고 싶은 마음이 있는데, 회피 제도를 통해 학교를 지켜나갈 수 있었으면 좋겠어요. 다른 종교를 가지고 있지만, 갈 수 없었던 선의의 피해자를 위해서라도 이 회피 제도가 잘 만들어지면, 기독교학교에 있어서 학교를 갈등의 요소로 만들어 갈 수 있는 씨앗에 대한 제거의 도구도 될 수 있을 것이고, 그 과정 속에 힘들어했던 선의의 피해자들도 방지할 수 있는 기회가 되지 않을까. 다른 종교를 가지고 있어서 학교에서 힘들어하는 사람들을 위해서 그리고 기독교학교들을 보호하기 위해서도 회피 제도가 필요할 것 같아요.…

(A고등학교 교목, 면담 내용)

위의 사례와 같이 A교목은 기독교교육에 대해 저항하고 거부하는 학생들을 위하여 기독교학교를 벗어나 다른 학교로 갈 수 있는 회피 제도가 마련되기를 희망하고 있었다. 또한 그는 회피 제도가 마련된다면, 이러한 학생뿐 아니라 타종교 학생들로 인하여 기독교교육을 마음

껏 펼칠 수 없었던 학교들 또한 긍정적인 결과를 얻을 수 있을 것으로 기대하고 있었다. 또한, 회피 제도가 마련된다면, 현재 기독교학교에서는 종교교육에 대해 저항하는 극소수의 학생 때문에 발생하는 불필요한 비용 낭비를 막을 수 있을 것이라는 의견도 있었다. 다음의 사례들을 통해 이를 확인할 수 있다.

> …중학교 같은 경우 의무교육이고, 배정사항이라고 회피 제도 자체가 보호막일 것 같아요. 하나의 학생을 위해 교육학 한 과목을 개설할 필요도 없는 것이고, 그 학생이 싫으면 다른 곳으로 갈 수도 있는 것이고, 학교도 평화로울 수 있고. 다수가 평화롭게 갈 수 있다는 것이에요. 제도적으로 만에 하나 걸릴 수 있는 그 사람들의 탈출구가 학교에서도 절실할 것이고. 앞으로 기독교학교에서도 반드시 필요할 것 같아요.…(A고등학교 교목, 면담 내용)

> …회피 제도를 만들 필요가 있는 게 소수 때문에 들어가야 할 교실, 선생님, 많은 부분들이 있거든요. 좋은 부분들에 힘을 실어서 더 좋은 방향으로 나갈 수 있는데 한둘의 아이 때문에 발목이 잡히고, 모든 선생님들이 신경이 쓰이면 교육적 방향이 흐트러질 수 있다는 것이지요.…
> (C고등학교 교목, 면담 내용)

이처럼 위 사례에서 두 교목은 회피 제도의 마련을 통해서 종교교육에 거부감을 갖거나 저항하는 매우 적은 소수의 학생들을 위해 사용되고 있는 비용들을 보다 효율적으로 사용할 수 있을 것이라는 희망을 가지고 있었다. 즉, 종교교육을 거부하는 소수의 학생들이 다른 학교로 배정받을 수 있다면, 이들을 위한 교실이나 교사, 여러 부분들에 의해 발생하는 비용을 보다 많은 학생들을 위해 사용할 수 있으며, 교육적 방향도 기독교학교에 보다 어울리는 방향으로 정립될 수 있을 것이라고 인식하고 있는 것으로 나타났다.

결과적으로 기독교학교의 교목들은 학교의 갈등 상황을 개선하고, 보다 효율적인 운영을 위해서, 종교교육을 거부하는 학생들이 다른 학교로 배정받거나 전학 갈 수 있는 회피 제도가 마련되기를 희망하고 있는 것이다.

(2) 엄격한 심사를 통한 종교 사유 전학 제도의 마련

위에서 살펴본 것과 같이 기독교학교의 교목들은 종교교육에 거부감을 갖는 학생들이 다른 학교로 옮길 수 있는 회피 제도가 마련되기를 희망하고 있었다. 하지만 이러한 전학 제도를 악용하는 학생들이 발생할 수도 있기 때문에, 악용을 방지할 수 있는 장치가 구비된 전학제도가 마련될 필요성이 있는 것으로 나타났다. 다음의 사례들을 살펴보자.

…현재 중학교 같은 경우 주소지가 바뀌어야 전학 갈 수 있는데, 종교상의 문제나 학교장이 인정할 경우, 종교신념상의 문제로 같은 지역구내로 전학할 수 있다고 하면 입시를 위해 좋은 중학교로 전학 가려는 악용을 막아야겠지요. 엄격한 심사가 필요할 것으로 보입니다.…

(A고등학교 교목, 면담 내용)

…입시율 좋은 학교를 위해서 주변에 있는 학교를 기피하고, 그 학교

에 가기 위해서 그렇게 할 것이다, 그런 염려가 있더라고요. 이러한 악용을 막을 수 있는 제도가 마련될 필요가 있지요. 교장의 재량으로 결정이 되고, 학부모의 동의 하에서 이 아이에게 충분히 기회를 줬음에도 불구하고, 아이가 끝까지 마음을 열고 있지 않다면 인근 학교에 교장이 전학 갈 수 있는 기회를 주면 서로에게 윈윈이 될 수 있을 것 같아요.…(B중학교 교목, 면담 내용)

위의 사례들처럼 기독교학교의 교목들은 종교교육에 거부감을 가지고 있는 학생들에게 다른 학교로 전학할 수 있는 권한을 부여하는 전학 제도의 마련은 반드시 필요한 것으로 인식하고 있었다. 하지만 이러한 전학 제도를 악용할 수 있는 소지가 있을 것으로 예상하고 있었다. 즉, 종교에 대한 거부감으로 학교를 옮기는 학생도 있겠지만, 종교 문제와는 관계없이 상위학교 진학 시, 입시 결과가 좋은 학교를 선택하여 전학 가는 현상들이 발생할 수 있다는 것이다.

결과적으로 위 사례들에 의하면, 학교와 학생 모두를 위해서 전학 제도의 마련이 분명히 필요할 것이다. 하지만 전학 제도를 악용할 수 있는 여지가 분명히 존재하기 때문에, 이를 공정하게 심사할 수 있는 제도적 보완이 이루어질 필요가 있는 것이다.

(3) 기독교학교들의 자체적 개선 노력: 종교에 대한 긍정적 이미지 형성해 가기

기독교학교의 교목들은 기독교학교가 보다 긍정적으로 개선되기 위해서는 외부의 제도적 변화도 중요하지만, 기독교학교들의 자체적인 개선 노력도 반드시 수반될 필요가 있다고 인식하고 있었다. 다음

의 사례들을 살펴보자.

> …타종교 학생들이 기독교학교로 왔을 경우에 기독교학교에서 그들에게 불이익이라든가 역차별이라든가 나름대로 그들에게 어떤 부정적인 이미지가 없도록 최대한 노력들이 필요할 것 같아요. 충분히 존중해 주면서 모든 학생을 포용할 수 있는….(A고등학교 교목, 면담 내용)

> …운영의 묘가 중요한 것 같아요. 종교수업이 기독교적 강요가 아니라 내 인생에서 꼭 필요한 삶의 이야기들, 또 살아 있는 경험들을 이야기 해주고, 인생을 살아가는 데 있어서 앞으로 의미 있게, 아름답게 살아 가는 방법들을 배울 수 있는 좋은 순기능을 가져다가 종교수업에서 깊이 있게 내재화 시킬 수 있는 방법이 필수적이라고 생각합니다. 기독 교학교에서 종교 강요의 이미지는 철저히 탈피해야 할 것 같아요. 인 성교육과 전인교육의 요소들을 살려서 권유형으로 종교를 얘기해 주면서 아이들의 마음을 부드럽게 터치해 주는 방향으로 나아가 좋은 이미지를 기본적으로 형성해야….(B중학교 교목, 면담 내용)

이처럼 기독교학교의 교목들은 기독교학교 교육의 개선을 위해서 는 기독교학교들의 자체적인 노력이 반드시 이루어질 필요가 있다고 여기고 있었다. 먼저 A교목은 기독교에 대해 거부감을 갖고 있거나 타 종교에 대한 신앙심을 갖고 있는 학생이 기독교학교에 재학하게 될 경우, 그들에 대한 존중을 바탕으로 차별이나 불이익이 일어나지 않도록 노력해야 할 필요가 있다고 하였다. 또한 B교목은 종교수업을 진행하 는 데 있어서 종교적 강요가 이루어져서는 안 되며, 종교의 순기능적 측면을 종교수업을 통해 학생들에게 내재화할 수 있는 방식으로 이루어져야 한다고 이야기하였다. 즉, 본 연구 결과에 따르면, 기독교학교의 개선을 위해서는 강제적인 종교적 이미지를 탈피해야 할 필요가 있는 것으로 나타났다. 종교수업이라고 해서, 오로지 종교적인 교육만을 진행하고, 해당 종교만을 강요하기보다는 인성교육과 전인교육을 바탕으로 타종교에 대한 포용력을 확대하고, 종교에 대해 보다 긍정적인 이미지를 학생들에게 심어 줄 수 있도록 교육할 필요가 있는 것이다.

(4) 종교 과목 정상화를 통한 기독교학교의 정체성 회복
기독교학교의 교목들은 종교 과목을 정상화하여, 기독교학교의 정체성을 유지하고, 종교학교의 건학이념과 교리를 지킬 수 있게 되기를 희망하고 있는 것으로 나타났다. 먼저 다음의 사례를 살펴보면, 종교 교육에 대해 거부감을 가지고 있는 학생들까지 포용하고, 종교교육을 유지하기 위해서 종교 과목 수업에 있어서도 종교교육에 중심을 두지 못하게 됨으로써 기독교학교의 정체성을 잃어가고 있는 모습을 확인할 수 있다.

…저마저도 종교성 집중, 신앙성 집중보다는 인성교육에 집중한다는 것 자체도 어떻게 보면 회피하고 있는 것이잖아요. 익숙해 있는 것이에요. 이렇게 돌려서 해 보고, 안 믿는 아이들에게도 맞추려 하고. 음성적으로 회피인 것이죠. 기독교학교의 본 모습을 많이 잃어버리고 있죠.…(A고등학교 교목, 면담 내용)

위의 사례에서 A교목은 자신도 이미 종교교육을 진행하는 데 있어

서 종교에 그 중점을 두지 못하고 회피하고 있으며, 이로 인해 기독교학교의 본 모습이 상당히 유실되고 있다고 인식하고 있음을 알 수 있다. 즉, 기독교학교는 일반학교와는 그 특성이 다를 수밖에 없지만, 종교교육에 집중할 수 없기 때문에 그 정체성을 잃어가고 있다는 것이다.

다음의 사례들은 이러한 종교학교의 정체성을 유지하고 회복하기 위해서는 기독교학교에서 예배 시간이 반드시 이루어질 필요가 있다고 인식하고 있었다.

> …예배에 관련된 것 강제적으로 못하게 하는 지침이 내려오고. 종교도 선택하게 된다는 것이죠. 결국 종교학교의 정체성이 조금씩 흔들려지게 되고, 환경 선택하는 애들이 있게 되고, 예배를 선택하지 않게 되면 종교학교의 건학이념이나 정체성을 잃어버릴 수 있는 위치가 찾아올 수 있다는 것이지요. 염려가 돼요.…(B중학교 교목, 면담 내용)

> …종교학교에서 가장 중요한 것이 예배인데, 기독교학교가 예배가 없어지면 타공립학교와 차이가 없어지죠. 색채가 없어지죠. 기독교학교임에도 불구하고, 기독교가 여러 선택 기준의 하나밖에 안 되는 상황인 것이지요. 상당히 정체성이 훼손당한 것이고….
>
> (C고등학교 교목, 면담 내용)

이처럼 기독교학교의 교목들은 기독교학교에서 가장 중요한 것이 예배 시간인데, 이에 대한 상급기관의 강제적 조정이 이루어지고, 예배 시간이 감소하게 되어 기독교학교의 정체성을 잃어가고 있는 것으로 나타났다. 이에 따라 종교학교가 다른 일반학교와 다른 특성을 갖고 있다는 것에 대한 이해가 이루어질 필요가 있다. 그리고 이러한 이해를 바탕으로 종교학교만의 특성을 유지하여 종교학교의 정체성이 유지될 방안이 마련될 필요가 있을 것이다.

다. 불교학교의 기독인 학생 그룹

1) 학교 배정 배경

자신이 믿어오던 종교와는 다른 종교학교를 다니게 되었던 두 학생은 모두 자신의 의지나 종교적 믿음은 고려받지 못한 상황 속에서 어쩔 수 없이 타종교의 학교로 배정을 받게 되었던 것으로 나타났다. 면담을 진행한 두 학생은 각각 당시 중학생과 고등학생으로서 학교 배정 배경이 같지는 않지만, 피치 못하게 해당 학교에 진학하게 되었다는 것은 공통적 특징으로 나타났다. 먼저 당시 중학생이었던 B학생의 사례를 살펴보자.

> 집 바로 옆이었어요. 중학교는 고등학교와 달리 원서를 내는 것이 없으니 집 근처로 배정되었어요. 그때 당시에는 미션스쿨이라는 것을 몰랐어요. 초등학교에서 중학교로 진급할 때 학교를 방문하면서 불교학교라는 것을 알았어요. (다른 학생들도) 모두 그렇게 갔어요.
>
> (B학생, 중학교 경험, 면담 내용)

이처럼 B학생은 중학교 진학 당시에 자신의 의지나 희망과는 관계없이 근거리 배정 원칙에 따라 미션스쿨이었던 중학교에 강제 배정되었다. 해당 학교는 불교학교였고 B학생은 기독교 신자였지만, 이에 대한 고려는 전혀 이루어지지 않았던 것으로 나타났다.

또한, 다음의 사례는 몽골에서 한국으로 오게 되었던, 당시 고등학생이었던 A학생의 사례인데, 외국에서 오게 되었던 A학생 또한 종교에 대한 선호와는 관계없이 우연히 해당 고등학교에 배정받게 되었다.

미국에 갈 수 있는 그린카드에 당첨되어 한국에서 대기했다가 지금까지 있게 되었습니다. 기다리는 과정 중에 학교에 입학하게 되었어요. …원래 몽골이 불교인데, 중간에 하나님을 알게 되고 교회에 다니게 되었는데, (한국에서) 불교학교를 다니면서 마음이 힘들었어요.

(A학생, 고등학교 경험, 면담 내용)

A학생은 당시 몽골에서 한국으로 유학을 오게 되었던 학생이었다. 이 학생은 교회에 다니던 기독교 신자였고, 면담을 진행하는 당시에 기독교교육과에 진학하고 있었으며, 장래 희망 또한 목사가 되는 것으로, 기독교에 대한 믿음이 강한 학생이었다. 하지만 위에서 살펴보았던 B학생과 같이 A학생 또한 자신의 의지나 종교적 믿음은 고려되지 않은 채, 한국에 유학을 오게 된 과정에서 우연히 불교고등학교에 입학을 하게 되었던 것이다. 즉, 면담을 진행한 학생들의 사례에서 알 수 있듯이 현재 국내에서는 학생의 종교적 믿음이나 의지, 종교적 희망 등에 대한 고려가 전혀 이루어지지 않은 상황에서 근거리 배정 원칙 등에 따라 타종교 학교로의 진학도 이루어지고 있는 것으로 나타났다.

2) 종교교육 환경

학생들이 진학했던 종교학교들은 중학교와 고등학교 모두 해당 학교의 종교와 관련된 여러 종교교육 환경을 구축하고 있었으며, 정규교육과정 외에도 타종교에 믿음을 가지고 있던 학생들을 포함한 모든 학생들을 대상으로 학교의 해당 종교와 관련된 교육을 진행했었던 것으로 나타났다.

(1) 매일 아침 불교 명상 시간: 명상 자세로 목탁, 죽비 소리 듣기

면담을 진행했던 A학생과 B학생은 각각 자신의 종교와는 다른 타종교에서 운영하는 고등학교와 중학교에 재학했었지만, 두 학생이 재학했던 두 학교는 모두 공통적으로 매일 아침에 불교 명상 시간을 운영했던 것으로 나타났다. 다음 사례들을 통해 이를 확인할 수 있다.

아침 조례 시간에 '탁, 탁!' 목탁 두드리는 소리를 방송으로 들려 주며, 선생님이 하라고 시켰어요. 학교에 와서 1교시 전에 7시 50분부터 1교시 전 8시까지. 눈 감고 들으라고 하고, 자세를 알려 주었고요. 매일 수업 시간 전에 했습니다. …등교하는 시간에 늦으면 맞았어요. 등교하는 시간 뒤에 아침방송을 하는 거니깐 학생들이 모두 들을 수밖에 없었어요. 어쩔 수 없이 했고, 선생님이 지키고 서서 조용히 하라고 강제로 지시했습니다.(A학생, 고등학교 경험, 면담 내용)

등교시간 7시 50분으로 정해 놓고 8시에서 8시 10분까지 조회 시간을 하고, 10분-20분을 선정의 시간이라고 해서 10분 동안. 선정의 시간의

태도와 자세를 써놓은 규칙이 교실마다 붙어 있어요. 처음에 종소리 들리는 스피커에서 방송이 나와요. 법사님께서 틀어 주시는데, 죽비를 세 번 치는 소리가 나요. '딱, 딱, 딱' 그때부터 타종이 울려요. '댕!' 하면서. 저희는 죽비 소리로 시작했어요. 타종을 12번 간격으로 일정하게 울려요.(B학생, 중학교 경험, 면담 내용)

위 사례들과 같이 A학생과 B학생이 재학했던 학교에서는 조회 시간과 수업 시간 사이에 불교 명상 시간을 진행했던 것으로 나타났다. 이러한 불교 명상 시간은 정규 수업 시간 이전에 매일 정기적으로 진행되었는데, 두 번째 사례와 같이 '선정의 시간'이라는 명상 시간을 통해 학생들이 어떤 자세를 취하고, 어떤 태도를 가져야 하는지를 규정으로 정해 놓고, 학생들에게 그 규정을 따르게끔 했던 것으로 나타났다. 즉, 위 학생들이 재학했던 학교들은 중, 고등학교 모두 학교에 재학 중인 모든 학생들을 대상으로 학생의 주 종교를 고려하지 않은 채 항상 규칙적으로 해당 종교와 관련된 명상의 시간을 운영했던 것이다.

(2) 고등학교: 법사님이 수업하는 종교(불교) 과목

A학생이 재학했던 고등학교에서는 국가 교육과정 외에도 종교(불교) 과목을 매 주 1번, 2시간씩 운영했던 것으로 나타났는데, 이러한 과목은 학교에 재학 중인 모든 학생이 수강해야 했으며, 해당 종교의 법사가 지도를 맡았던 것으로 나타났다.

학교 안에 절이 있었어요. 그 방(법당)에 가서 한 스님이 교사고, 그 안에 불상이 있었습니다. 학교 2층에 불상이 있는 그곳에서 수업을 들었어요. 수업 이름은 생각이 안 나지만, 종교 쪽으로 들어 있었어요. 스님이 수업을 진행했고, 완전히 불교는 아니었지만, 겉으로는 지식을 알려 주었지만, 불교가 숨어 있었어요. 일주일에 한 번, 두 시간씩 했고요. 그 안에서 수업을 듣는 것이 너무 불쾌했어요. 불상도 보이고, 향 냄새도 좋지 않고, 옷에도 냄새가 많이 배고.

(A학생, 고등학교 경험, 면담 내용)

그분(법사)이 수업을 맡아서 전교생을 대상으로 했고, 바닥에 앉아서 듣기 때문에 편하게 앉아 있었던 것 같아요. 가끔은 자세 때문에 혼냈어요. 법사님이 애들한테 되게 잘해줬어요. 매 주 수업마다 박스로 빵을 가져다 놓고 주셨어요. 또, 줄로 맞춰 방석에, 바닥에 앉으니까 아이들이 떠들지 않고 집중했고요.(A학생, 고등학교 경험, 면담 내용)

위의 사례들과 같이 A학생이 재학했던 고등학교에는 불상 등의 종교 물품들이 배치된 법당이 있었으며, 그곳에서는 타종교를 믿는 학생들을 포함한 모든 학생들을 대상으로 해당 종교의 법사가 직접 자신의 종교를 지도했던 것으로 나타났다. A학생은 이러한 법당에서 운영되었던 수업이 직접적으로 종교(불교)와 관련된 수업은 아니었지만, 수업 내용에는 불교와 관련된 내용이 내포되어 있던 것으로 여기고 있었다. 그리고 수업을 지도하던 법사는 학생들에게 매 주 수업 시간마다 빵 등의 간식을 제공하여 해당 수업에 대해 좋은 인상을 심어 주고 학생들이 집중할 수 있도록 노력했던 것으로 나타났다. 즉, A학생이 재학했던 고등학교에서는 학교 내에 종교와 관련된 물품, 시설 등을 배치하여 타종교에 신앙심을 가지고 있는 학생들은 물론, 모든 학생들에게 자신들의 종교(불교)와 관련된 수업을 진행하였던 것이다. 그리고 이러한 수업을 들을 수밖에 없었던 A학생은 그러한 종교교육에 대해 상당히 부정적인 기억을 갖고 있는 것으로 나타났다.

(3) 중학교: 법당에서 진행하는 창의 재량 과목

위에서 살펴보았던 것처럼 A학생이 재학했던 고등학교에서는 교내에 법당을 마련하여 해당 종교(불교)에 관련된 교육을 운영하고 있었던 것을 확인할 수 있었다. 이러한 현상은 B학생이 재학했던 중학교에서도 공통적으로 나타나고 있었는데, 다음의 사례들을 살펴보자.

창의 재량 과목 시간에 법당 들어가서 수업하는데 1주일에 두 번 했던 것으로 기억해요. 한 번에 45분씩이요. 책도 나눠 주고, 교과서보다 두꺼웠는데, 그걸 항상 갖고 다니라고 해서, 중1 초반에는 갖고 다녔어요. 싯다르타, 부처 탄생일화 이런 이야기를 했어요. …문 자체도 미닫이 문. 절에 가면 되어 있는 문과 창문으로 되어 있어요. 안쪽에는 창문 모양이 절 느낌이 완전히 나요. 불상, 부처님 금색으로 딱 앉아 있고, 그거 보고 쇼크 받았어요. 그게 어떻게 학교에 있지라는 생각이 들었고, 그 문에 들어가는 것도 싫었어요. 불교적 장식이 많았어요.

(B학생, 중학교 경험, 면담 내용)

학교마다 상징하는 그림 같은 것 있잖아요. 학교마다 로고 같은 것. 중학교랑 고등학교랑 같은데 '수레바퀴'라고 알고 있어요. 불교적인 이미지래요. 아까 이야기한 책도 처음부터 읽어봤죠. 진짜 다 불교 얘기밖에 없어요. 그런 얘기들로 처음에 수업을 했어요. 나중에 중2나 중3

때는 영화 보여 줬어요. 대부분 스님 나오는 영화였어요.

(B학생, 중학교 경험, 면담 내용)

이처럼 B학생이 재학했던 중학교에서도 A학생의 고등학교와 같이 교내에 법당을 마련하여 해당 법당에서 종교교육을 1주일에 2회 운영했던 것으로 나타났다. 중학교에서는 창의재량교육 시간을 이용하여 이러한 종교교육을 운영하고 있었는데, 중학교에서도 타종교에 대한 신앙을 가지고 있는 학생들에 대한 고려는 존재하지 않았고, 모든 학생들을 대상으로 해당 학교의 종교(불교)교육을 진행했었다. 특히 중학교에서는 스님들이 나오는 영화 등을 학생들에게 보여 주거나 불교를 상징하는 이미지와 내용만을 담고 있는 교과서를 모든 학생들에게 나누어 주고, 해당 교과서를 통해 수업을 운영하였던 것으로 나타났다. 즉, 면담을 진행한 학생들이 재학했던 중학교와 고등학교는 모든 학생들에게 해당 학교의 주 종교인 불교에 대한 종교교육을 운영하고 있었던 것이다.

3) 종교적 갈등

면담을 진행한 A학생이나 B학생과 같이 자신이 믿어 오던 종교와는 같지 않은 학교에 재학하게 되는 학생들은 타종교에서 운영하는 학교에 피치 못하게 다니게 되면서 해당 학교에서 타종교에 대한 교육이나 환경 등을 경험하게 되었다. 그리고 이러한 경험들에 의해서 학생들은 여러 종교적 갈등을 경험하게 되는 것으로 나타났다.

(1) 첫 인상부터 시험에 들기 : "불교학교구나!"

이미 살펴보았던 것처럼 면담을 진행했던 학생들은 해당 학교에 대한 종교적 정보를 알지 못한 채 학교에 다니게 되었는데, 이러한 학생들은 종교적 색채가 강한 학교의 첫 인상에서부터 큰 충격을 받았던 것으로 나타났다.

> 첫 인상 자체는 불교학교라는 것을 알게 되니깐 '시험에 드나'라는 생각도 들었고. 진짜 중1 처음 입학했을 때 그 생각밖에 안 들었어요. 친구를 사귀고 열심히 공부해야겠다는 생각보다는 부처님 사진, 불당, 불상, 법사 다 학교에 있고. 말도 안 되는 게 교실마다 부처님 사진이 다 있어요. 모든 교실에 다 있어요. 불교적 언어나 한자들이 교실마다 사진과 함께 걸려 있었어요. 학교 인상 자체는 그랬어요.
>
> (B학생, 중학교 경험, 면담 내용)

> 법당이 있는 것도 이해가 안 되는데 교실마다 부처님 사진이 있으니깐 학교가 절인 것 같았어요. 불교 아우라가 심했어요. 분위기 자체가 심했어요. 아무래도 저는 교회를 다니다 보니 신앙인으로서 더 심했죠. 중1 때 초반에 정말 학교에 가기 싫었어요.
>
> (B학생, 중학교 경험, 면담 내용)

위 사례와 같이 B학생은 학교 내에 마련되어 있던 종교적 색채가 진한 물품이나 환경에 있어서 첫 인상부터 좋지 않은 인식을 가지게 되었으며, 이러한 환경을 학교에 가기 싫을 만큼 부정적으로 받아들였던 것으로 나타났다. 즉, 해당 학교의 교실마다 B학생 자신이 믿음을 가지고 있던 종교와는 다른 종교(불교)의 사진이나 물품, 언어 등이 구비되어 있었기 때문에, 학교 생활을 잘 해내야겠다는 생각보다는 자신의 종교적 믿음을 시험받는다는 느낌을 갖게 되었다. 또한 B학생에게 학교는 교육을 받는 장소가 아닌 종교적 장소(법당)로 여겨질 정도로 타종교(불교)의 분위기나 기운이 가득했던 것으로 인식하고 있었다. 그리고 이러한 종교적 색채가 강했던 학교교육 환경은 결국 B학생에게 학교에 대한 부정적 인식만을 갖게 했던 것이다.

(2) 강요받은 '찬불가' 외워 부르기

B학생의 면담 사례에 따르면, B학생이 재학했던 학교에서는 해당 학교를 운영하던 단체의 종교(불교)나 이를 찬양하는 노래를 외우고 부르도록 강요했던 것으로 나타났다. B학생은 자신의 신앙적 양심에 따라 타종교를 찬양하는 노래를 부를 수 없었지만, 학교에서는 수행평가를 해당 종교(불교)의 노래를 외우게 하여 평가했고, 이에 따라 억지로 타종교를 찬양하는 노래를 부를 수밖에 없었다.

> 불경 외우고 이런 것은 없었는데, 입학식이나…. 저는 충격 먹었어요. 교가를 부르는데, 그 전에 이상한 노래를 하나 틀어 주더라고요. 불교 노래인가 봐요. 그때 신입생들 술렁거렸어요. 이거 무슨 노래냐고. 이건 진짜 아니다. 어머니랑 다 계시는데. 어머니가 학교 생활 어떻게 하냐고 심각해 하셨어요.(B학생, 중학교 경험, 면담 내용)

> 학교 음악 수업에서는 그 노래(찬불가)를 수행평가해서 모두 외우도록 시켰어요. 그렇게 외워서 불렀어요. 집에서 연습하면, 내가 뭐하고 있

는 것인가 하는 죄책감도 심했고, 믿음의 자녀고, 가족들도 교회를 다니는데 뭐하나 싶었어요. 그 이후로는 운동장 조회를 하면 그 노래가 나올 때 부르지 않았어요. 주요 행사 때는 그 노래를 틀어 주고 불렀어요. …한 번 하고 죽고 싶었어요. 수행평가까지 하면서 강제로 시키는 이유를 모르겠어요.(B학생, 중학교 경험, 면담 내용)

위의 사례와 같이 B학생은 불교학교에 재학하면서, 해당 종교를 찬양하는 노래를 외우고 불러야만 했다. 그리고 이러한 경험은 불교가 아닌 타종교를 믿고 있던 B학생에게 큰 죄책감을 주었을 뿐만 아니라 심지어 죽고 싶은 감정까지 느끼게 하였던 것으로 나타났다. 특히나 입학식이나 큰 학교 행사에 있어서는 반드시 이러한 찬불가를 틀어 주었으며, 심지어 학생들의 수행평가를 하는 데 있어서 학생들의 의지와는 관계없이 이러한 해당 종교(불교)를 찬양하는 찬불가를 강제적으로 외워 부르게 함으로써 타종교에 대한 신앙심을 가진 학생들에게 죄책감과 부정적 기억을 갖게 했었던 것이다. 즉, 타종교를 가진 학생들에 대한 고려는 이루어지지 않은 채, 학교의 주 종교를 모든 학생들에게 강요하는 현상이 나타나고 있는 것으로 밝혀졌다.

(3) 매일 아침 목탁 소리 듣기: 조금씩 세뇌당해 가기
면담을 진행했던 B학생은 여러 학생들이 학교에서의 여러 프로그램에 따라 조금씩 종교적으로 세뇌되어 간다고 여기고 있었다. 다음의 사례들을 살펴보자.

저는 그것(명상의 시간)을 한다고 했을 때, 두리번거렸어요. 제 기억으

로는 무교였던 친구들이 많아서 다 따라했어요. 선생님들이 학생에게 강요하는 것은 아니었는데 '세뇌'시킨다고 해야 하나? 그런 게 있었어요. 부담 갖지 말고 명상이라고 생각하라고 했어요.

(B학생, 중학교 경험, 면담 내용)

선생님께 이 시간이 어렵다고 질문했더니 선생님께서 마음을 닦는다고 생각하고 임해라…. 나중에 부모님과 이야기해 보고 그 시간에 항상 손을 모으고 기도를 했어요. 담임선생님은 저희를 교탁 앞에서 지키고 서 있었어요. 가끔 복도에 법사님들도 돌아다니시고, 떠드는 애들을 잡고 엎드려 자세를 시키기도 했어요.

(B학생, 중학교 경험, 면담 내용)

위 사례들과 같이 B학생이 재학했던 중학교에서는 아침의 종교적 참선 시간을 운영했고, 이러한 시간에 대해 학생들에게 종교적인 색채로 생각하기보다는 명상의 시간으로 생각하게끔 운영해 왔던 것으로 나타났다. 즉, B학생은 자신이 다녔던 중학교에서 아침마다 수업 시간 전에 종교적 시간을 운영했는데, 학교의 교사들은 이러한 시간을 학생들에게는 마음을 수양하는 명상의 시간으로 이해시키고 있다고 하였다. B학생은 해당 시간을 이용하여 자신의 종교에 맞는 기도를 했지만, 마치 다른 종교를 학생들에게 '세뇌'시키고 있는 것처럼 여기게 되었던 것으로 나타났다.

(4) 불교 동아리(파라미타)와 불교 행사의 활성화
B학생이 재학했던 중학교에서는 불교와 관련된 행사가 매우 활성

화되어 있을 뿐만 아니라 학생들의 동아리에 있어서도 '파라미타'라는 불교 동아리가 학교의 주축을 이루고, 해당 동아리의 학생들이 중심이 되어 활동하고 있었던 것으로 나타났다.

> 온갖 불교적 행사가 많았어요. 되게 큰 거리에서 뭘 들면서 걷는 행사도 있었고. 시청이라던가. 불교학교라서 불교 행사 때 다른 학교가 수업할 때 쉴 때도 있었어요. 불교적 행사 있으면, '파라미타'랑 법사님들 다 가기 때문에 단축수업해서.···불교 퀴즈라고 전국에서 하는 대회가 있었어요. 그걸로 상금을 몇 백만 원 타고, 아이들이 공부 많이 했어요. 자기도 모르게 현혹돼서 공부하는 것 같아요.
>
> (B학생, 중학교 경험, 면담 내용)

> 동아리 '파라미타'가 있는데, 불교 수양 활동인데 그 동아리 학생들은 불교 행사를 많이 하고 다녔어요. (타종교 동아리는) 당연히 없었고, 불교 행사가 많을 때, 그런 애들은 파라미타에 들어가서 활동을 하고, 인정도 받고 그랬어요. 애들이 많이 뛰었어요. 그걸로 대학 입시에 도움이 됐던 것 같아요.(B학생, 중학교 경험, 면담 내용)

이처럼 B학생이 재학했던 중학교에는 여러 종교적 행사가 많았던 편이었다. 이러한 종교적 행사 중 큰 행사에는 재학생들도 대부분 참여해야 했던 것으로 나타났는데, 시청 등이 있는 큰 거리에서 행진을 해야 하는 경우도 있었으며, 심지어 불교 행사가 있는 날에는 학교에서 자체적으로 수업을 쉴 때도 있었던 것으로 나타났다.

또한, 해당 중학교에서 가장 활성화되어 있던 학생 동아리는 불교와 관련된 '파라미타'라는 동아리였는데, 이러한 동아리에 소속된 학생들이 학교의 주축이 되어 있었으며, 여러 행사를 이끌어가고 있었던 것으로 나타났다. 즉, 종교와 관련된 행사에 의해 교과 수업이 방해를 받는 현상이 나타나고 있었으며, 해당 종교와 관련된 동아리에 소속된 학생들이 학교의 주류로 활동하면서 대학 입시에까지 활동을 인정받고 있는 것으로 나타났다.

(5) 어둡고 지옥 같은 경험으로 여기기: 순수한 믿음에 상처 생기기

면담을 진행한 학생들은 타종교에서 운영하는 학교에 재학했었던 경험을 매우 부정적으로 기억하고 있었으며, A학생의 경우에는 해당 학교에서의 생활에서 심적으로 큰 어려움을 느끼고 위장 전입을 하면서까지 다른 지역의 학교로 전학을 갔던 것으로 나타났다. 다음의 사례들을 살펴보자.

> 중학교가 고등학교보다 불교 중심 교육이 더 심했던 것 같아요. 고등학교는 학력 위주이다 보니. 저는 '지옥'을 다녀왔구나 싶었어요. 형(A학생)은 무난했어요. 강요하는 것도 없었다고 하니깐.
>
> (B학생, 중학교 경험, 면담 내용)

> 같은 동네 학교로 전학을 못 간다고 해서, 아는 선생님을 통해서 전학을 하게 되었어요. 전학 사유로 종교적인 어려움이 있다고 썼던 것 같고, 실제로 이사를 간 것이 아니라 주소를 한글학교 선생님이 소개해준 선생님 집 주소로 했어요. (전학을 가니) 너무 좋았어요. 전에 다니던 학교가 집 옆이었지만 가기 싫었고, 집에서 30-40분 걸리는 학교가

훨씬 좋고 힘들지 않았어요. (전의 학교는) 어두운 그런 느낌.

(A학생, 고등학교 경험, 면담 내용)

위 사례와 같이 B학생은 해당 학교에서 자신이 믿지 않는 종교를 강요받았던 경험에 대해 마치 '지옥' 같았다고 표현하였으며, A학생은 그 학교에서의 경험을 '어두운 느낌'으로 이야기하였다. 특히 A학생의 경우에는 해당 학교에서의 경험에서 심적 고통을 느끼고 타지역으로 위장 전입하면서까지 전학을 갔던 것으로 나타났는데, 통학 거리가 훨씬 늘어났음에도 불구하고 전에 다니던 학교보다 큰 만족감을 가졌던 것으로 나타났다. 즉, 자신이 믿음을 가지고 있던 종교가 있음에도 불구하고 학교에서 타종교에 대한 믿음과 교육을 강요받았던 기억들은 학생들에게 부정적 영향을 미치고 있었으며, 이러한 부정적 영향들은 학생들에게 커다란 심적 고통과 상처를 안겨 주었던 것으로 나타났다.

4) 학생들에게 나타난 변화

위에서 살펴보았던 면담을 진행한 학생들의 사례에 의하면, 자신의 신앙과는 다른 학교에서의 여러 종교적 갈등이나 경험들은 학생들에게 상당히 부정적인 기억으로 남아 있게 되었다. 그리고 이러한 타종교와 관련된 학교에서의 경험들은 결국 학생들 스스로를 변화하게 만들게 되는 것으로 나타났다.

(1) 서서히 무뎌져 가기
학생 스스로가 믿는 종교가 아닌, 다른 종교단체에서 운영하는 학교에서의 경험들은 학생들 스스로를 변화시키고 있었다. 즉, 학생들 스스로가 학교에서의 경험들을 통해 타종교에 대해서 서서히 무뎌져 가게 되는 것으로 나타났다.

> (명상의 시간에) 전 절대 못한다고 얘기하고, 눈치가 보여서 표시 안 나게 기도했어요. (3년이 지나니) 아무 생각 없이 그냥 넘겨지게 되더라고요. 오히려 기도했던 것도 나중에 안 했어요. 호기심에 참선을 해본 적은 있었는데, 아침에 피곤하니깐 자기도 했어요. 나중에 중2, 중3 후반쯤에는 기도는 안 했어요. 나중에 명상으로 생각하라는 그 말씀이…. '정말 그러면 되겠다.' 그런 생각으로 하게 됐어요.
>
> (B학생, 중학교 경험, 면담 내용)

> 믿음으로 이겨내자고 했어요. 중2 때 법당에 들어갈 때 기도를 꼭 하고 들어갔어요. 나중에는 습관처럼. 어느새 학교를 다니다 보니 기도도 안 하고 수업을 듣게 되었어요.…(시간이 지날수록) 신경을 안 쓰는 것이죠. 무관심해져요. 크게 내세우지도 않고요. 정말 학교는 1년 다니다 보면 무관심해져요. 1학년 때는 고통이었어요. 말하면 선생님들 눈총을 받을 것 같고, 분위기가. 저 혼자 신경 쓰면서 지냈던 것 같아요. 선정의 시간도 진짜 안 하려고 했는데 분위기 자체가 애들이 다 하니까 따라서 하게 되고.(B학생, 중학교 경험, 면담 내용)

이처럼 B학생은 자신의 믿음과는 다른 종교 학교에서의 교육과 프로그램들을 경험하면서, 자신의 종교에 대한 기도로 이를 이겨내고자 했지만, 결국엔 스스로 지치고 무뎌지게 되었던 것으로 나타났다. B학생은 명상의 시간과 같은 경우에도 자신의 신앙에 따른 기도를 토대로 학교에서 운영하는 타종교적 프로그램들을 극복하고자 노력했었다. 하지만 시간이 지나면서 학교의 방식에 조금씩 무뎌지게 되었고, 시간이 지날수록 종교적 문제의식에 대해 무관심해지고, 분위기에 익숙해지게 되었던 것이다. 이러한 현상은 B학생 외에 다른 학생들에게도 공통적으로 나타났다. 즉, 종교적 갈등에 의해 강하게 느꼈던 거부감이나 문제의식도 시간이 지나면서 서서히 지쳐가게 되었고, 결국 조금씩 순응하게 되었던 것이다.

(2) 작은 저항하기

위에서 살펴본 것과 학생들은 같이 종교적 갈등 상황에 대해 지쳐가고, 결국 서서히 무뎌져 가는 현상도 나타났지만, 특정한 상황에서는 학교에 대해 저항을 하기도 했던 것으로 나타났다. 다음의 사례들을 살펴보자.

> (법당에서) 수업을 들을 때마다 '나는 절대로 할 수 없다'라고 생각했었어요. 예전에 혼난 적이 있어요. 저항심에 눈도 감지 않고 했지만, 그 법당에서 엎드려서 혼났어요. 이건 강요다, 이건 강제다. 교회 다니는 사람한테 억지로 강요하는 것은 아닌가 생각 많이 했었어요.
>
> (B학생, 중학교 경험, 면담 내용)

> 1인 1구역이라고 하나씩 맡는 게 있었는데, 제 이름을 보니 법당이라고 되어 있는 거예요. 얘기를 들어보면 신성한 장소니깐 청소를 어떻게 해야 하고, 향초를 어떻게 관리하는지 등을 얘기했어요. 갑자기 아

무 소리도 안 들리는 거예요. 저도 모르게 "저 청소 바꿔 주시면 안 될까요?" 말이 나오더라고요. 뭔가 눈치를 채신 것 같아요. 다른 데 하라고 하셨어요. 그 얘기 끝나고 울면서 집에 갔어요.

(B학생, 중학교 경험, 면담 내용)

위의 사례에서 나타난 것과 같이 B학생은 법당에서 진행하는 수업에 대해 강하게 저항을 하지는 않았지만, 마치 종교적으로 강요를 하는 듯 여겨지던 수업에 대해 의도적으로 따르지 않는 모습을 보이기도 하였다. 또한 종교적 색채가 강하여 거부감을 가지고 있던 학교의 법당을 청소해야 하는 역할을 맡게 되었던 경우에는 직접적으로 자신의 거부감을 표했고, 이를 통해 종교적 갈등에 저항하는 모습을 보이기도 하였다.

정리하자면, B학생은 학교에서 진행하는 종교적 교육 활동이나 프로그램에 대해 순응하고 따르기만 하는 것이 아니라 때로는 직접적이고, 때로는 간접적으로 저항을 하기도 하는 것으로 나타났다.

(3) 종교적으로 순응해 가는 학생들

위에서 살펴본 것처럼 B학생은 종교적으로 저항을 하는 모습을 보이기도 하였다. 하지만 해당 학교에 재학 중인 대부분의 학생들은 학교의 종교교육과 프로그램에 큰 문제의식을 갖지 않고, 순응해 가게 되는 것으로 나타났다.

교회 다니는 애들도 있었는데, "나 교회 다녀." 이렇게 말하지 못했어요. 저는 모태신앙이라서 그런 것이지 다른 애들은 그냥 하기도 했어요. 법당에서 조용하게 묵상하는 느낌을 가지라고 했어요.

(B학생, 중학교 경험, 면담 내용)

중3에 불교를 믿는 아이들이 많아졌어요. 템플 스테이 할 때 무교도 가서 배우고 활동하면서 불교를 믿는 아이들이 많아졌어요. 묵주를 차고 다니는 아이들이 많았어요. 안 차고 다니는 아이들이 없을 정도로. 아이들이 완전히 세뇌당한 거예요. 그럴 수밖에 없었어요.…전학 가는 친구들은 없고 거의 무관심으로 3년 동안 지내요. 오히려 호기심에 관심 갖는 애들이 있었어요.(B학생, 중학교 경험, 면담 내용)

이처럼 해당 학교에 재학 중이던 많은 학생들은 자신이 믿어 오던 종교가 있었지만, 결국 학교에서의 종교교육이나 경험 등을 통해서 서서히 순응해 가고 변화해 갔던 것으로 나타났다. 대부분의 학생들은 자신이 학교의 주 종교인 불교가 아닌 다른 종교에 대해 신앙심을 갖고 있다고 직접적으로 표현하지 못하고, 순응하며 학교의 방침에 따르는 모습을 보이고 있었다. 또한 입학한 뒤에 시간이 지나면서 서서히 불교를 믿게 되는 학생들이 늘어나게 되고 있는 것으로 나타났다. 즉, 처음에는 종교에 특별한 생각이 없었던 학생들도 학교에서 여러 종교적 교육을 받고, 경험을 하게 되면서 불교에 대해 호기심을 갖고, 불교를 믿게 되어 가는 현상들이 나타나고 있는 것이다.

(4) 반항심 생겨나기

학교에서 종교적 갈등을 경험한 학생들은 순응을 하기도 하고, 저항을 하기도 하는 현상들이 나타나는 것을 위에서 살펴보았다. 하지만 본 연구에서의 면담에 따르면, 단순히 순응하거나 약한 저항을 하는 것 뿐만 아니라 종교적 갈등에 의해서 학교에 대해 강하게 반항을 하거나 비교적 커다란 문제를 일으키기도 하는 것으로 나타났다.

> 중학교 생활하면서 사건이나 사고가 많았어요. 싸움을 한다거나, 사고가 많았어요. 자기도 모르게 성격이 변한다거나. 저는 그랬었어요. 학교에서 칭찬받고 싶지 않고, 반항심이 생겼어요. 칭찬받으면 내가 불교인이 되는 것 같아서. 어떤 친구는 불상 건드려서 부처님 뺨을 때리고, 선생님께 대들고 그런 애도 있었어요. 어떤 아이들은 "아멘, 아멘." 하면서 장난치는 애들도 있었고요. …(더 다녔으면) 오히려 성격이 변해서 불건전한 애가 되었을 거예요.(B학생, 중학교 경험, 면담 내용)

위 면담 사례와 같이 B학생은 종교적 갈등에 의해서 의도적으로 반항을 하거나 문제를 일으키는 경험을 하기도 하였다. 즉, 학교에서 칭찬을 받게 되면 종교적으로 굴복하게 되었다는 느낌을 갖게 되어서 오히려 칭찬을 받지 않기 위한 반항심이 생기게 되었다는 것이다. 이에 따라 학교의 다른 학생과 싸움을 하게 되는 등 스스로의 성격이 변하게 되었던 것으로 나타났다. 또한 다른 학생의 경우에는 일부러 학교 법당에 있는 불상을 훼손하거나 교사의 지도를 따르지 않는 등 강하게 반항하게 되는 현상도 발생하게 되었다. 즉, 학교에서 경험한 종교적 갈등에 의해 여러 학생들은 성격이 부정적으로 변하게 되거나 의도적으로 학교의 규칙을 따르지 않는 등의 행동들을 하게 되었다. 다시 말하면, 학교에 대해 강하게 반항하는 모습으로 변화하는 모습을 보이기도 하는 것이다.

5) 개선 요구

면담을 진행했던 학생들은 자신이 믿어 왔던 종교와는 다른 종교를 교육하는 학교에서의 경험과 기억에 대해 상당히 부정적 인식을 가지고 있는 것으로 나타났으며, 이에 따라 해당 학교들이 개선되고 변화되기를 희망하고 있었다.

(1) 종교적 학교 선택권의 보장: 다른 종교 학생들을 위한 배려 마련
본 연구 결과에 따르면, 현재 국내에서는 학생들의 종교적 자유나 선택권은 고려되지 않은 상황 속에서 근거리 배정 원칙 등에 따라 학교를 배정하게 되는 것으로 나타났다. 이러한 학생들의 종교적 자유를 보장하지 않는 배정 원칙은 학교와 다른 종교에 대한 신앙심을 가지고 있는 학생들에게 여러 부정적 경험들을 갖게 하였고, 학생들은 이에 대한 개선을 필요로 하고 있는 것으로 나타났다.

> 그 학교에서 강조하는 것은 그 사람들만의 교육 가치인 것 같아요. 그 안에 기독교 학생(다른 종교를 가진 학생들)이 모일 수 있는 시간이 있으면 좋겠어요. 미션스쿨이나 이런 데서도 그 학교랑 똑같이 하지 않을까요? 자기네 신앙만 믿고 강조하는 것 같아 보입니다.…타종교인이라고 해서 몇 명 봐주는 것이 학교 입장에서는 쉽지 않아 보입니다. 그래서 그 학교를 (불교가 아닌 타종교를 믿는 학생들은) 아예 안 가거나 했으면 해요. 저는 아예 불교학교인지도 모르고 갔었어요. 그런 어려움을 겪지 않았으면 해요. 집이 거기라면 다닐 수밖에 없겠지만.
>
> (A학생, 고등학교 경험, 면담 내용)

이처럼 면담을 진행한 학생들은 자신들이 재학했던 학교들은 자신들의 종교와 가치만을 강조하고, 이와 관련된 교육을 진행하고 있다고 이야기하면서 이에 대한 개선이 이루어지기를 희망하고 있었다. 또한 아래 사례와 같이 학교 입장에서 많지 않은 타종교 학생들의 입장을 이해해 주는 것은 어려울 수 있기 때문에, 차라리 학교에서 강조하는 종교와 다른 신앙을 가진 학생들은 해당 학교에 진학하지 않을 수 있게 되기를 희망하고 있었다. 즉, 다른 종교를 강조하는 학교에 강제적으로 배정되기보다는 학생들이 종교적 선택권을 갖고 종교적 자유를 누릴 수 있도록, 제도적인 개선을 필요로 하고 있는 것이다.

(2) 종교적으로 강요하지 않기

위에서 살펴본 것과 같이 면담을 진행한 학생들이 경험한 학교들에서 타종교에 대한 신앙심을 가지고 있는 학생들에 대한 배려나 고려는 거의 찾아보기 어려웠다. 이에 따라 학생들은 해당 학교의 종교가 아닌 다른 믿음과 신앙을 가지고 있는 학생들에 대한 배려가 확대되고, 종교적 강요가 개선되기를 기대하고 있었다.

명상의 시간이라고 주입을 시키는데, 저 같이 교회 다니는 애들은 용납이 안 되거든요. 그런 것도 아예 없었으면 좋겠어요. 말이 안 되는 게 노래 부르는 것. 이런 것도 안 했으면 좋겠어요. 한 번 하고 죽고 싶었어요. 수행평가까지 하면서 강제로 시키는 이유를 모르겠어요. 진짜 심각했어요. 이건 진짜 아니다, 박정희 독재정치처럼 아이들한테 시키니깐.(B학생, 중학교 경험, 면담 내용)

이처럼 학교에서 강조하는 종교와는 다른 종교에 대한 믿음이 있는 학생들은 학교에서 시행하고 있는 여러 종교교육과 프로그램에 대해 여러 고충과 상처를 안고 있었다. 특히 강제로 학교가 믿는 교육을 학생에게 주입하고자 하는 프로그램들에 대해 학생들은 더욱 부정적으로 인식하여, 마치 독재정치의 모습처럼 여기기도 하는 것으로 나타났다. 즉, 본 연구 결과에 따르면, 비록 학교에서 강조하는 종교가 있다고 하더라도, 학교에 재학한 학생 중에는 다른 종교에 대한 신앙심을 가지고 있는 학생들이 존재한다는 것을 분명히 인식하고, 자신들의 종교를 모든 학생들에게 일률적으로 강요하지는 말아야 할 것이다.

(3) 너무 강한 종교적 색채 벗어나기

본 연구에서 면담을 진행했던 학생들은 학교에 마련되어 있는 자신이 믿던 종교와는 다른 법당이나 불상, 종교적 언어나 글귀, 사진 등에 대해 큰 거부감을 느끼고, 이에 대한 개선을 희망하고 있는 것으로 나타났다.

> 티를 안 냈으면 좋겠어요. 학생들에게 영향을 안 끼치도록. 타종교는 자습이나 다른 활동을 시켰으면 좋겠고, 이왕 종교적 활동을 할 거면 아예 따로 만들어서 강하게 하던지. 부처 사진을 붙여놓거나 이런 것은 안 했으면 좋겠어요.(B학생, 중학교 경험, 면담 내용)

위에서 살펴보았던 것처럼 학생들은 학교 내에 마련되어 있던 종교적 색채가 진한 장소나 물품 등에 대해 부정적 인식을 갖게 되었으며, 종교적 색채에 대해 강한 거부감까지 갖고 있었던 것으로 나타났다.

이러한 학교의 모습은 B학생에게 학교가 아닌 종교적 장소로 여겨지게 되었다. 즉, 종교적 색채를 강하게 띠고 있는 학교 환경은 학생들에게 직·간접적으로 종교적 영향을 미칠 수밖에 없기 때문에, 이에 따라 이러한 종교적 분위기를 너무 강하게 띠고 있는 학교의 환경과 시설 등이 개선될 필요성을 느끼고 있는 것이다.

라. 기독교학교의 불교 및 무종교 학생 그룹

1) 학교 배정 배경

(1) 종교와 관계없이 배정받기

면담을 진행했던 Y고등학교의 학생들은 자신이 믿어 오던 종교와는 큰 상관없이 기독교학교인 Y고등학교로 배정을 받게 되었던 것으로 나타났다. 면담을 진행한 세 학생들은 각각 종교적 성향이 달랐는데, A학생은 기독교, B학생은 불교, C학생은 아무 종교도 믿지 않고 있는 상황이었다. 이러한 학생들은 자신의 종교적 성향과는 관계없이 해당 학교에 진학하게 되었던 것으로 나타났다. 먼저 A학생과 C학생의 사례를 살펴보자.

> 저는 다 떨어지고, 제가 중학교 때, 원서에다 1지망, 2지망은 다른 고등학교 썼는데, 집이 Y고등학교 바로 앞이에요. 그래서이기도 하고, 또 종교가 무엇인지 쓰는 란에다가 기독교라고 썼는데, 그래서 Y고등학교로 오게 된 것 같아요. Y고등학교는 아예 지망 안 했는데 되었어요.(A학생, 면담 내용)

저는 그냥 아빠가 이 학교 가라 그래서 왔어요. 아는 사람이 많다고.
선생님들이랑. 아는 사람이 있어서요.(C학생, 면담 내용)

위의 사례에서 A학생은 특별한 이유로 Y고등학교로 배정받기를 원
해서 오게 되었다고 하기보다는 고등학교에 진학할 때 1지망과 2지망
으로 다른 학교를 선택하였지만, 두 학교에 진학을 하기가 어려웠고,
결국 Y고등학교에 입학하게 되었는데, 이때, 자신이 믿는 종교가 기독
교였는데, 이로 인해 자신이 원하지 않던 Y고등학교로 오게 되었던 것
으로 인식하고 있었다. 또한, C학생 역시도 Y고등학교 진학하게 된 것
은 자신의 아버지가 아는 교사들이 Y학교에 근무 중이기 때문에, 이로
인해 Y학교에 지원했던 것으로 나타났다. 즉, 이러한 면담 결과에 따
르면, Y고등학교는 종교학교이지만, 학생들이 Y학교를 지원하거나 재
학하게 되는 데 있어서 종교적 이유가 크게 작용하지는 않고 있는 것
이다.

또한 다음의 사례는 Y고등학교로 전학을 오게 된 B학생의 사례이
다. B학생 또한 종교에 대한 선호와는 관계없이 우연히 해당 고등학교
에 배정받게 되었다.

제가 전학을 왔는데, 그때 선택할 수 있을 때 갈 수 있는 학교가 별로
없었어요. 다른 학교 다니다가 고등학교 2학년 때 왔는데. 이 학교가
기독교학교인 것은 모르고 왔고요.(B학생, 면담 내용)

이처럼 B학생은 2학년 때 Y고등학교 전학을 오게 되었던 학생이었
다. 이 학생은 불교를 믿는 신자였다. 하지만 B학생은 전학을 오게 될

때, 학교에 배정받는 데 있어서 종교적 요인은 작용하지 않았으며, 심지어 B학생은 학교에 배정받기 전까지 자신이 다니게 된 Y고등학교가 종교학교인 것도 알지 못했던 것으로 나타났다. 즉, 면담을 진행한 학생들의 사례에서 알 수 있듯이 현재 국내에서 고등학교를 배정받는 데 있어서 학생의 종교적 믿음이나 의지 등에 대한 고려가 이루어지지 않은 상황에서 진학이 이루어지고 있으며, B학생의 사례와 같이 전학을 하는 상황에 있어서도 종교적 사유에 대한 배려나 반영은 거의 이루어지고 있지 않은 상태로 학교에 배정받게 되고 있는 것으로 나타났다.

2) 종교학교 교육 환경

면담을 진행한 학생들이 진학한 종교학교는 예배, 찬양, 수련회 등 여러 종교교육을 운영하고 있었다. 그런데 면담을 진행한 학생들은 이러한 종교교육에 대해 문제의식을 갖거나 고충을 느끼기보다는 학교의 규율과 분위기, 특성 등에 더 큰 신경을 쓰고 있는 것으로 나타났다. 이러한 종교학교의 교육 환경은 크게 '느끼기 어려운 종교적 강요,' '크게 신경 쓰이지 않는 종교 특색' 등으로 특징지어져 나타났다.

(1) 느끼기 어려운 종교적 고충과 강요

면담을 진행했던 학생들이 재학 중인 Y고등학교는 기독교학교로서 매일 예배 시간을 운영하고 있으며, 수련회를 비롯한 여러 종교 활동을 함께 운영하고 있었다. 하지만 학생들은 자신의 종교적 신앙과는 관계없이, 공통적으로 종교 활동보다는 종교학교로서 보다 엄격한 규율을 가지고 있는 학교 특색에 대해 보다 많은 신경을 쓰고 있는 것으로 나타났다. 먼저 다음의 사례를 살펴보자.

기독교학교라서 그런지 엄벌이나 이런 것이 세요. 잘못을 하면 자퇴하
거나 다른 학교로 전학 가거나 그렇게 되는 것 같아요. 잘못을 하면 사
회봉사나 그런 것도 안 주시고 바로 보내니까 좀 그런 것 같아요. 기
독교학교라서 그런 게 좀 센 것 같아요. 저희 학교 규율이 좀 엄격해
요.(A학생, 면담 내용)

기독교가 문제가 아니라 학교 생활이 하는 게 싫고 좋고인 것 같아요.
기독교가 싫다고 학교 안 가고 그러는 게 아니잖아요.

(B학생, 면담 내용)

종교로 강요하거나 그런 것은 없고요, 종교 프로그램이나 예배 같은
것들로 힘들거나 불편한 건 없는 것 같아요. 친구들은 착하고 좋은데
선생님들이 싫어요. 차별하는 선생님들도 있고요.(C학생, 면담 내용)

위 사례는 기독교학교와 관련하여 학생들에게 어려움과 고충을 느
끼고 있는 점이 있다면 무엇인지 묻고, 개선점을 찾기 위한 면담 질문
에 대한 학생의 답이었다. A학생은 자신의 학교가 기독교학교여서 타
학교에 비해 학교 규율이 엄격하다고 이야기하면서, 이러한 너무도 엄
격한 규정과 규율이 완화되기를 희망하고 있었다. 또 다른 학생도 기
독교학교라서 종교를 강요하는 등의 이유로 불만 등을 갖기보다는 위
사례와 같은 학교 규율이나 교사의 학생 차별 문제 등 종교와는 큰 상
관이 없는 문제들에 대해 이야기하였다. 즉, 면담을 진행한 학생들은

Y고등학교에서 진행하는 종교적 행사나 교육 등에 대해 어려움이나 고충을 느끼기보다는 종교 외의 문제들이 개선되기를 희망하고 있었다. 이러한 현상은 한편으로는 현재 Y고등학교에 재학 중인 학생들이 종교적 부분에 대해서 크게 어려움을 겪거나 갈등을 경험하고 있지 않다는 것을 방증할 수 있다고 이야기할 수 있다.

(2) 크게 신경 쓰이지 않는 종교 특성: 학교 특색에서 장점 찾기

위에서는 종교학교에서 학생들이 경험하는 어려움이 무엇인지를 살펴보고자 하였으나, 종교적 문제점들보다는 다른 특성들에 대해 고충을 겪고 있음을 살펴보았다. 같은 맥락에서 학생들과의 면담 내용을 분석하여 학생들이 현재 재학 중인 종교학교의 장점을 파악해 보고자 하였는데, 이에 대한 부분 역시도 종교 활동이나 종교교육에 대한 부분의 특징이 나타나기 보다는 종교 외의 부분들이 학교의 장점으로 나타나고 있었다. 다음의 사례들을 살펴보자.

기독교 관련해서 기독교가 싫다 이런 것은 없어요. 기독교학교라서가 아니라 친구들이 다 착해서 다시 학교를 고를 수 있게 되면 여기를 다시 올 것 같아요. 제가 불교이고 그런 것은 상관없고요. 친구랑 이런 게 좋아요.(B학생, 면담 내용)

선생님이랑 학생관계가 좀 되게 좋아요. 저희 학교가 그런 점이 좋은 것 같아요. 선생님들도 학생들이랑 잘 어울려서 좋고요. 선생님들도 대체로 좋고, 학생이랑 선생님하고 관계.(A학생, 면담 내용)

학교 애들이 다 착한 게 장점 같아요. 특별히 나쁘다 그렇게 할 애들은 없는 것 같아요.(C학생, 면담 내용)

이처럼 면담을 진행한 학생들은 공통적으로 학생과 학생 간의 관계, 그리고 학생과 교사와의 관계를 Y고등학교의 가장 큰 장점으로 인식하고 있었다. 특히나 B학생의 면담 사례를 좀 더 살펴보면, 현재 재학 중인 Y고등학교가 기독교학교여서 좋은 부분이 있고, 그렇지 않은 부분이 있다고 하기보다는 좋은 친구들이 많다는 것에 학교의 장점이 있다고 이야기하였다. 다시 말하면, 학생들은 Y고등학교의 장단점을 종교와 관련된 부분이 아닌, 종교와는 별개의 부분에서 찾고 있는 것이다. 이는 한편으로는 Y고교에서 운영 중인 종교교육이 학생들에게 큰 의미로 작용하지 못하고 있는 상황이라고도 이야기할 수 있다.

3) 종교적 갈등

위에서 살펴본 것과 같이 Y고등학교에서는 학생들이 학교 생활을 경험하는데 있어서 종교적 어려움을 느끼거나 종교교육을 강요받는 등의 부정적 현상은 거의 나타나지 않고 있는 것으로 나타났다. 이에 따라 학생들은 학교 생활을 하는데 있어서 커다란 종교적 갈등 또한 경험하지 않고 있었다. 다만, B학생이나 C학생과 같이 자신이 믿어 오던 종교와 같지 않거나 또는 믿지 않는 종교학교에 재학 중인 학생들은 해당 학교에서 타종교에 대한 교육이나 환경 등을 경험하면서, 이에 대해 큰 반발을 하기보다는 종교 활동 시간에 적극적으로 참여하지 않은 채 다른 공부를 하거나 잠을 자면서 시간을 보내고 있는 것으로 나타났다.

(1) 종교 활동을 무의미하게 여기기

학생 스스로가 믿는 종교가 아닌 다른 종교단체에서 운영하는 종교
활동에 대해서 학생들은 강하게 반발을 하거나 거부감을 갖기보다는
Y고등학교에서 운영하는 종교 활동 시간에 적극적으로 참여하지 않은
채 잠을 자거나 무의미하게 시간을 보내고 있는 것으로 나타났다.

> 그냥 재미가 없어요. 지루해요. 찬송가를 부를 때도 전 그냥 가만히 있
> 어요. 아침에 기도하거나 이런 것 좀 안 했으면 좋을 때도 있어요. 피
> 곤할 때. 왜 하나 싶죠. 신앙수련회 때에도 그냥 자요. 의자에 앉아서
> 이렇게 자는 애들 많아요, 되게 많아요. 안 깨워서 편해요. 잘 때 안 깨
> 워요.(C학생, 면담 내용)

> 찬송가 부를 때도 신기한 노래거나 하면 즐기고, 아니면 그냥 제 할 일
> 하는데요. 별 관심 없어요. 그냥 자요. 목사님들이 와서 이야기하는데
> 저는 그런 거 안 믿으니까 관련 없으니까 그냥 자요.(B학생, 면담 내용)

이처럼 B학생은 자신의 신앙과는 같지 않은 기독교학교에서의 종
교교육과 활동들을 경험하고 있는데, 학교에서 운영하는 종교 활동은
자신의 신앙과는 관계가 없기 때문에 적극적으로 참여하거나 거부하
기보다는 잠을 자는 등 무의미하게 시간을 흘러 보내고 있었다.

한편, C학생은 아무 종교도 가지고 있지 않은 무신론자였는데, 이
학생 또한 학교에서 운영하고 있는 종교 활동에 대해 관심을 갖기보다

는 참여하지 않은 채 가만히 있거나 잠을 자고 있는 것으로 나타났다. 즉, 기독교학교에 다니고 있지만 기독교에 대해 큰 관심이 없고, 신앙을 갖고 있지 않은 학생들은 학교에서 운영하는 종교 활동의 의미를 찾지 못한 채 무의미하게 시간을 보내고 있는 것이다. 그리고 면담 결과에 따르면, 이러한 현상은 면담을 진행한 학생 외에 여러 다른 학생들에게도 공통적으로 나타나고 있었다.

(2) 다른 일 하기: 자기가 할 일 하기

위에서 살펴본 것과 같이 학교에서 운영하고 있는 종교 활동 시간을 자신에게 무의미하다 여기고 잠을 자는 학생들이 상당한 비중을 차지하고 있었다. 같은 맥락에서 여러 학생들은 종교 활동 시간에 잠을 자지는 않아도, 다른 공부를 하거나 자신이 할 일을 하고 있는 것으로 나타났다. 다음의 사례들을 통해 이를 확인할 수 있다.

> 자는 애들도 있는데, 자는 것보다 좀 다른 것 공부하거나 하는 애들이
> 많은 것 같아요. 담임선생님이 있어서 떠들지는 못하고요. 반에 25명
> 정도 되는데, 아침에 찬송가 부를 때 따라하거나 그런 애들은 10명도
> 안 되는 것 같아요. 나머지 애들은 자기 공부할 거 하거나 아니면 가만
> 히 그냥 구경만 하거나 해요.(A학생, 면담내용)

위의 사례와 같이 Y고등학교의 학생들은 종교 활동 시간에 적극적으로 참여하기보다는 자신이 필요로 하는 공부를 하거나 가만히 구경하는 현상이 나타나고 있었다. 즉, 위에서 살펴보았던 것처럼 학교에서 운영하는 종교 활동 시간은 기독교에 대해 신앙이 깊지 않은 학생

들에게 큰 의미가 되지 못하고 있는 것이다. 그러나 이러한 현상이 Y 고등학교의 종교 활동에 있어서 부족한 부분이 있기 때문에 발생한다고 해석되어서는 안 될 것이다. 대입을 위한 공부에 지친 국내 고등학교 학생들의 특성과 함께 이해되어야 할 부분이 될 수도 있기 때문이다. 그러나 면담 결과에 따르면, 기독교학교의 학생들, 특히 기독교를 믿지 않는 학생들에게 학교에서 운영하는 종교 활동이 무의미한 시간으로 여겨지고 있는 것만은 분명한 사실로 해석될 수 있을 것이다.

마. 학부모 그룹

1) 학교 선정 배경: 종교가 아닌 학교를 보고 선택하기

면담을 진행했던 A학부모는 두 자녀가 있는데, 그중 한 학생은 기독교학교인 D고등학교를 졸업하였으며, 또 다른 학생은 원불교학교인 H중학교에 재학 중이었다. 그리고 B학부모는 기독교는 아니지만 자신의 아이를 기독교학교인 D고등학교에 재학시켰다. 즉, 학부모들은 종교적 요인보다는 학교의 프로그램이나 학교에 대한 평판 등을 고려하여 학교를 선정했던 것으로 나타났다. 다음의 사례를 살펴보자.

> 제가 종교가 없기 때문에 저한테 미션인지 아닌지는 크게 중요하지 않거든요. 학교 프로그램이 중요하지요. 종교를 선택한 게 아니라 프로그램에 따라 그 학교가 좋은지 안 좋은지 결정을 했던 것이지요. 제 주변에 학교를 선택하는 데 있어 종교적 큰 고려 대상이 아니었어요.
>
> (B학부모, 면담 내용)

기독교학교임에도 불구하고 종교랑 상관없이 그 학교에 대해 고민해 보는 것이죠. 이왕이면 학교가 성과도 좋다고 한다면, 미션스쿨이 아이에게 크게 지장을 주거나 그러지는 않으니까 더 좋아하는 사람들이 있어요.(A학부모, 면담 내용)

위의 사례에서 B학부모와 A학부모는 자신의 자녀들을 미션스쿨에 재학시켰지만, 자녀들이 다닐 학교를 선정하는 데 있어서 종교는 큰 고려사항이 아니었다고 이야기하였다. 즉, 학부모들은 종교를 보고 학교를 선택하기보다는 해당 학교의 프로그램 그리고 학교의 성과나 평판 등을 기준으로 고민하고 판단하여 자녀들을 미션스쿨에 보내게 되었던 것이다. 즉, 이러한 면담 결과에 따르면, 학부모들이 종교학교를 지원하거나 선택하게 되는 데 있어서 종교적 이유가 크게 작용하지는 않고 있는 것이다.

다음의 사례를 통해 이러한 학부모들의 성향을 보다 분명하게 확인할 수 있다.

이쪽에서 H중학교는 괜찮은 학교로 알려져 있어요. 일부러 보내려고 하시는 학부모들도 있고요. 아이의 학업적인 것, 환경적인 것, 그런 것을 봤을 때 H중을 보내고 싶어 하시죠. 종교랑 상관없어요. 아이들 규제하는 부분이 되게 강해서 부모님들이 되게 좋아했어요. H중학교로 인식하지, 종교와 같이 생각은 안 하거든요. 종교적 색깔보다는 학교 안에서 배우고 생활해야 하는 것들을 더 많이 보는 것 같아요.

(A학부모, 면담 내용)

위 사례와 같이 A학부모가 자신의 자녀를 원불교학교인 H중학교에 재학시키게 된 것은 학교의 학업 분위기나 환경, 교육 시스템 등에 있어서 만족했기 때문이다. 즉, 면담 결과에 따르면, 학부모가 자신의 자녀가 재학할 학교를 선택하는 데 있어서 가장 중요한 것은 자신이나 자신의 아이가 신앙을 가지고 있는 종교나 종교와 관련된 여러 요인들보다는 학교 자체의 교육적 특성 요인이 보다 큰 비중을 차지하고 있다는 것을 확인할 수 있으며, 이러한 학부모들의 성향은 종교학교를 선택하는 데 있어서도 크게 다를 것이 없는 것으로 나타났다.

2) 종교학교 교육 환경

면담을 진행한 학부모들의 자녀들이 재학 중인 종교학교는 채플이나 수련회 등 학생들을 대상으로 진행하는 종교 활동 외에도 월별로 진행하는 학부모 기도회도 운영되고 있었다. 학부모들은 해당 종교학교들이 종교적 색채를 줄인 프로그램을 운영하고 있기 때문에, 이에 대한 거부감은 거의 존재하지 않으며, 종교학교에서 이루어지는 인성 교육적 측면에 있어서 큰 만족을 얻고 있는 것으로 나타났다.

(1) 종교 색채를 줄인 문화 프로그램 운영: 학교 특색 정도로만 여겨지기

학부모들은 종교학교에서 운영하고 있는 여러 종교 관련 프로그램들이 종교적 색채를 줄이고, 문화 프로그램 형식으로 운영되고 있기 때문에, 종교적인 활동들은 해당 종교학교의 특색 정도로만 여기고 있는 것으로 나타났다. 다음의 사례들을 통해 이를 확인해 볼 수 있다.

학교 프로그램이 종교를 강요하기보다는 문화 프로그램을 많이 하더라고요. 자연스럽게 공연을 간다던지 해서 종교적 행사라고 생각은 안 하는 것 같아요. 학교에서 그런 쪽으로 노력을 많이 하시는 것 같아요. 종교를 강요하면 거부감이 일어날 것 같아서 채플 시간에 가급적 문화 행사나 공연 같은 프로그램을 많이 한다고 들었어요.

(B학부모, 면담 내용)

여기는 원불교라 해도 크게 그런 시간이 많지는 않아요. 명상의 시간이라고 해서 원목님 오시고, 좋은 얘기 해 주신다고 말하고, 그래서 채플 대신 단지 그것. 일주일에 한 번 정도? 명상의 시간 주면서 그런 의미더라고요. 아이도 처음엔 싫어했는데, 지금은 잘 지내고 있어요.

(A학부모, 면담 내용)

위의 사례에서 B학부모는 자신의 자녀가 재학 중인 D고등학교에서는 여러 종교 프로그램들을 운영하고 있는데, 이러한 프로그램들은 종교적 색채를 줄이고, 문화 프로그램의 형식으로 운영되고 있기 때문에 종교적으로 강요하는 느낌은 들지 않는다고 이야기하였다. 또한 A학부모의 자녀가 재학 중인 H중학교에서도 종교적 예배 등의 프로그램을 명상의 시간과 같은 형식으로 운영하고 있기 때문에, 처음에 타종교의 종교 행사에 거부감을 가지고 있던 아이도 현재는 수월하게 받아들이고 있다고 인식하고 있었다. 즉, 종교학교들은 종교적 색채를 줄인 프로그램을 운영하고자 노력하고 있으며, 이러한 노력의 결과로 종교교육은 해당 학교들의 특색 정도로만 여겨지고 있는 것으로 나타났다. 이를 다음의 사례들을 통해 확인할 수 있다.

의식 같은 건 없고요. 그냥 이 학교 특색이야. 이 정도? K고등학교 같은 경우 위압감이 있잖아요. 입학식 때도 굉장히 많은 분들이 앉아 계신대요. 단상에 법복을 입고 일자로 쭉 앉아 계실 때, 학교가 뭐야 하는 생각이 들죠. 여기는 원목만 그렇게 입고. 크게 별로 느낌은 없어요.(A학부모, 면담 내용)

제 입장에서는 미션스쿨이어서 저희 아이가 힘들어하는 그런 부분은 없어서. 학교에서 프로그램을 종교색이 강한 그런 프로그램을 유치하지 않으면, 학교의 특색 정도로만 남지, 학부모들을 힘들게 하지는 않지 않나 하는 생각이 들어요.(B학부모, 면담 내용)

위의 사례와 같이 면담을 진행한 학부모들은 불교학교인 타종교학교는 종교적 특성이 매우 강하기 때문에 이에 대한 거부감이 생길 수 있지만, 자신의 아이가 재학 중인 학교는 이러한 종교적 색채를 낮춘 프로그램들을 운영하고 있어서 큰 어려움이 발생하지는 않는다고 인식하고 있었다. 이처럼 종교학교들은 종교적 색채를 줄인 종교 프로그램들을 운영하고 있는데, 이로 인해 타종교의 신앙을 가지고 있는 학생이나 학부모들은 이에 대한 거부감이 적어서 커다란 갈등 상황 등이 발생하는 경우가 많지 않은 것으로 나타났다. 그리고 이에 따라 학부모들에게 해당 학교는 종교학교이기는 하지만 종교 관련 프로그램들은 그 학교의 특색 정도로만 여겨지고 있었다.

그러나 이는 다시 말하면, 종교적 색채를 줄이기 위한 학교들의 노력이 해당 학교의 종교에 대해 신앙심이 깊지 않은 학부모와 학생들의 종교교육에 대한 거부감을 줄이는 데 있어서 성공적이긴 하지만 한편으로는 종교학교의 정체성과 특성을 잃어가고 있는 현상으로도 해석될 수도 있을 것이다.

(2) 만족스러운 인성교육

면담을 진행했던 학부모들은 종교학교에서는 재학 중인 학생들을 보다 인격적으로 대우하고 인성적인 부분까지 많은 신경을 쓰고 있기 때문에 아이의 학교 생활에 대해 마음을 놓을 수 있고, 이에 대해 높은 만족도를 갖고 있는 것으로 나타났다. 먼저 다음의 사례를 살펴보자.

> 인성적인 부분이 만족스러웠어요. 학교 폭력이나 이런 부분은 걱정하지 않았지요. 그 부분이 마음에 놓였고, 중학교까지만 해도 학교 폭력으로 힘들어 했거든요. 그 부분은 굉장히 만족스러워요. 학교가 아이들을 인성적으로 자랄 수 있고, 학교 폭력에 대해 걱정 안 하고 보내도 되고. 기독교학교에서 조금 더 인성교육에 신경을 쓰고 성품을 단련시키는 프로그램을 운영하는 그런 면에서 장점이 있는 것 같아요. 아이가 안정적으로 학교 생활을 하고, 저로서는 되게 만족했지요.
>
> (B학부모, 면담 내용)

> 인격적이에요. 아이들을 편하게 대해 주시는 것이죠. 그런 부분에 대해서는 아이들이 즐겁게 학교를 다니는 게 아닐까. 여기는 야자나 이런 부분에 있어서도 자율권을 많이 주시는 편이에요. 아이들이 하기 싫다 그러면 인정해 주시고, 인격적으로 많이 대해 주셔서, 그런 부분에 대해서는 조금 편하지 않았나 싶어요.(B학부모, 면담 내용)

생활관 프로그램이 있는데, 담당하시는 선생님들이 아이들 고민도 들어 주시고. 그 시간을 치유하는 시간이라고 해야 하나? 그 시간을 아이들의 이야기도 듣고, 아이들은 단합심이 생긴다고 해야 하나. 담당 선생님도 준비 많이 하시고, 기도도 많이 해 주시고. 그런 것이 크게 드러나지는 않지만 녹아 들어가지 않나 싶어요. 선생님들이 열의도 있으시고, 아이들에 대한 사랑도 많으시고.(A학부모, 면담 내용)

이처럼 학부모들은 위 사례와 같이 기독교학교에서는 학생들의 인성교육 측면에 대해서도 많은 신경을 쓰고 있기 때문에 학생들이 보다 학교를 즐겁게 다닐 수 있으며, 학부모들은 학교 폭력 등과 같은 부분에 있어서도 안심할 수 있다고 이야기하였다. 특히나 A학부모는 학생을 위한 열의와 기도 등의 종교적 특성이 교사들에게도 내재되어 있기 때문에, 이로 인해 학생들을 생각하는 교사의 마음과 애정이 더 깊을 수 있다고 인식하고 있었다.

이 부분은 이전에 분석했던 기독교학교의 교장들의 면담과도 연관해서 생각해 볼 수 있는데, 기독교학교의 교장들은 기독교학교에서는 학생과 교사, 학생과 학생 간의 관계 정립이 중요하며, 학생을 향한 존중과 배려를 통한 인성교육이 함께 이루어져야 한다는 필요성을 제시하고 있었다. 그리고 종교교육에 있어서도, 학생들의 인성교육을 바탕으로 진행하여 종교교육에 대한 거부감을 줄여야 한다는 의견을 가지고 있었다.

위에서 살펴본 사례들을 통해, 이러한 학생들의 인성교육을 위한 기독교학교의 노력은 학부모들에게 보다 큰 만족감을 주고 있으며, 기독교학교의 특성 중 하나로 자리 잡아 가고 있는 것으로 보인다.

결과적으로 기독교학교의 인성교육 강화는 학부모와 학생들에게 종교학교에 대한 신뢰와 만족감을 높이는 촉진요인으로 작용하고 있다고 이야기할 수 있다.

3) 개선 요구

위에서 살펴본 것과 같이 지금까지 살펴보았던 것처럼 종교학교에서는 여러 다양한 프로그램과 행사 등을 운영하고 있는데, 학부모들과의 면담 결과만을 놓고 본다면 심각한 종교적 갈등이나 문제점은 발생하지 않고 있는 것으로 보인다. 즉, 학부모들은 자신을 비롯한 자녀들이 종교학교에 다니면서 종교적 어려움을 느끼거나 종교교육을 강요받는 등의 부정적 현상은 거의 나타나지 않고 있다고 인식하고 있었다. 이에 따라 학부모들은 학교에서 심각한 종교적 문제나 갈등 상황이 발생하지 않고 있으며, 매우 극소수이기 때문에 자신과 맞지 않는 종교학교를 회피할 수 있는 제도를 마련하는 데 있어서도 환영하기보다는 악용을 우려하고 있었다. 그리고 종교적 문제에서 개선을 희망하기보다는 학업적인 부분에 보다 신경을 써 주길 바라고 있는 것으로 나타났다.

(1) 회피 제도의 악용을 우려하기

현재 국내의 학교 배정 원칙은 학생 스스로가 신앙을 가지고 있는 종교에 대한 고려가 이루어지지 않은 채, 다른 종교단체에서 운영하는 종교학교에도 진학하게 되는 시스템이 형성되어 있다. 이에 따라 심각한 갈등을 겪고 상처를 받고 있는 학생들이 존재하기 때문에, 본 연구

자들은 이러한 종교적 문제점을 안고 있는 학생들이 다른 학교로 전학을 갈 수 있는 회피 제도에 대한 고민을 가지고 있었다.

　하지만 학부모들과의 면담 결과만을 놓고 본다면, 이러한 회피 제도는 오히려 악용될 소지가 높은 것으로 나타났다. 즉, 종교 문제 외의 문제를 해결하기 위해 이러한 제도를 악용하는 학생이나 학부모들이 나타날 수 있다는 것이다.

　　회피 제도를 악용할 수 있을 것 같아요. 저희 같은 경우에 몇 군데 안 가고 싶은 학교가 있거든요. 그 학교를 안 가기 위해서 회피 제도를 쓸 수 있다는 것이죠. 그러면 선의의 피해자가 생길 수도 있는 것이고, 그렇게 악용되지 않을까. 누구를 구제하기 위한 제도이지만 체제가 잡히지 않으면 악용될 가능성이 많은 것이죠. 난 이 학교가 싫으니깐 제도를 이용해서 저 학교를 다닐 거야 하는. 오히려 그런 것이 더 많은 것이죠. 회피 제도로는 근본적인 해결이 안 될 것 같아요. 안 좋은 생각만 나네요. 주소도 옮기는 요즘 같은 시대에. 대학교 잘 보내는 학교가 있다면 다른 학교를 다 회피할 수 있죠.(A학부모, 면담 내용)

　　회피 제도가 있다고 한다면, 종교가 선택사항이 아니고, 평판이나 프로그램을 볼 것 같아요. 오히려 그런 쪽으로 눈이 가겠지요. 전반적으로 학부모들이 대체로요. 종교적인 문제로 힘들어하는 학부모를 제가 아직 한 번도 만나본 적이 없어서.(B학부모, 면담 내용)

　이처럼 학부모들은 종교교육이나 행사에 거부감을 갖는 학생들이 다른 학교로 옮길 수 있는 전학 제도가 생기는 것에 대하여 취지는 공감하지만, 오히려 악용될 가능성이 훨씬 높다는 의견을 제시하고 있었다. 즉, 종교적 문제가 아니라 학업 성적이나 대입 성과, 평판, 프로그램 등이 마음에 들지 않을 때 이러한 회피 제도를 악용하여 자신들이 원하는 학교로 전학 갈 수 있는 여지가 분명히 존재하기 때문에 근본적인 해결책이 될 수 없다는 것이다. 특히나 B학부모의 경우에는 자신의 주위에 종교적인 문제로 어려움을 겪는 학부모를 찾기가 매우 힘들 정도로 소수이기 때문에, 회피 제도를 악용하는 경우가 더 많을 것이라고 이야기하였다. 다음의 사례도 같은 맥락에서 이해할 수 있다.

> 사실 회피 제도가 있다고 해서 활용할 부모가 많을까 싶기도 해요. 오히려 학교를 격차를 만들지 않을까. 엄마가 선택을 해서 엄마가 등급을 갈라 버리는 것이죠. 학교를 선택하는 데 있어서도 회피 제도를 많이 썼다고 하는 학교는 추려지겠죠.(B학생, 중학교 경험, 면담 내용)

이와 같이 학부모들은 종교교육에 거부감이나 불만을 가지고 있는 학생들이 다른 학교로 전학 갈 수 있는 종교적 사유에 의한 전학 제도가 마련된다고 하더라도, 실제적 취지대로 이용하는 학생이나 학부모는 극소수일 것이며, 오히려 이러한 회피 제도에 의해서 학교의 평판이 달라질 수 있기 때문에 학교 간의 격차를 만들 수 있다는 점을 지적하였다.

종합한다면, 학부모들은 회피 제도가 마련된다면 종교에 대한 거부감으로 회피 제도를 통해 학교를 옮기는 학생도 있겠지만, 종교 문제와는 관계가 없지만, 이를 핑계로 자신들이 가고 싶은 다른 학교로 쉽게 옮겨가는 현상들이 발생할 수 있으며, 학교 간의 격차를 만들 수도 있다는 의견을 제시하고 있었다. 결과적으로 종교적 문제를 해결하기 위해 마련하고자 했던 회피 제도는 이를 다른 목적으로 악용할 수 있는 여지가 분명히 존재하기 때문에, 이러한 제도가 보다 공정하게 실시되고, 다른 목적으로 이용되지 않을 수 있는 제도적 보완이 이루어져서 심각한 종교적 갈등을 겪고 있는 학생들에게 도움이 될 수 있도록 운영되어야 할 것이다.

(2) 종교보다는 학업을 중요시하기
위에서 살펴본 것과 같이 종교학교의 학부모들은 학교에서 운영하고 있는 종교 활동이나 여러 프로그램에 대해 강한 반발심을 갖거나 종교적 거부감을 갖고 있지는 않았다.

학부모들이 생각하는 개선점은 학생의 '학업'에 관한 부분이었다. 즉, 종교 활동에 할애되는 시간과 노력을 자녀의 학업에 투자할 수 있게 되기를 희망하고 있는 것이다. 다음의 사례들을 통해 이를 확인해 볼 수 있다.

> 그래도 아이의 학업적인 것, 환경적인 것 그런 것을 봤을 때 H중을 오고 싶어 하세요. 의외로 H중을 선호하는 분들이 계세요. 종교랑 상관없이 그것도 마찬가지로 학업 때문에.(B학부모, 면담 내용)

> 예배 시간보다 학부모님들 의견은 1년에 한 번 5월 신앙수련회가 있어요. 그 부분에 대해서 힘들어 하세요. 이틀에 걸쳐 하는데, 하루는 교내, 하루는 교외-Y교회-에서 진행해요. 이틀을 연속해서 하다 보니 그거에 대해 말씀하세요. 아이들이 거기 가는 거에 대해서는 좋아하는데

엄마들이 불만인 거죠. 고등학생이잖아요. 1박 2일 잠을 자는 건 아니
지만 하루 학교에서 하고, 하루 교회에서 하니깐. 저도 사실 그걸 하루
에 다 몰아서 하지 왜 이틀에 나눠서 하나 그런 생각이 들어요. 고등학
생은 시간이 중요하잖아요. 그 시간에 공부를 할지 안 할지 모르겠지
만 부모들은 그 시간에 학업적으로 가면 좋겠는 것이죠. 그런 부분은
사실 저도 그런 반응을 보였죠. '이렇게까지 해야 하나' 물론, 아이도
좋아는 하지만 학교 수업도 수업인데 학원도 이틀을 빼먹고, 야자도
빠지고 하다 보니깐 그 이틀은 온전히 자기들의 시간인 거예요.

(A학부모, 면담 내용)

위의 면담 사례에서 알 수 있듯이 학부모들의 자녀가 재학 중인 종
교학교에서는 전교생이 참여하는 1박 2일의 신앙수련회를 운영하고
있다. 학부모들은 이에 대한 불만을 가지고 있는 것으로 나타났는데,
이러한 불만은 종교적 거부감이나 강압적 종교교육에 대한 불만이라
고 하기보다는 1박 2일의 기간 동안 자신의 자녀들이 공부를 할 수 없
는 데서 오는 불만이었다. 위 A학부모는 고등학생은 학업을 위한 시간
이 매우 중요한데, 이러한 종교 활동 때문에 자녀들이 학원이나 야간
자율학습에 불참하게 되어 학업에 쏟을 수 있는 시간을 뺏기게 된다는
것이다. 이로 인해 종교학교의 학부모들은 종교 활동을 운영하는 시간
을 학생들의 학업을 위한 시간으로 변화시켜 주기를 희망하고 있었다.
정리하자면, 자신의 자녀가 종교학교인 D고등학교에 재학 중이지
만, 종교와 직접적으로 관련된 고민과 불만 등은 크지 않은 편이다.
즉, 종교학교의 학부모들도 일반학교와 큰 차이 없이 자신의 자녀의
학업에 가장 큰 고민을 갖고 있는 것이다. 이에 따라 자신이 믿는 종교

와는 관계없이 종교학교의 특성 중 하나인 종교교육 활동에 대한 직접적 고민보다는 종교 활동이나 종교 행사 때문에 자녀가 학업에 집중할 수 있는 시간을 빼앗길 수 있다는 것에 대한 불만을 가지고 있는 것이며, 무엇보다도 이러한 부분이 개선되기를 희망하고 있었다. 이는 달리 이야기하자면, 종교학교의 학부모들에게 학교에서 운영하는 종교 활동은 큰 의미를 갖지 못하고 있으며, 종교학교에서도 학부모들에게는 자녀의 학업이 가장 큰 중요요인이 되고 있음을 확인해 볼 수 있다.

3. 종합

가. 문제점

위에서 살펴보았던 종교학교 구성원들과의 면담 결과에 따르면, 현재 종교학교에서는 여러 갈등 현상이 발생하고 있으며, 이러한 문제점들로 인하여 구성원들은 상처를 받고, 어려움을 경험하고 있었다. 학교와 면담 그룹의 특성에 따라 인식하는 갈등 현상과 고충은 차이가 있기도 하였지만, 공통적으로 드러나는 문제점도 상당수 존재하고 있었다. 면담 결과에서 나타난 종교학교의 갈등 현상을 주체별로 분류하고, 이러한 갈등 현상의 내용을 토대로 종교학교의 문제점을 특징지어 보면, 다음의 표와 같이 정리될 수 있다.

〈표-1〉 종교학교의 갈등 현상 및 문제점

문제점	주체	갈등 현상
잃어가는 종교학교의 특수성과 정체성	교장	- 학교 본연의 목적을 잊지 않기
	교목	- 퇴색해 가는 종교적 특성
	학생	- 종교교육을 무의미하게 여기기 - 자기 할 일 하기
	학부모	- 종교가 아닌 학교를 보고 선택하기 - 종교보다 학업을 우선시하기 - 학교 특색 정도로만 여기기
종교 강요에 의한 고통과 갈등	교장	- 해당사항 없음
	교목	- 해당사항 없음
	학생	- 종교에 관계없이 배정받기 - 첫 인상부터 시험에 들기 - 강요받은 찬불가 외워 부르기 - 학교의 주류는 종교동아리 - 어둡고 지옥 같은 경험으로 여기기
	학부모	- 해당사항 없음
위축되어 가는 종교교육	교장	- 종교에 대한 의도적 흠집 내기(종교적 세력 싸움) - 표출되지 않는 불만들
	교목	- 학생의 언론 투고와 왜곡된 보도 - 종교에 대한 의도적 흠집 내기(교사 반발, 민원) - 상급기관의 직접적 개입
	학생	- 해당사항 없음
	학부모	- 해당사항 없음
소수의 작은 저항과 대체과목에 대한 딜레마	교장	- 소극적으로 거부하기 - 어쩔 수 없이 별도로 공부하기
	교목	- 대체과목 개설에서 딜레마 느끼기
	학생	- 서서히 무뎌져 가기 - 작은 저항하기 - 반항심이 생겨나기
	학부모	- 해당사항 없음

면담 결과에서 나타난 갈등 현상들을 간단하게 기술해 보자면, 불교학교에 재학했던 학생들은 매우 큰 종교적 갈등과 신앙적 어려움을

경험했던 것으로 나타났다. 그러나 기독교학교에서의 종교적 갈등은 상대적으로 심각하지 않은 편이다. 즉, 겉으로 드러나는 갈등 현상은 체감하기 힘들 정도로 거의 발생하지 않고 있으며, 비교적 소극적이고 약하게 드러나고 있는 것으로 나타났다. 하지만 기독교학교를 의도적으로 흠집 내기 위한 세력에 의한 갈등이 존재하며, 소수이기는 하지만, 기독교학교의 종교교육에 대한 고충을 겪는 학생들이 재학하고 있는 것으로 나타났으며, 기독교학교에서는 이러한 소수의 타종교 학생들로 인한 갈등이나 딜레마 상황도 경험하고 있었다. 또한 종교교육과 종교 활동에 대한 거부감을 줄이기 위하여 많은 노력을 하고 있었는데, 이러한 노력은 의도치 않았던 반작용, 즉, 종교학교의 특수성과 정체성을 잃어가는 모습으로 이어지기도 하였다.

한편, 학부모들과의 면담 결과만을 놓고 본다면, 면담을 진행한 학부모들의 종교학교에서는 심각한 종교적 갈등이나 문제점은 발생하지 않고 있는 것으로 나타났다. 학부모들은 자신의 종교학교에서 종교를 강요하거나 이에 대한 큰 저항이 일어나는 등의 심각한 갈등 현상은 거의 없는 것으로 인식하고 있었다. 다만, 종교적 행사나 종교교육을 진행하기보다는 학업적인 부분에 보다 많은 신경을 써 주길 바라고 있었다.

본 장에서는 면담 결과에서 나타난 이러한 갈등 현상들을 토대로 종교학교의 문제점을 도출해 보고자 하였다. 종교학교의 문제점으로는 크게 '잃어가는 종교학교의 특수성과 정체성,' '종교 강요에 의한 고통과 갈등,' '위축되어 가는 종교교육,' '소수의 저항과 대체과목의 딜레마'로 특징지어져 나타났다.

1) 잃어가는 종교학교의 특수성과 정체성

면담 결과에 따르면, 종교학교의 구성원들은 현재의 종교학교는 종교학교로서의 특수성과 정체성을 점차 잃어가고 있는 것으로 인식하고 있었다. 이에 대한 가장 큰 원인 중 하나는 종교교육에 대한 거부감을 줄이기 위하여 종교적 특성이나 이에 관련한 교육을 직접적으로 운영하고 있지 못하고 있기 때문이다. 또한 기독교학교는 일반학교와는 그 특성이 다를 수밖에 없지만, 현재 국내의 인문계 학교 제도 하에서는 종교교육을 원활하게 진행하는 데 한계가 있을 수밖에 없다는 것이다. 이에 대한 면담 내용들을 간단히 살펴보자면, 먼저 기독교학교의 교장들은 기독교학교 교육이 보다 긍정적으로 이루어지기 위해서는 학생들의 인성교육을 바탕으로 진행하여 종교교육에 대한 거부감을 줄이고, 종교교육이 보다 원활하게 진행될 수 있도록 종교적 색채가 겉으로 강하게 드러나지 않아야 한다는 인식을 가지고 있었다. 또한 기독교학교의 교장들은 국내 인문계 고등학교로서 대학입학을 위한 교육에도 많은 노력을 기울일 필요가 있다고 이야기한다. 특히나 인문계 학교로서 입시 성적에 관한 부분과 면학 분위기에 대한 관심을 많이 쏟아야 종교와 관련된 교육이나 행사 등을 운영하는 데 있어서의 불만을 줄일 수 있다고 하였다.

같은 맥락에서 교목들은 종교교육에 대해 거부감을 가지고 있는 학생들을 위해서 종교수업에 있어서도 종교에 중점을 두고, 이에 대한 집중을 하지 못하게 되어 종교학교의 정체성을 잃어가고 있다고 이야기하였으며, 학생들은 종교 활동 시간에 적극적으로 참여하기보다는 자신이 필요로 하는 공부를 하거나 가만히 구경하고, 또는 잠을 자는 현상이 나타났다. 즉, 학교에서 운영하는 종교 활동 시간에 대해 큰 의미를 두지 않고 있었다.

이에 따른 결과로 학부모들은 종교적 요인은 크게 유념하지 않은 채 학교의 학업 프로그램이나 학교에 대한 평판 등을 고려하여 학교를 선정했던 것으로 나타났다. 또한 자신의 학교에서는 이러한 종교적 색채를 낮춘 프로그램들을 운영하고 있다고 인식하고 있었으며, 해당 학교가 종교학교임에도 학부모들에게 종교 관련 프로그램들은 그 학교의 특색 정도로만 여겨지고 있었다.

정리하자면, 종교적 색채를 줄이기 위한 학교들의 노력이 해당 학교의 종교에 대해 신앙심이 깊지 않은 학부모와 학생들의 종교교육에 대한 거부감을 줄이는 데 있어서 성공적일 수는 있지만, 한편으로는 의도하지 않았던 반작용을 함께 발생시키고 있었다. 즉, 종교의 색채를 줄이고자 했던 노력과 그에 따른 결과는 종교학교가 종교학교의 정체성과 특성을 잃어가고 있는 현상으로도 해석될 수 있는 것이다.

2) 종교 강요에 의한 고통과 갈등

현재 국내에서는 근거리 배정 원칙에 의해 학교를 배정받게 되어 있다. 면담 결과에 따르면, 이러한 학교 배정에 있어서 학생의 종교나 그에 따른 요구나 의지 등에 대한 고려는 이루어지지 않고 있는 것으로 나타났다. 심지어 외국이나 국내에서 전학을 하는 상황에 있어서도 종교적 신앙 등에 관한 학생의 요구 반영은 거의 이루어지고 있지 않은 상태로 진학과 배정이 이루어지고 있었다. 이에 따라 자신이 믿음을 가지고 있는 종교와는 다른 종교학교로 진학하게 된 학생들은 학교 내에 마련되어 있는 종교적 환경이나 종교 행사 등에 있어서 커다란 거부감을 갖게 되고, 이에 따른 고통과 갈등을 겪고 있는 것으로 나타났다. 이러한 현상은 기독교학교보다는 불교학교에 재학했던 학생들에게 더욱 크게 특징지어져 나타났는데, 학생들은 자신의 종교적 믿음을 시험받는다는 느낌까지 갖게 되었으며, 학교에 가기 싫을 정도의 스트레스를 경험하고, 학교에 대한 부정적 인식도 함께 갖게 되었다.

특히나 학교 행사에 있어서는 해당 학교의 종교와 관련된 내용으로 진행되었으며, 학생들의 수행평가를 하는 데 있어서 자신의 믿음과는 다른 종교를 찬양하는 노래를 외워 부르게 강요받음으로써 타종교에 대한 신앙심을 가진 학생들에게 죄책감과 고통을 느끼게끔 하였다. 즉, 모든 종교학교가 그렇지는 않지만, 일부 종교학교에서는 타종교를 가진 학생들에 대한 고려는 이루어지지 않은 채 학교의 종교를 모든 학생들에게 강요하는 현상이 나타나기도 하는 것이다.

이러한 종교를 강요받았던 경험에 대해 면담을 진행했던 한 학생은 마치 '지옥,' '어두운 느낌' 등의 매우 부정적 표현을 하기도 했다. 그리고 또 다른 학생은 타지역으로 위장 전입하면서까지 전학을 갔던 것으로 나타났는데, 집과 학교의 거리가 상당히 멀어졌음에도, 자신의 신앙과는 다른 학교에서 벗어나 종교의 강요가 없는 학교로 전학 갈 수 있었던 것에 대하여 매우 긍정적으로 받아들이고 만족해 하고 있었다.

정리하자면, 종교적 배려가 없이 근거리 배정 원칙에 따라 자신의 신앙과는 다른 종교학교에 재학하게 된 학생들은 학교에서 진행하는 종교교육과 종교 활동에 대해 종교를 강요받았다고 인식하고 있었으며, 이러한 경험들은 학생들에게 커다란 고통과 상처로 남아 있으며, 학교에서의 매우 큰 갈등요인으로 작용하고 있는 것으로 나타났다.

3) 위축되어 가는 종교교육

면담 결과에 따르면, 세력 다툼으로 인하여 일부 종교에 대해 의도적으로 흠집을 내기 위한 현상들이 발생하고 있으며, 이러한 현상들에 의해 민원이 발생하고, 결국 종교학교에서 진행 중인 종교교육이 위축되는 문제점이 발생하는 것으로 나타났다.

먼저 교장들은 학교의 재학생이나 관계자가 아닌 외부에서 의도적으로 종교학교의 입학식에 참여하여, 종교학교에서 타종교 학생에 대한 배려가 이루어지지 않은 채 모든 학생들을 대상으로 일률적으로 종교 행사를 진행하고 있으며, 입학 선서 등에 종교를 강요하는 내용이 포함되어 있다는 것을 외부에 밝혀서 사회적 이슈를 만들고자 했었던 경험을 이야기하였다. 그리고 이로 인하여 교육청에서 학교로 실사와 감사를 나오게 되기도 했던 것으로 나타났다. 즉, 면담을 진행한 교장들은 기독교를 반대하고 폄하하고자 하는 세력이 존재하며, 이러한 세력이 의도적으로 종교학교의 세력을 감소시키기 위한 노력을 하고 있다고 인식하고 있었다. 즉, 반기독교적인 외부 세력이 종교적 자유에 관한 인권 논쟁을 빌미로 삼고는 있지만, 종교에 대한 자율권이나 선택권 등에 초점을 맞추어 비판하기보다는 의도적으로 기독교의 종교 세력을 약화시키기 위한 노력을 기울이고 있다는 것이다.

면담을 진행한 교목들도 이와 비슷한 인식을 하고 있었다. 기독교학교에 다니던 한 여학생이 자신이 소속되어 있던 단체에 의해 해당 학교에서 진행했던 종교교육에 관한 부정적 내용을 언론에 투고했던 것으로 나타났다. 또한 교목들은 종교적으로 악감정을 가진 몇몇 학부모들은 종교학교를 압박하기 위하여 학교에 대한 부정적 내용을 의도적으로 교육청에 민원을 넣는 현상도 나타나고 있다고 이야기하였다. 즉, 교목들 또한 기독교에 대해 반감을 가진 사람들이 의도적으로 상급기관 등에 민원을 제기하면서 종교학교의 종교교육이 제대로 이루어지지 못하게 방해하고 있다는 인식을 하고 있는 것이다.

이는 결국 종교학교의 종교교육을 위축되게끔 하는 원인으로 작용하고 있었다. 즉, 의도적 민원이나 언론 투고 등은 상급기관인 교육청이 종교학교의 교육에 개입을 하게끔 하였으며, 종교학교는 상급기관의 지시에 따라 자신들의 뜻대로 종교교육을 진행하기 힘들었다. 이로인해 정규교육과정 시간이 아닌 조회 시간에 종교교육을 운영하거나 다른 수업 시간까지 조절하게 되는 현상이 나타나게 되었던 것이다.

결과적으로 종교학교에 대해 악감정을 가지고 의도적으로 흠집을 내고자 하는 현상들이 존재하며, 이러한 의도적 흠집 내기 현상은 종교학교의 갈등 상황으로 이어지고 있었다. 그리고 이는 결국 종교학교의 특성이라 할 수 있는 종교교육을 위축시키게끔 하는 원인으로 작용하고 있었다.

종교학교의 가장 큰 갈등은 타종교 학생들에게 종교적 강요가 이루어지고 있다는 것이다. 현재의 제도 속에서는 종교학교에는 해당 학교의 종교에 대해 악감정을 가지고 있거나, 타종교에 대한 신앙을 가지고 있는 학생들이 존재할 수밖에 없다. 즉, 서로 다른 신앙과 인식의 차이를 가진 구성원들이 함께 공존하고 있다는 것이다. 이러한 현상은 갈등 상황을 만들어 낼 수밖에 없으며, 이는 결국 종교학교의 특성이라고 할 수 있는 종교교육을 뜻대로 운영하지 못하게 하고 위축시키게 하는 문제점으로 이어지고 있는 것이다.

4) 소수의 저항과 대체과목에 대한 딜레마

면담을 진행했던 교장들은 공통적으로 각자의 학교에 해당 종교에 대한 신앙을 가지고 있지 않은 학생들이 상당수 존재하지만, 직접적으로 반감을 표현하거나 강하게 저항하는 학생은 매우 소수이며, 대부분의 학생들은 소극적인 방식으로 종교수업이나 예배를 거부하고 있다는 인식을 가지고 있었다. 즉, 이러한 학생들은 종교수업에 참여를 하기는 하지만, 다른 행동을 하거나 적극적으로 수업에 참여하지 않는다는 것이다. 이러한 현상은 학생들과의 면담에서도 확인해 볼 수 있었는데, 종교학교에 다니고 있지만 해당 종교에 대해 신앙심을 갖지 않거나 타종교에 대한 믿음을 가지고 있는 학생들은 학교에서 운영하는 종교교육의 의미를 찾지 못한 채 종교교육을 무의미하게 받아들이고 있었다.

하지만 소수의 학생들은 마치 종교적으로 강요를 하는 듯 여겨지던 수업에 대해 의도적으로 따르지 않거나 직접적으로 자신의 거부감을 표현하고, 이를 통해 해당 학교의 종교에 저항하는 모습을 보이기도 하였다. 또한 의도적으로 반항을 하거나 문제를 일으키는 학생들도 있는 것으로 나타났다.

이에 따라 종교학교들은 타종교를 믿는 학생이나 해당 학교의 종교교육에 대해 거부감을 가지고 있는 학생들을 위하여 대체과목들을 운영하고 있는데, 대부분의 학생들이 종교수업을 선택하여 듣고 있으며, 이러한 대체과목을 선택하는 학생들은 매우 소수에 불과하다. 이에 따라 종교학교에서는 타과목을 선택한 아이들이 매우 적어서 수업을 운영할 수가 없는 상황이다. 결국 타과목을 선택한 소수의 학생들은 혼자 공부하거나 별도의 다른 활동을 하고 있는 것으로 나타났다. 즉, 매우 소수의 학생들만이 대체과목을 선택하게 됨으로써, 학교 입장에서는 제대로 된 대체과목을 운영하기 어려운 상황이며, 이에 따라 학생들도 결국 정상적인 수업을 받지 못하고 있는 것이다.

교목들과의 면담에서도 이와 관련된 내용들을 찾아볼 수 있었다. 해당 교목들의 학교에서도 종교 대체과목을 선택하는 학생들은 매우 적은 숫자이기 때문에 이를 위한 지원이 제대로 이루어지지 못하고 있는 실정이며, 심지어 대체과목을 담당하는 담당 교사도 존재하지 않는 경우도 있었다.

정리하자면, 종교수업을 선택하지 않고 대체과목을 선택하는 아이들이 상당수 존재한다면 이들을 위한 대체수업과 그에 대한 지원이 강화될 수 있지만, 소수의 학생들만이 대체과목을 선택하게 됨으로써 학교에서도 이를 위한 지원을 제대로 하지 못하고 있는 것이다. 예를 들어, 한 명의 학생을 위해 해당 과목의 담당 교사를 마련하는 것은 재정적으로 힘든 상황이며, 다른 학생들과의 형평성에도 어긋날 수 있기 때문이다.

결국 종교학교에서는 소수이지만 타종교의 학생들이 재학하고 있기 때문에, 이들을 위한 대체과목을 마련하지 않을 수 없는 상황이다. 하지만 이러한 대체과목을 마련한다고 해도 너무 소수의 학생들만이 이를 필요로 하고 있기 때문에 제대로 된 운영이 어려울 수밖에 없다. 즉, 종교학교에는 대체과목에 대한 딜레마 현상이 나타나고 있으며, 이러한 현상은 종교학교의 문제점으로 작용하고 있는 것이다.

나. 개선방안

지금까지 살펴보았던 것처럼 종교학교에서는 여러 다양한 프로그램과 종교수업, 종교 행사 등을 운영하면서 해당 학교의 설립 취지에 맞는 종교교육을 진행하고 있었다. 이러한 종교학교의 학교 현장에서는 여러 내재적 고충과 불만, 갈등 상황이 지속적으로 발생하고 있으며, 이에 따른 여러 문제점들이 나타나고 있었다. 이에 따라 본 연구의 참여자들은 기독교학교의 종교교육이 보다 긍정적으로 이루어지기 위한 여러 요구들을 제시하였다. 이러한 의견들을 정리하면, 다음의 표와 같이 나타낼 수 있다.

〈표 2〉 종교학교의 주체별 개선 요구

주체	개선 요구
교장	- 회피 제도보다는 전학 제도 마련 - 전학 제도의 부작용 감소를 위한 방지장치 마련 - 학교 본연의 목적을 잊지 않기(입시교육, 인성교육) - 종교학교의 특수성 회복을 위해 노력
교목	- 갈등 방지와 효율적 운영을 위한 회피 제도의 마련 - 엄격한 심사를 통한 종교 사유 전학 제도의 마련 - 종교에 대한 긍정적 이미지 형성해 가기 - 종교 과목 정상화를 통한 종교학교의 정체성 회복
학생	- 종교적 학교 선택권 보장 및 타종교에 대한 배려 필요 - 종교적 강요의 축소 - 너무 강한 종교적 색채 벗어나기
학부모	- 회피 제도, 전학 제도의 악용 방지하기 - 종교보다는 학업을 중요시하기

본 절에서는 이와 같은 종교학교 주체들의 의견들을 바탕으로 종교학교의 문제점 개선 방안을 제시하고자 하였는데, 이는 크게 '타종교 학생들을 위한 회피 제도(전학 제도)의 마련,' '종교학교의 특수성과 정

체성 회복을 위한 노력,' '종교학교와 종교교육에 대한 긍정적 이미지 형성,' '학교 본연의 목적에 대한 고려' 등으로 특징지어질 수 있다.

1) 타종교 학생들을 위한 회피 제도(전학 제도)의 마련

현재 국내의 학교 배정 제도는 학생들의 종교적 자유와 요구는 반영되지 않은 채 근거리 배정 원칙에 의해 학교를 배정받게 되어 있다. 이러한 배정 원칙은 해당 종교학교와는 다른 종교에 대한 신앙심을 가지고 있는 학생들에게 상처와 갈등 상황들을 발생하게 하는 원인이 되었다. 면담을 진행한 교장들도 학생들의 종교적 자유에 대한 권리를 존중해 줄 필요가 있지만, 현재의 제도는 이러한 부분에 대한 고려가 많이 이루어지지 않고 있다고 인식하고 있었다. 이에 따라 종교학교의 구성원들은 학생이 믿고 있는 종교와는 다른 종교적 신앙을 가진 학교에 해당 학생이 배정되지 않을 수 있는 제도적 개선을 희망하고 있었다. 즉, 다른 종교를 강조하는 학교에 강제적으로 배정되지 않고, 이를 회피할 수 있는 제도적 마련을 요구하고 있는 것이다.

같은 맥락에서, 면담을 진행했던 종교학교의 교목들도 해당 학교의 종교에 의해 상처받고 거부감을 가지고 있는 학생들이 해당 학교를 벗어나 다른 학교에 배정받을 수 있는 제도가 마련된다면, 타종교 학생들로 인한 갈등 상황을 방지할 수 있으며, 이러한 학생들의 상처들도 예방할 수 있을 것이라는 의견을 갖고 있었다. 또한 이와 함께 타종교 학생들로 인하여 딜레마 상황에 빠질 수밖에 없었던 학교의 입장에서도 자신들의 종교교육에 보다 많은 힘을 쏟을 수 있기 때문에, 더욱 큰 효과를 얻을 수 있을 것이라는 인식을 갖고 있었다. 즉, 회피 제도가

마련된다면 타종교 학생들이 경험하게 되는 여러 상처와 어려움을 방지할 수 있음은 물론이고, 현재 종교학교의 종교교육에 저항하는 매우 적은 소수의 타종교 학생들을 위해 사용되고 있는 시간적, 재정적 비용들의 낭비를 막을 수 있을 것이며, 이에 따른 노력과 비용을 해당 종교학교에 보다 어울리는 방향으로 사용할 수 있을 것이라고 인식하고 있는 것이다.

하지만 학교 배정을 하는데 있어서 학생이 희망하는 종교를 모두 반영하여 배정하는 것은 어려움이 따른다. 즉, 특정 종교나 학교로만 너무 많은 학생이 몰리게 되어 형평성을 유지하기 힘들다. 그렇지만 위에서 이야기했던 것과 같이 희망 종교가 아닌 기피 종교에 대한 학생의 의견을 반영한다면, 종교학교에 입학한 후에 종교교육과 관련된 문제가 일어날 여지를 상당히 감소시킬 수 있을 것이다.

그러나 면담 결과에 따르면, 이러한 학교 배정 시에 마련되는 회피 제도보다는 해당 학교를 경험해 보고 난 뒤에도 어려움이 있는 학생들이 다른 학교로 옮길 수 있는 종교에 의한 전학 제도가 마련되는 것이 더욱 필요하다는 의견도 있었다. 즉, 학교 배정에서의 회피 제도가 마련된다면, 단순히 해당 종교를 믿지 않고 있다는 이유로 종교학교로의 진학을 거부할 수 있는데, 이렇게 된다면 학교를 경험하기도 전에 선입견만으로 해당 학교를 진학하지 않을 수 있으며, 종교학교의 선교적 목적과 취지에 위배될 수 있기 때문에 입학 전의 회피 제도보다는 전학 제도로서의 회피 제도가 더 적합할 것으로 보인다.

또한, 무엇보다도 이러한 회피 제도가 본 취지대로 운영되기 위해서는 악용을 방지할 수 있는 보완적 제도가 함께 마련될 필요가 있다. 즉, 종교적 문제가 아니라 학업적 문제나 학교의 평판, 성적, 교육 프로그램 등의 이유임에도, 이러한 회피 제도를 악용하여 자신들이 원하는 학교로 전학 갈 수 있는 여지가 있기 때문이다. 이와 관련하여 면담을 진행한 학부모들은 종교적 사유에 의한 전학 제도가 마련되어도, 본래의 취지대로 회피 제도를 활용하는 학부모는 극소수이고, 이러한 회피 제도에 의해서 학교의 평판이 달라지고, 좋은 학교로 여러 학생들이 몰리게 될 수도 있다는 의견을 제시하였다.

정리하자면, 학생들의 종교적 자유와 선택권을 위한 회피 제도의 마련은 필요할 수 있지만, 배정 전보다는 재학 중의 전학 제도로 마련될 필요가 있으며, 종교 문제와는 관계없이 이를 다른 목적으로 악용할 수 있기 때문에, 이러한 제도가 보다 공정하게 실시되고, 다른 목적으로 이용되지 않을 수 있는 철저한 심사와 제도적 보완이 함께 이루어져서, 실제적으로 종교적 갈등을 겪고 어려움을 겪고 있는 학생들에게 도움이 될 수 있는 회피 제도가 마련되어야 할 것이다.

2) 종교학교의 특수성과 정체성 회복을 위한 자율성 강화

위에서 살펴본 것과 같이, 여러 종교학교들은 종교적 색채를 줄여서 종교교육에 대한 거부감을 감소시키고 저항을 줄이기 위한 노력들을 기울이고 있지만, 이러한 노력들은 오히려 종교학교의 정체성과 특성을 잃어가고 있다고도 이야기할 수 있다. 이에 따라 종교학교의 교목과 교장들은 종교학교의 특성과 정체성을 회복할 수 있는 방안이 필요하다고 하였다. 그 예로, 교목들은 이미 종교교육을 진행하는 데 있어서 종교에 그 중점을 두지 못하고 회피하고 있으며, 이로 인해 종교학교의 본 모습이 상당히 유실되고 있다고 했는데, 종교학교는 해당

종교 교육과 종교 행사에 있어서 그 특성과 취지를 가지고 있다고 할 수 있지만, 이러한 종교교육에 집중할 수 없기 때문에, 그 정체성을 잃어가고 있다는 것이다.

이에 따라 종교학교의 교장들은 종교학교의 특수성을 살리기 위해서는 종교학교에 학생 선발권이 부여되기를 희망하고 있었다. 즉, 해당 종교학교에 어울리지 않는 학생들을 배제하고, 종교학교의 교육과정과 종교학교의 취지에 어울릴 수 있는 학생 선발 제도와 권한이 부여되기를 바라고 있는 것이다.

사실상 종교학교는 분명한 특수성을 가지고 있다. 즉, 해당 종교를 선교하고, 교육하는 것은 종교학교의 특수성이며, 주요한 설립 취지이자 종교학교의 정체성을 확립할 수 있는 기반이다. 그러나 대부분의 종교학교는 국내의 일반학교들과 거의 동일한 제도와 규정에 적용되고 있다. 즉, 현재의 학교 제도 하에서는 종교학교의 특성을 살려서 종교교육과 행사, 프로그램 등을 원활하게 진행하는 데 한계를 겪을 수밖에 없는 상황이다. 이에 따라 학교에 보다 많은 자율성이 부여될 필요가 있을 것으로 보인다.

교장들이 희망하는 것처럼 종교학교에 학생 선발권이 부여되는 것은 현실적 어려움이 있을 수 있지만, 종교학교가 다른 일반학교와 다른 특성을 갖고 있다는 것에 대한 이해가 이루어지고, 종교학교의 특성을 유지할 수 있도록 종교학교에 대한 자율성이 강화될 필요가 있을 것이다. 그리고 종교학교의 설립 취지와 목적을 보다 원활하게 진행될 수 있는 노력이 병행되어야 할 것이며, 이를 위한 제도적 기반이 마련되어야 할 것으로 보인다.

결과적으로 종교학교의 특성과 정체성은 종교에 있다. 그러므로 종교학교가 종교교육을 제대로 운영할 수 있는 지원적 방안이 마련되어야 한다. 즉, 학교 본연의 역할에 충실하면서도, 종교학교로서의 특수성을 유지하고 정체성을 확립하여, 종교학교의 건학이념과 교리를 지킬 수 있는 방안이 마련되어야 할 것이다.

3) 종교교육에 대한 긍정적 이미지 형성

위에서 살펴본 것과 같이 학교에서 강조하는 종교와는 다른 종교에 대한 믿음이 있는 학생들은 학교에서 시행하고 있는 여러 종교교육과 프로그램으로 인하여 여러 고충과 상처를 안고 있었다. 특히나 종교학교에서 강조하고 있는 종교교육이나 행사, 프로그램 등에 대한 강요가 이루어지는 경우가 있으며, 해당 종교에 대한 색채가 너무 강하기 때문에 학생들은 해당종교에 대해 더욱 부정적으로 인식하는 현상도 나타나고 있었다. 즉, 학생들은 학교 내에 마련되어 있던 종교적 색채가 강한 환경이나 행사 등에 대해 강한 거부감까지 갖고 있었으며, 이러한 종교 환경은 학생들로 하여금 학교가 마치 학교가 아닌 종교의식이 이루어지는 장소처럼 여겨지게도 하였다. 이러한 학교 환경은 학생들에게 종교적 영향을 미칠 수밖에 없는데, 해당 학교의 종교에 대한 신앙을 가지고 있지 않은 학생들에게는 종교교육이나 학교에 대해 거부감을 갖게 하는 부정적 이미지로 받아들여지고 있었다.

이와 관련하여 면담을 진행했던 교목들은 종교교육에 대한 부정적 이미지를 줄이고, 긍정적 발전을 위하여 기독교학교들의 자체적인 노력이 반드시 이루어질 필요가 있다는 의견을 제시하고 있다. 이에 따라 학생들에 대한 종교적 강요를 피해야 하며, 종교교육을 통하여 학생들에게 인성이나 심성교육 같은 순기능적 효과가 나타날 수 있는 방식으로 이루어져야 한다고 이야기하였다. 또한 이와 함께 해당 종교에 대한 신앙을 가지고 있지 않은 학생과 구성원에 대한 배려와 존중이 필요하며, 종교적 이유로 인한 차별이 일어나지 않도록 노력해야 할 필요가 있다고 하였다.

종교학교의 긍정적 발전을 위해서는 해당 종교와 종교교육에 대한 긍정적 이미지를 형성해 나갈 필요가 있다. 강요적인 종교교육은 오히려 학생들에게 거부감을 불러올 수 있기 때문에 학생들이 자연스럽게 관심을 가질 수 있도록 종교교육의 순기능적 측면을 확대시킬 수 있는 방안을 모색해야 한다. 즉, 강제적인 종교적 이미지를 탈피해야 할 필요가 있는 것이다. 특히 타종교에 대한 이해와 배려가 이루어질 필요가 있으며, 해당 종교의 특성을 살리되, 해당 종교의 장점을 확대하여 학생들에게 보다 편안하고 긍정적인 이미지를 인식시킬 수 있는 노력이 필요하다. 또한 이와 함께 종교적 분위기를 너무 강하게 띠고 있는 학교의 환경과 시설은 비록 종교적 강요가 이루어지지는 않는다고 하여도 직·간접적으로 학생들에게 영향을 미칠 수밖에 없기 때문에, 타종교의 학생들에게는 커다란 거부감을 불러올 수 있다. 그러므로 이에 대한 고려도 이루어질 필요가 있을 것이다.

결과적으로 비록 학교에서 강조하는 종교가 있다고 하더라도, 재학하는 학생 중에는 다른 종교에 대한 신앙심을 가지고 있는 학생들이 존재한다는 것을 분명히 인식하고, 이들을 위한 배려를 바탕으로 해당 종교의 특성을 살리면서도 종교교육의 장점을 극대화하여, 종교와 종교교육에 대한 긍정적 이미지를 형성해 나가는 노력이 필요하다.

4) 학교 본연의 목적에 대한 고려

학부모들이 종교학교에 대해 개선점으로 이야기했던 부분은 자녀의 학업과 관련된 부분이었다. 즉, 학부모들이 이야기하는 종교학교의 개선점은 종교적 거부감이나 강압적 종교교육에 대한 개선점이라고 하기보다는 자녀들의 학업적 측면에서의 불만이었다. 특히 고등학생 자녀를 둔 학부모는 고등학교는 학생들의 학업에 많은 시간을 투자해야 하지만, 종교학교는 여러 종교 활동을 운영하기 때문에 자녀들이 학업에 집중할 시간을 빼앗기고 있다는 것이다. 이로 인해 종교학교의 학부모들은 종교 활동을 운영하기보다는 학생들의 학업을 위한 프로그램과 시간을 마련해 주기를 바라고 있었다. 즉, 학부모들은 종교학교에 대해서 종교가 아닌 학교로서의 목적, 그중에서도 학업적 측면에 많은 관심을 가지고 있는 것이다. 처음에 학교를 선택하는 데 있어서도 종교학교임에도 종교보다는 학교의 입시 성과와 성적, 평판 등이 가장 큰 고려요인이 되고 있다는 현상은 이를 방증한다고 할 수 있다.

같은 맥락에서 면담을 진행했던 교장들도 종교학교가 학교 본연의 목적을 잊지 않고, 종교교육 외에도 학교교육에 대한 많은 노력을 기울일 필요가 있다는 인식을 하고 있었다. 즉, 구성원 간의 관계 정립을 바탕으로 인성교육이 함께 이루어져야 하며, 종교학교도 국내의 학교와 다름없이 대학 입학을 위한 교육에도 많은 노력을 기울일 필요가 있다고 이야기한다. 즉, 종교교육에 있어서도 학생들의 인성교육을 바탕으로 진행하여 종교교육에 대한 거부감을 줄여나가야 하며, 학력에 대한 부분에 있어서도 많은 힘을 쏟아야 한다는 것이다.

현실적으로 국내에서 학교를 평가하는 가장 주요한 요인은 학생의 성적, 학업과 관련된 것이며, 이러한 상황은 종교학교에서도 크게 다를 바가 없다. 종교적 특성을 가지고 있으며, 이를 위한 설립 목적과 취지를 가지고 있는 종교학교이지만, 성적이 가장 중요시 되는 국내의 일반적인 학교이기도 하기 때문에, 학업과 성적을 위한 부분에도 많은 신경을 쓸 수밖에 없다. 종교교육이 아무리 잘 되어 있다고 하더라고, 이러한 현실적 문제에서 멀어진다면, 학생과 학부모의 외면을 받을 수밖에 없으며, 이런 상황 속에서는 종교교육도 제대로 이루어질 수는 없기 때문이다.

특히 면담에 참여한 교장들의 의견에 따르면, 이러한 종교학교도 성적에 관한 부분과 면학 분위기에 대한 관심을 많이 쏟아야 종교와 관련된 교육이나 행사 등을 운영하는 데 있어서의 불만을 줄일 수 있고, 보다 원활한 진행이 가능하다고 하였다. 또한 종교학교의 학부모들에게 학교에서 운영하는 종교적 특성은 큰 의미를 갖지 못하고 있으며, 종교학교의 학부모들에게도 자녀의 학업이 가장 큰 중요요인이 되고 있음을 확인해 볼 수 있다.

결론적으로 종교학교의 보다 긍정적인 발전과 성장을 위해서는 교육기관으로서의 학교 본연의 목적을 잊지 말아야 할 것이다. 종교학교라고 하여 종교교육이나 종교적 행사, 프로그램만을 강조하기보다는 학생의 인성과 전인적 성장을 위한 학교 본연의 목적도 중시해야 할 것이며, 국내 학교의 현실상 입시와 성적, 학업에 있어서도 많은 신경을 쓸 필요가 있다.

5장
회피 제도 도입에 관한
법 제도 검토

이상민 변호사(법무법인 에셀)

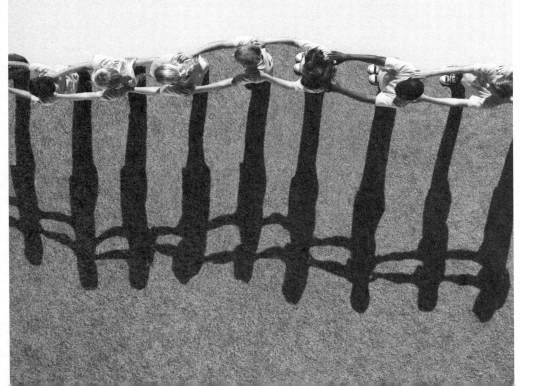

1. 회피 및 회피 전학 제도 도입 관련 법 제도 검토

1) 검토의 필요성 및 검토 방법

종교를 이유로 하는 회피 및 회피전학 제도를 도입하기 위해서는 현행 법 제도에 대한 검토가 필요하다. 현행 법 제도에 대한 검토를 통해 현행 법 제도 하에서도 회피 및 회피 전학 제도의 도입이 가능한지 여부를 먼저 살펴보아야 한다. 그리고 만일 법 제도의 보완이 필요하다면 어떤 점이 보완되어야 하는지 검토하여야 한다.

검토의 편의를 위해 서울특별시에 한정하여 관련 법 제도를 검토하기로 한다. 앞으로 보겠지만, 학교 배정 및 전학에 관한 현행 법 제도는 중학교와 고등학교가 유사한 점이 많다. 또한 종교를 이유로 하는 회피의 가능 여부에 관한 법 규정과 종교를 이유로 하는 회피 전학 제도의 가능 여부와 관련한 법 규정도 서로 유사하다. 따라서 논의가 중복될 수 있으나, 좀 더 정확하게 현행 법 제도를 분석하기 위해서 중학교의 회피 제도의 도입 가능성, 중학교의 회피 전학 제도의 도입 가능성, 고등학교의 회피 제도의 도입 가능성, 고등학교의 회피 전학 제도의 도입 가능성을 각각 별도로 검토하기로 한다.

2) 중학교의 회피 제도의 도입 가능성

(1) 초중등교육법 시행령 제68조
초중등교육법은 중학교의 학교 배정에 관해 특별히 언급하지 않고 있으며, 초중등교육법 시행령 제68조는 중학교의 학교 배정에 관하여 다음과 같이 정하고 있다.

제68조(중학교 입학방법)
① 교육장은 지역별·학교군별 추첨에 의하여 중학교의 입학지원자가 입학할 학교를 배정하되, 거리·교통이 통학상 극히 불편한 지역의 경우에는 교육감이 설정한 중학구에 따라 입학할 학교를 배정한다.
② 추첨에 의하여 중학교를 배정하는 경우 교육감이 정하여 고시하는 지역에 소재하는 중학교 입학지원자는 교육감이 정하는 방법 및 절차에 따라 2이상의 학교를 선택하여 지원할 수 있으며, 교육장은 그 입학지원자 중에서 추첨에 의하여 당해 학교 정원의 전부 또는 일부를 배정할 수 있다.(이하 생략)

초중등교육법 제68조제2항은 중학교의 선택 지원에 관하여 정하고 있지만, 서울시의 경우에는 중학교의 선택 지원 제도는 아직 도입되지 않은 상태이다. 따라서 서울시 중학교 입학지원자는 초중등교육법 제68조제1항에 따라 추첨에 의하여 학교를 배정받는다.

(2) 중학교 입학 배정업무 시행계획
서울시의 각 교육지원청은 매년 '중학교 입학 배정업무 시행계획'에서 중학교 입학 배정의 자세한 방법, 절차 등에 관해 정하고 있다. 이러한 시행계획은 각 교육지원청별로 대동소이할 것으로 생각되므로, 서울특별시 강남교육지원청이 작성한 2014학년도 중학교 입학 배정 업무 시행계획(이하 "중학교 배정계획"이라 함)을 예로 들어 검토하기로 한다.

중학교 배정계획은 배정방법에 관해 다음과 같이 정하고 있다.

〈배정방법〉

가. 일반 배정대상자는 추첨에 의하여 교육장이 거주지 학교군 내 소재 학교에 배정하되 교통편을 참작하여 배정할 수 있다.(다만, 학교군별 중학교 수용능력상 필요한 경우에는 정해진 학급당 인원수의 범위 내에서 타학교군 내 중학교에 배정할 수 있으며, 교육지원청별 중학교 수용능력상 필요한 경우에는 교육장 간의 협의에 따라 인접한 교육지원청 관내 중학교에 배정할 수 있다)

나. 체육특기자, 근거리배정대상자,[1] 특수교육대상자는 별도 계획에 의거 특별 배정한다.

다. 학교 폭력으로 전학(또는 전학 권고)조치된 가해 학생과 피해 학생을 배정할 때에는 피해 학생의 보호를 위해 충분한 거리 등을 고려하여 각각 다른 학교에 배정하되 피해 학생을 우선적으로 배정한다.

---

[1] '장애인복지법시행령 제2조에 의거 지체장애로 등록된 자 중 통학에 어려움이 있다고 심사·판정을 받은 자'와 '심각한 질환으로 인해 학교 통학에 장기간 어려움이 예상된다고 심사·판정을 받은 자'

중학교 배정계획은 '체육특기자, 근거리배정대상자, 특수교육대상자'는 별도로 소정의 서류를 첨부하고, '학교 폭력 피해 학생 우선 배정'의 경우에는 학교폭력대책자치위원회 회의록(사본) 및 대상자 명단 각 1부를 첨부하도록 정하고 있다.

(3) 회피 제도의 도입 가능성

위에서 본 것과 같이 초중등교육법 시행령은 추첨 배정의 원칙을 정하고 있으나, 중학교 배정계획은 체육특기자 등에 대한 특별 배정을 규정하고 있다. 따라서 중학교 배정계획에 종교상의 이유에 의한 특별 배정을 추가로 규정하는 것도 가능할 것으로 생각된다.

그런데 체육특기자 등 특별배정대상자가 특별 배정을 받기 위해서는 소정의 입증자료를 제출해야 하는데, 종교상의 이유에 의한 특별배정대상자의 경우에는 그 같은 사유가 타당한지 여부를 검증할 수 있는 객관적인 자료가 마땅하지 않다는 문제가 있다. 특정 종교의 신자라는 문서를 제출하도록 할 수 있으나, 단지 특정 종교의 신자라는 이유만으로 회피가 가능하도록 할 경우에는 회피 제도가 학력 수준이 낮거나 교육 환경이 열악하여 일반적으로 기피되는 학교에 배정받는 것을 피하기 위한 수단으로 악용될 가능성이 있다.[2] 다만, 중학교는 고등학교

---

2 고등학교에서 종교를 이유로 하는 전학과 관련하여 '학생의 종교적 측면을 살펴볼 수 있는 구체적 활동자료나 무신앙의 측면을 증명해 줄 수 있는 증거 자료의 제출로도 가능하겠으나 내심의 자유는 입증하기 어려운 측면도 있기 때문에 학생의 종교적 신념을 최대한 존중하는 방식으로 해결되어야 한다'는 견해도 있다(정상우, 최정은, "학생의 신앙의 자유와 중등 종립학교에서의 종교교육의 자유의 조화 방안 연구,"「교육법학연구」제22권 2호, 211면). 그러나 종교상의 이유에 의한 회피 및 회피 전학 제도가 악용될 가능성을 막기 위해서는 객관적인 근거자료의 제출이 불가피하다.

에 비해 입시 부담이 크지 않으므로 학력 수준이나 교육 환경 때문에 회피 제도를 악용하는 사례는 많지 않을 것으로 예상된다.

3) 중학교의 회피 전학 제도의 도입 가능성

(1) 초중등교육법 시행령 제73조

초중등교육법은 중학교의 전학에 관해 특별히 언급하지 않고 있고, 초중등교육법 시행령 제73조가 중학교의 전학 등에 관하여 정하고 있다. 그중 회피 전학 제도의 도입과 관련하여 검토할 필요가 있는 조항은 다음과 같다.

제73조(중학교의 전학 등)

① 중학교의 전학 또는 편입학은 거주지를 학구로 하는 초등학교가 속하는 학교군 또는 중학구 안의 중학교에 한하며, 이 경우 학교군에 있어서는 전·편입학의 신청서류 접수일부터 7일 이내에 교육장이 정하는 방법에 의하여 교육장이 추첨·배정하고, 중학구에 있어서는 그 중학구 안의 중학교의 장이 이를 허가한다. 다만, 학교군에 있어서 거주지를 학구로 하는 초등학교가 속하는 학교군 안의 중학교에 결원이 없는 경우로서 전학 또는 편입학하고자 하는 자가 원하는 때에는 당해 교육장 관할에 속하는 다른 학교군 안의 중학교에 배정할 수 있다.

⑤ 교육장은 중학교의 장이 학생의 교육상 교육 환경을 바꾸어 줄 필요가 있다고 인정하여 다른 학교로의 전학, 재취학 또는 편입학을 추천한 사람에 대하여는 제1항 본문에도 불구하고 전학, 재취학 또

는 편입학할 학교를 지정하여 배정할 수 있다.

초중등교육법 시행령 제73조제5항은 거주지 이전의 사유가 없더라도 다른 학교로의 전학이 허용되는 경우를 '학교장이 학생의 교육상 교육 환경을 바꾸어 줄 필요가 있다고 인정하여 전학을 추천한 경우'라고 정하고 있다. 학생이 종립학교의 종파교육으로 인하여 상당한 어려움을 겪는다면 이 같은 경우도 '학생의 교육상 교육 환경을 바꾸어 줄 필요가 있다고 인정되는 경우'에 해당한다고 볼 수 있다. 따라서 이 조항이 회피 전학 제도를 도입할 수 있는 법령상 근거가 될 수 있다.

(2) 중학교 전입학 및 재취학 업무 시행계획

서울시의 경우 각 교육지원청은 매년 '중학교 전입학 및 재취학 업무시행계획'을 마련하고 이에 따라 전입학 등의 업무를 처리하고 있다. 2014학년도 서울특별시강남교육지원청의 '중학교 전입학 및 재취학 업무 시행계획'(이하 "중학교 전학계획"이라 함)을 예로 들어보면, 중학교 전학계획은 전입학 대상자 중 '중학교의 장이 학생의 교육상 교육 환경을 바꾸어 줄 필요가 있다고 인정하여 다른 학교로의 전학, 재취학 또는 편입학을 추천한 사람,' 즉, '학교장이 추천한 자'를 다음과 같은 5가지 유형으로 정하고 있다.

1) 서울특별시 소재 중학교에 재학 중인 자로서 집단 따돌림, 폭력 가·피해 등의 사유로 교육 환경을 바꾸어 줄 필요가 있다고 인정하여 학교장이 다른 학교로 전입학을 추천한 자
2) 가정폭력·성폭력피해자 및 피해자의 가족구성원이 학생인 경우, 학

생을 보호하기 위해 학교장이 다른 학교로의 전입학을 추천한 자

3) 심각한 질병으로 인하여 전학이 필요하다고 학교장이 추천한 학생 (국·공립 종합병원 또는 대학병원 진단서 첨부)

4) 서울특별시 소재 중학교에 재학 중인 자로서 심각한 교권침해 학생으로 학생의 교육상 교육 환경을 바꾸어 줄 필요가 있다고 인정하여 학교장이 다른 학교로 전학을 추천한 학생

5) 초·중등교육법 시행령 제73조제5항에 따라 통학 불편 등 기타 부득이한 사유로 교육 환경을 바꾸어 줄 필요가 보편·타당하다고 인정하여 학교장이 추천한 자(중학교장이 동일 학교군 내에 다른 학교로 전입학 등을 추천할 경우 추천받을 학교장의 동의를 득하여야 함).

다섯 번째 유형은 '통학 불편 등 기타 부득이한 사유로 교육 환경을 바꾸어 줄 필요가 보편·타당하다고 인정되는 경우'라고 포괄적으로 전학 사유를 정하고 있으므로, 현재의 중학교 전학계획에 의해서도 일응 종교상 이유에 의한 전학이 가능하다고 생각할 수 있다.

그런데 중학교 전학계획은 '학교장이 추천한 자'의 경우 다음과 같은 공통제출서류 및 유형별 추가제출서류를 제출하도록 정하고 있다.

■ 공통 제출 서류

1) 전입학배정원서

2) 주민등록등본(가정폭력 비밀전학 학생은 보호시설입소확인서로 대체 가능)

3) 학교장 추천서(작성자인 담임교사가 서명(날인) 후 학교장 직인을 날인함)

■ 유형별 추가 제출 서류

1) 가정폭력·성폭력 피해자 및 피해자의 가족구성원이 피해 학생인 경우

가) 가정폭력

ㅇ 거주지 보호시설입소확인서 혹은 가정폭력 피해 상담사실확인서

나) 성폭력(다음 중 하나)

ㅇ「가정폭력 방지 및 피해자 보호 등에 관한 법률」및「성폭력 방지 및 피해자 보호 등에 관한 법률」에 따라 설치된 "상담소" 또는 "보호시설" 또는 "성폭력피해자통합지원 센터"의 장이 발급한『성폭력 피해 상담사실 확인서』

※ 성폭력피해자통합지원센터 : 해바라기아동지원센터, 원스톱 지원센터, 해바라기 여성·아동센터

ㅇ 병·의원에서 발급한 성폭력 피해 진단서

ㅇ 수사기관에 성폭력사건 고소·고발 등 신고 접수증

※ 피해학생의 형제·자매 등 가정(족)구성원에 대한 전학 등 지원의 경우, 가족관계증명서, 주민등록등본 등으로 가족구성원임을 확인

2) 집단따돌림·학교폭력

ㅇ 학교폭력대책자치위원회 회의록 사본

※ 가해자인 경우 전입학 배정원서의 지원자, 보호자 동의 불필요

3) 심각한 질병

ㅇ 국·공립 종합병원 진단서 또는 대학병원 진단서

4) 심각한 교권침해

ㅇ 학교교권보호위원회 회의록 사본

‘학교장이 추천한 자’ 중 가정폭력, 성폭력, 집단따돌림·학교폭력, 심각한 질병, 심각한 교권 침해의 경우에는 그 사유를 입증할 수 있는 자료를 제출하도록 하고 있는 것이다. 하지만 ‘통학 불편 등 기타 부득이한 사유로 교육 환경을 바꾸어 줄 필요가 보편·타당하다고 인정되는 경우’와 관련해서는 제출할 자료가 따로 정해져 있지 않다. 이 같은 경우에는 입증자료가 필요하지 않기 때문이 아니라 이 같은 경우와 관련해서는 입증자료를 미리 정해 두기가 어렵기 때문인 것으로 보인다.

(3) 회피 전학 제도의 도입 가능성 및 악용의 가능성

위에서 본 것과 같이, 초중등교육법 시행령 제73조제5항은 거주지 이전의 사유가 없더라도 다른 학교로의 전학이 허용되는 경우를 ‘학교장이 학생의 교육상 교육 환경을 바꾸어 줄 필요가 있다고 인정하여 전학을 추천한 경우’라고 정하고 있고, 중학교 전학계획은 ‘통학 불편 등 기타 부득이한 사유로 교육 환경을 바꾸어 줄 필요가 보편·타당하다고 인정되는 경우’라고 포괄적으로 전학 사유를 정하고 있다. 따라서 현재의 관련 법규에 의해서도 중학교에서 종교교육을 이유로 한 전학이 가능하다고 볼 수 있다.

그런데 중학교 전학계획은 학교장이 전학을 추천한 자들의 경우에는 그 사유를 입증할 수 있는 자료를 제출하도록 하고 있는데, 종교교육을 이유로 한 전학의 경우에는 입학 배정 시와 마찬가지로 객관적인 입증자료가 마땅하지 않다는 문제가 있다. 입학 배정 시와 마찬가지로 악용의 가능성이 있지만, 고등학교에 비해 악용되는 사례는 많지 않을 것이다.

4) 고등학교의 회피 제도의 도입 가능성

고등학교에서의 회피 제도 도입은 후기 일반 고등학교에서 문제될 것이므로,[3] 이러한 유형의 고등학교에 관해서만 검토하기로 한다.

(1) 초중등교육법 시행령

초중등교육법은 고등학교의 신입생 선발에 관하여 특별히 정하지 않고 있고, 초중등교육법 시행령 제84조제2항은 후기학교의 신입생 선발에 관하여 다음과 같이 정하고 있다.

② 제77조제2항에 따라 시·도 조례로 정하는 지역[4]의 후기학교 주간부 신입생은 고등학교 학교군별로 추첨에 의하여 교육감이 각 고등학교에 배정하되, 제81조제5항의 규정에 의하여 2이상의 학교를 선택하여 지원한 경우에는 그 입학지원자 중에서 추첨에 의하여 당해 학교정원의 전부 또는 일부를 배정할 수 있다.

또한, 초중등교육법 시행령 제78조제1항은 고등학교 입학전형기본계획의 수립 및 공고에 관하여 다음과 같이 정하고 있다.

---

3   일반고등학교는 '특정 분야가 아닌 다양한 분야에 걸쳐 일반적인 교육을 실시하는 고등학교'를 말하고(초중등교육법 시행령 제76조의2제1호), 후기 고등학교는 전기에 선발하는 예·체능계고등학교, 특수목적고등학교, 특성화고등학교, 자율형 사립고등학교 등을 제외한 고등학교를 말함(초중등교육법 시행령 제80조제1항).
4   초중등교육법 시행령 제77조제2항 각 호의 요건을 모두 충족하는 지역으로서 시·도 조례로 정하는 지역. 그 안에 소재하는 후기학교 입학전형은 교육감이 실시함. 서울특별시가 이에 해당함.

① 교육감은 고등학교 입학전형의 공정한 관리를 위하여 매년 3월 31
   일까지 관할지역에 소재하는 고등학교의 다음 학년도 입학전형의
   실시절차·방법 및 변경사항 등 입학전형에 관한 기본적인 사항을
   정한 입학전형기본계획을 수립하여 공고하여야 한다. 다만, 공고 이
   후에 제76조의2에 따른 고등학교의 구분이 변경되는 등 특별한 사
   유가 있을 때에는 입학전형 실시기일 3개월 전까지 변경계획을 수
   립하여 공고하여야 한다.

위와 같이 초중등교육법 시행령은 후기 일반고의 신입생 선발에 관
하여 '학교군별로 추첨에 의하여 배정하되 선택 지원이 가능하다'는 원
칙만 정하고 입학전형에 관한 기본적인 사항은 입학전형기본계획에
공고하도록 하고 있으므로, 회피 제도도 위 기본계획에 정해져야 할
것으로 생각된다. 초중등교육법 제84조제2항을 현행 그대로 두고 기
본계획에 회피 제도를 규정하는 것이 가능한지 여부가 문제될 수 있으
나, 회피 제도가 추첨에 의한 배정이라는 원칙과 충돌하는 것은 아니
므로 문제없다고 본다.

(2) 고등학교 입학전형 기본계획

서울시교육감은 2014. 3. 31. 초중등교육법 시행령 제78조에 따라
2015학년도 고등학교 신입생 입학전형 기본계획(이하 "기본계획"이라
함)을 공고한 바 있다. 기본계획은 고교선택제에 의한 지원 및 배정방
법에 관해 다음과 같이 정하고 있다.

1) 지원

가) 1단계 : 서울시 전체 고등학교 중에서 서로 다른 2개교 선택·지원

나) 2단계 : 거주지 일반학교군 소속 고등학교 중에서 서로 다른 2개교
선택·지원

2) 배정

가) 1단계(단일학교군) : 지원자 중에서 지망 순위별로 학교별 모집 정
원의 20%(중부관 내 학군 60%)를 전산 추첨 배정

나) 2단계(일반학교군) : 지원자 중에서 지망 순위별로 학교별 모집 정
원의 40%를 전산 추첨 배정(추가 추첨 배정 포함)

> * 추가 추첨배정 : 1·2단계 배정 과정에서 지원자가 한 단계는
> 정원을 초과하고, 다른 단계는 정원에 미달된 경우 3단계 배
> 정 이전에 지원자가 초과된 단계에서 탈락된 학생들로 미달
> 된 단계의 부족 정원만큼 추첨 배정

다) 3단계(통합학교군) : 1·2단계에서 추첨 배정되지 않은 40%(중부관
내 학군 제외)의 학생들을 대상으로 1·2단계 지원 사항과 통학 편의,
학교별 수용여건 및 적정 학급수 유지, 종교 등을 고려하여 통합학
교군 범위 내에서 추첨 배정

또한 기본계획은 후기고에 한해 "특이 배정자"를 정하고 있는데, 대
상자 및 특이 배정자의 선발(배정)방법은 다음과 같다.

가. 대상자

1) 쌍둥이(세 쌍둥이 이상도 포함)

2) 교직원 자녀

3) 소년소녀가장 및 동 가장의 형제·자매

4) 3급 이상 중증장애부모의 자녀

5) 학교폭력 관련 학생

6) 가정폭력 피해 학생(학생이 피해자의 동반한 가족구성원인 경우 포함)

7) 성폭력 피해 학생(학생이 피해자의 가족구성원인 경우도 포함)

나. 선발(배정) 방법

1) 선발방법 : Ⅲ-1-나-2)에 의해 선발된 배정대상자와 동일한 기준을
   적용

2) 배정방법

   가) 동일교 배정 : 쌍둥이 모두 거주지 학교군 내 동일교(지원학교
       교 및 지망순이 동일해야 함)를 지원한 경우

   나) 타교 배정

       (1) 쌍둥이가 서로 다른 학교 배정을 희망한 경우

       (2) 교직원 자녀가 부모의 현 재직 학교와 다른 학교 배정을
           희망한 경우

       (3) 학교폭력으로 전학 조치된 가해 학생과 피해 학생
           - 피해 학생을 우선적으로 배정

다) 거주지 인근 학교 배정

    (1) 소년소녀가장 및 동가장의 형제·자매인 학생이 희망한 경우

    (2) 3급 이상 중증장애부모의 자녀인 학생이 희망한 경우

라) 거주지와 상관없이 비공개 배정(비밀 보장)

    (1) 가정폭력 피해 학생

    (2) 성폭력 피해 학생

3) 기타

가) 배정인원은 기본적으로 정원 내 배정

나) 단, 정원이 부족할 경우 학교의 수용 여건을 고려하여 정원
    외 배정

(3) 회피 제도 도입의 가능성

기본계획의 '고교선택제에 의한 지원 및 배정방법' 또는 '특이 배정
자' 항목에 종교상의 이유에 의한 특별배정을 추가로 규정함으로써 회
피 제도를 도입할 수 있을 것으로 보인다. 그런데 종교상의 이유에 의
한 특별배정대상자의 경우에는 객관적인 입증자료가 마땅하지 않다는
문제가 여전히 존재한다.

기본계획은 '거주지와 상관없는 비공개 배정' 대상자로 가정폭력 피
해 학생과 성폭력 피해 학생을 열거하면서도 입증자료의 제출은 별도
로 요구하지 않는다. 그러나 가정폭력 또는 성폭력 피해 학생임을 이
유로 하는 특별 배정의 경우 당연히 입증자료가 필요할 것이고 이와
같은 입증자료는 확보하기가 어렵지 않을 것이다. 그렇지만 종교상 이
유에 의한 특별 배정의 경우에는 입증자료를 확보하기가 쉽지 않다.
이와 같이 종교상 이유로 특정 학교에 대한 배정을 기피하고자 할 경

우 그 같은 주장이 타당한지 여부를 검증할 수 있는 객관적인 자료가
마땅하지 않으므로 회피 제도가 악용될 수 있다. 학력 수준이 낮거나
교육 환경이 열악하여 기피 대상인 학교에 배정받는 것을 피하기 위한
수단으로 회피 제도가 악용될 가능성이 있는 것이다.

또한 고등학교는 입시 부담이 크므로 학력 수준이나 교육 환경 때
문에 회피 제도를 악용하는 사례가 적지 않을 것으로 예상된다.

5) 고등학교의 회피 전학 제도의 도입 가능성

(1) 초중등교육법 시행령

초중등교육법은 고등학교의 전학 등에 관하여 별도로 정하지 않고
있고, 초중등교육법 시행령 제89조가 고등학교의 전학 등에 관하여 정
하고 있다. 회피 제도의 도입과 관련하여 검토할 필요가 있는 조항은
다음과 같다.

제89조(고등학교의 전학 등)

① 고등학교의 장은 교육과정의 이수에 지장이 없는 범위에서 고등학
교(고등학교 학력을 인정받는 각종 학교를 포함한다) 간의 전학 또는
편입학을 허가할 수 있다. 다만, 제90조제1항제5호 및 제6호에 따른
특수목적고등학교로의 전학 및 편입학은 교육감이 정하여 고시하는
기준과 절차에 따라야 한다.

② 제1항의 규정에 불구하고 일반고등학교 주간부에서 제77조제2항
에 따라 시·도 조례로 정하는 지역에 소재하는 일반고등학교 주간
부로의 전학 또는 편입학의 경우에는 전학 또는 편입학 하고자 하

는 자의 거주지가 학교군 또는 시·도가 다른 지역에서 이전된 경우에 한하며, 교육감이 전학 또는 편입학할 학교를 배정한다. 이 경우 거주지가 이전된 자 중 당해 학교군에 소재하는 학교에 결원이 없고 인근 학교군에 소재하는 학교에 결원이 있는 경우로서 본인이 원하는 때에는 거주지의 인근 학교군에 소재하는 학교로의 전학을 허용할 수 있다.

⑤ 제73조제5항의 규정은 고등학교의 경우에 이를 준용한다. 이 경우 "교육장"을 "교육감"으로, "제1항 본문"을 "제1항 및 제2항"으로 본다.

따라서 초중등교육법 시행령 제89조제5항에 의하여 준용되는 동 시행령 제73조제5항의 규정에 의하여, 교육감은 고등학교의 장이 학생의 교육상 교육 환경을 바꾸어 줄 필요가 있다고 인정하여 다른 학교로의 전학, 재취학 또는 편입학을 추천한 사람에 대하여는 초중등교육법 시행령 제89조제1항 및 제2항에도 불구하고 전학, 재취학 또는 편입학할 학교를 지정하여 배정할 수 있다.

초중등교육법 시행령 제89조제5항은 고등학교 전학의 경우 거주지 이전의 사유가 없더라도 다른 학교로의 전학이 허용되는 경우를 중학교 전학의 경우와 마찬가지로 '학교장이 학생의 교육상 교육 환경을 바꾸어 줄 필요가 있다고 인정하여 전학을 추천한 경우'라고 정하고 있다. 따라서 학생이 종립학교의 종파교육으로 인하여 상당한 어려움을 겪는다면 이 같은 경우도 '학생의 교육상 교육 환경을 바꾸어 줄 필요가 있다고 인정되는 경우'에 해당한다고 볼 수 있으므로, 이 조항이 고등학교에서 회피 제도를 도입할 수 있는 법령상 근거가 될 수 있다.

(2) 고등학교 전·편입학 시행계획

서울시 교육청의 2014학년도 고등학교 전·편입학 시행계획(이하 "고교 전학계획"이라 함)은 후기 일반고등학교 전입학 대상자 중 '학교장 추천자'를 다음과 같은 6가지 유형으로 정하고 있다.

- 서울특별시 소재 후기 일반고등학교에 재학 중인 자로서 집단따돌림, 폭력 등 학생 생활지도상의 문제 등으로 인하여 교육 환경을 바꾸어 줄 필요가 있다고 인정하여 학교장이 다른 학교로 전입학을 추천한 학생
- 후기 일반고등학교에 재학 중인 자로서 가정폭력·성폭력으로부터 학생을 보호하기 위해 학교장이 다른 학교로의 전입학을 추천한 학생
- 서울특별시 소재 후기 일반고등학교에 재학 중인 자로서 심각한 질병으로 인하여 (통학상) 전학이 필요하다고 인정하여 학교장이 추천한 학생
- 서울특별시 소재 후기 일반고등학교에 재학 중인 자로서 학교군 내에서 거주지를 이전하여 거리상, 교통 여건상 통학에 어려움이 있다고 판단되어 학교장이 추천한 학생
- 서울특별시 소재 후기 일반고등학교에 재학 중인 자로서 현재 재학하고 있는 학교에 예체능반 및 직업반이 운영되고 있지 않아 진로상 전학이 불가피하다고 인정된 자 중 재학 중인 학교장의 추천과 희망하는 학교의 학교장이 사전 허락하여 동의서를 발급 받은 학생
- 서울특별시 소재 후기 일반고등학교에 재학중인 자로서 심각한 교권 침해 학생으로 학생의 교육상 교육 환경을 바꾸어 줄 필요가 있

다고 인정하여 학교장이 다른 학교로의 전학을 추천한 학생(학교장 추천 전 학교교권보호위원회 심의 필수)

고교 전학계획에는 중학교와는 달리 종파교육을 이유로 한 전학을 가능하게 하는 내용이 규정되어 있지 않은 것으로 보인다. 대광고 사건의 대법원 판결(대법원 2010.4. 22. 선고 2008다38288 전원합의체 판결)에서 반대의견은 '원심에 제출된 증거에 의하면, 서울특별시 교육감은 학교의 종교교육과 학생의 종교적 신념이 배치된다는 이유만으로는 전학이 불가능하도록 전학업무를 처리하여 왔음을 알 수 있다'라고 하고 있는데, 위와 같은 판시는 고교 전학계획에 종파교육을 이유로 한 전학을 가능하게 하는 내용이 규정되어 있지 않은 점을 가리키는 것으로 생각된다.

고교 전학계획은 학교장 추천자의 제출 서류를 다음과 같이 정하고 있다.

■ 공통 제출 서류
- 전입학배정원서 1부
- 학교장 추천서 1부 ⇒ 작성자인 담임교사가 서명(날인) 후 학교장 직인을 날인함

■ 유형별 추가 제출 서류
1) 가정폭력·성폭력 피해자 및 피해자의 가족구성원이 피해학생의 경우
   ● 가정폭력
   - 거주지 피신처 거주 확인서 혹은 가정폭력 피해 상담사실 확인

서 1부

● 성폭력(다음 중 하나)

① 「가정폭력 방지 및 피해자 보호 등에 관한 법률」과 「성폭력 방지 및 피해자 보호 등에 관한 법률」에 따라 설치된 "상담소" 또는 "보호시설" 또는 "성폭력피해자통합지원센터"의 장이 발급한 『성폭력 피해 상담사실 확인서』

※ 성폭력피해자통합지원센터 : 해바라기아동지원센터, 원스톱 지원센터, 해바라기 여성·아동센터

② 병·의원에서 발급한 성폭력피해 진단서

③ 수사기관에 성폭력사건 고소·고발 등 신고 접수중

※ 피해 학생의 형제·자매 등 가정(족)구성원에 대한 전학 등 지원의 경우, 가족관계증명서, 주민등록등본 등으로 가족구성원임을 확인

2) 집단따돌림, 학교폭력 학교장이 추천(요청)한 경우

- 학교폭력대책자치위원회 회의록 사본 1부 등

※ 가해자인 경우 전입학 배정원서의 지원자, 보호자 동의 불필요

3) 심각한 질병으로 전학을 요청한 경우

- 종합병원 진단서 1부, 담임교사 또는 상담교사의 상담지도록 사본 1부

4) 현재 거주하는 일반학교군 및 학교가 속한 일반학교군 내에서 거주지 이전으로 통학 여건이 어렵다고 판단되어 학교장이 추천한 경우

- 통학 여건이 포함된 담임확인서에 학교장 직인 날인(붙임 양식)

5) 현재 재학하고 있는 학교에 예체능반, 직업반이 운영되고 있지 않아 진로상 전학이 불가피하다고 학교장이 인정한 자 중 재학 중인 학교장의 추천과 희망하는 학교의 학교장이 사전 허락하여 동의서를 발

급 받은 경우

- 희망 학교장의 동의서

6) 심각한 교권 침해 학생의 경우

- 학교교권보호위원회 회의록 사본 1부

'학교장 추천자' 중 가정폭력, 성폭력, 집단따돌림·학교폭력, 심각한 질병, 통학 여건상 어려움, 진로상 전학 불가피, 심각한 교권 침해 등의 경우에는 그 사유를 입증할 수 있는 자료를 제출해야만 하는 것이다.

(3) 회피 전학 제도 도입의 가능성

위에서 본 것처럼 고교 전학계획에는 중학교와는 달리 종교교육을 이유로 한 전학을 가능하게 하는 내용이 규정되어 있지 않은 것으로 생각된다. 따라서 비록 초중등교육법 시행령 제89조제5항에 '학생의 교육상 교육 환경을 바꾸어 줄 필요가 있다고 인정되는 경우'를 전학 사유로 규정하고 있지만, 학교장이 종교교육을 이유로 한 전학을 적극적으로 추천하도록 하기 위해서는 시행계획에 해당 사유가 전학 사유로 명시적으로 규정되어야 할 것으로 생각된다. 또한 종교교육으로 인한 전학 희망자의 경우 이를 입증할 수 있는 객관적인 자료가 여전히 문제되며, 신입생 배정의 경우와 마찬가지로 회피 제도가 학력 수준이 낮거나 교육 환경이 열악한 학교로부터 전학 가기 위한 수단으로 악용될 가능성이 있다.

2. 현 제도 하에서의 소송 가능성

현행 법 제도가 그대로 유지되는 상태에서, 종립학교인 후기 고등학교에 다니는 학생이 종교상의 이유로 전학을 희망했으나 전학이 허용되지 않은 경우, 소송을 통해 이를 다툴 수 있는지에 대하여 검토하기로 한다. 중학교의 경우에도 이런 일이 생길 수 있지만 주로 고등학교에서 이 같은 일이 발생할 것이므로, 고등학교에 관해서만 보기로 한다.

1) 전학과 관련한 두 가지 유형의 소송

초중등교육법 시행령 제89조제5항은 '교육감은 고등학교의 장이 학생의 교육상 교육 환경을 바꾸어 줄 필요가 있다고 인정하여 다른 학교로의 전학, 재취학 또는 편입학을 추천한 사람에 대하여는 초중등교육법 시행령 제89조제1항 및 제2항에도 불구하고 전학, 재취학 또는 편입학할 학교를 지정하여 배정할 수 있다'고 정하고 있다. 학생이 이 규정을 근거로 전학을 희망하였으나 거부된 경우가 발생할 수 있다. 이와 같은 경우도 두 가지 유형이 있을 수 있다. 첫 번째는 학교장이 학생의 전학 추천 요구를 아예 받아들이지 않은 경우이고, 두 번째는 학교장은 학생의 교육상 교육 환경을 바꾸어 줄 필요가 있다고 인정하여 다른 학교로의 전학을 추천하였으나 교육감이 이를 받아들이지 않은 경우이다. 두 가지 유형 모두 학교장 및 교육감은 고교 전학계획에 종교상 이유의 전학이 명시되어 있지 않다는 점을 거부의 근거로 삼을 것으로 예상된다.

2) 추천거부처분 무효확인소송

첫 번째 유형에 대해 다투는 경우에 대하여 먼저 본다. 이 경우 학생은 전학 추천을 거부한 종립학교(사립학교)의 학교법인을 상대로 민사소송인 추천거부처분 무효확인소송을 제기할 수 있다. 학교장이 전학 추천을 거부하였지만 학교장은 학교법인의 기관에 불과하여 민사소송의 당사자 능력이 없으므로 학교법인이 피고가 될 것이다.[5] 학생이 전학을 희망했으나 학교장이 전학 추천을 거부하여 전학을 가지 못한 경우 아예 교육감을 상대로 행정소송인 전학거부처분 취소소송을 제기하는 방법도 생각할 수 있으나, 이 같은 소송이 인용되기는 어렵다고 본다. 왜냐하면, 초중등교육법 시행령 제89조제5항은 '교육감은 고등학교의 장이 다른 학교로의 전학을 추천한 사람에 대하여 전학할 학교를 지정하여 배정할 수 있다'고 정하고 있기 때문이다. 교육감은 학교장의 추천이 없을 경우에는 이 규정을 근거로 적법하게 전학을 거부할 수 있을 것으로 생각된다.

학교장의 전학 추천은 재량행위에 해당할 것으로 생각되는데, 판례는 재량행위라도 재량권을 현저하게 일탈·남용한 경우에는 무효로 본다.[6] 전학추천거부처분을 다투는 사안에 관한 판례는 아직 없는 것으로 보이므로, 이 같은 소송이 인용될 것인지 여부는 판단하기 어렵다. 그렇지만 종파교육이 '사회공동체의 건전한 상식과 법감정에 비추어 볼 때 용인될 수 있는 한계를 초과한 종교교육이라고 보이는 경우이어

---

5   대법원 1987.4.14. 선고 86다카2479 판결.
6   대법원 1997.7.22. 선고 97다3200 판결.

서 위법성을 인정할 수 있는 정도[7]임에도 불구하고 학교장이 전학 추천을 거부하였다면 그와 같은 행위는 재량권의 일탈, 남용에 해당할 것으로 생각된다.

3) 전학거부처분 취소소송

다음으로 학교장은 학생의 교육상 교육 환경을 바꾸어 줄 필요가 있다고 인정하여 다른 학교로의 전학을 추천하였으나 교육감이 이를 받아들이지 않은 경우, 학생이 교육감을 상대로 행정소송인 전학거부처분 취소소송을 제기하는 것에 대하여 본다. 고교 전학계획에 종교상의 이유로 인한 전학이 명시적으로 규정되어 있지 않으므로 교육감이 이 점을 이유로 학교장의 전학 추천을 받아들이지 않을 가능성이 있다.

교육감의 전학거부처분도 재량행위에 해당하는 것으로 생각된다. 판례는 "재량행위에 대한 사법심사의 경우, 행정청의 재량에 기한 공익판단의 여지를 감안하여 법원은 독자의 결론을 도출함이 없이 당해 행위에 재량권의 일탈·남용이 있는지 여부만을 심사하게 되고, 이러한 재량권의 일탈·남용 여부에 대한 심사는 사실오인, 비례·평등의 원칙 위배 등을 그 판단 대상으로 한다"(대법원 2010. 12. 23. 선고 2010두21204 판결)고 판시하고 있다. 유사한 사례는 없지만, 종파교육이 '사회 공동체의 건전한 상식과 법감정에 비추어 볼 때 용인될 수 있는 한계를 초과한 종교교육이라고 보이는 경우이어서 위법성을 인정할 수 있는 정도[8]이고, 학교장이 학생의 교육상 교육 환경을 바꾸어 줄 필요가

---

7   대법원 2010.4.22. 선고 2008다38288 전원합의체 판결.
8   대법원 2010.4.22. 선고 2008다38288 전원합의체 판결.

있다고 인정하여 전학 추천을 했음에도 불구하고, 교육감이 전학을 거부하였다면, 이는 재량권의 일탈·남용에 해당한다고 할 수 있다. 더욱이 단지 행정 규칙에 불과한 고교 전학계획에 종교상의 이유로 인한 전학 추천이 명시적으로 규정되어 있지 않다는 이유로 전학을 거부하는 것은 타당하지 않다.

6장
연구 결과에 근거한 제언

기독교학교정상화추진위원회

'기독교학교 정상화 추진위원회'는 이번 연구 결과를 바탕으로 국가와 교육청이 학생 배정 시 학생이 원치 않는 종교계 학교에는 배정받지 않을 수 있도록 하는 회피 및 전학 제도를 도입할 것을 요청합니다.

○ '학생의 종교의 자유'(헌법 제20조)와 '종교계 사학의 종교교육의 자유'(교육기본법 제25조)는 모두 소중한 가치로, 어느 한 쪽이 포기될 수 있는 것이 아니고, 둘 다 보장받을 수 있어야 합니다.

○ 이 두 자유의 충돌을 이대로 방치하는 것은, 명백한 국가와 교육청의 잘못입니다.(금번 중3 학부모 300명 설문조사 응답 결과, 응답자의 33.0%(1위)가 학생이 원치 않는 종교교육을 받게 되는 것에 대한 책임이 '교육청'에 있다고 응답했습니다).

○ 국가와 교육청이 '학생 배정 및 전학 제도의 개선'을 통해 문제의 근원을 해결할 수 있음에도 불구하고 제도 개선을 하지 않고, 두 자유가 충돌할 때마다 그 문제의 책임을 해당 종교계 학교에만 돌리는 것은 온당하지 않습니다.

○ 금번 질적 연구 면담 결과에 따르면, 원치 않는 종교계 학교에 배정받은 경우, 대부분의 학생들이 별 어려움 없이 학교를 다니는 것 같지만, 어려움을 느끼는 학생들이 분명히 있으며, 이들은 표면적으로 불만을 표출하기보다 참고 다니는 경우가 많아, 드러나지 않은 고통과 갈등들이 존재하고 있었습니다.

○ 또한 민원 등을 통해 문제를 제기하는 학생들이 나오면, 해당 종교계 학교의 종교교육의 자유는 상당히 위축되고, 이것이 전체 교육청의 지침으로 확대되어 모든 학교에 제시됨으로서, 종교계 학교의 특수성과 정체성이 흐려지는 문제가 발생하고 있습니다.

○ 이에 갈등을 사전에 방지하는 차원에서, 감수성이 예민한 시기의 학생들의 종교적 인권을 보장하기 위해, 학생 배정 시 학생들이 원치 않는 종교계 학교에는 배정되지 않도록 하는 '네거티브 선택 배정 제도'를 도입할 것을 요청합니다.(금번 설문조사 응답자의 59.0%가 종교로 인한 회피 배정 제도의 필요성에 공감하였으며, 제도가 있다면 회피를 신청해 보겠다는 응답도 36.66%나 되었습니다.)

(입학원서에 추가할 내용 예시)

3단계 배정 시 배정되지 않기를 원하는 종교계 학교 (복수 선택 가능)	(□상관없음) (□개신교) (□불교) (□천주교) (□원불교)
	(□통일교) (□제7안식교) (□증산교(대순진리회)) (□대종교)

○ 한편, 입학 이전에는 문제없다고 생각했던 학교의 종교교육에 어려움을 느끼는 학생들은 종교적인 이유로 전학할 수 있는 길을 열어 주어, 입학 이후에도 원치 않는 종교교육을 피할 수 있는 권리를 갖게 해 줄 것을 제안합니다.

○ 법령(초중등교육법 시행령 제73조 제5항(중학교의 전학 등), 제89조제5항(고등학교의 전학 등)에 제시된 '학교장이 학생의 교육상 교육 환경을 바꾸어 줄 필요가 있다고 인정하여 전학을 추천하는 경우'에 "종교적인 이유"가 포함되도록, "해당 시도교육청의 전·편입학 시행계획"에 "종교적인 사유"를 추가하고, 이를 입증할 수 있는 서류를 제출하도록 하는 방법을

취할 수 있습니다.

○ 이 경우 제도적 악용 가능성이 높기 때문에(금번 질적연구에서 학교장 및 학부모들은 이 제도가 생길 경우 악용될 우려가 있다는 지적을 하였습니다.), 학교 내에 '(가칭)전학추천위원회'를 두고, 엄격한 심사를 거쳐 학교장이 허락하게 할 필요가 있습니다.

○ 유사한 사례는 없었지만, 전학과 관련하여 소송 가능성을 검토해 본 결과, 건전한 상식과 법 감정에 비추어 용인되는 한계를 넘어선 종파 교육이 있었고, 학생이 종교로 인한 학교 전학을 희망했으나 전학이 학교장 혹은 교육감에 의해서 허용되지 않은 경우, 이를 이유로 학생이 해당 학교 혹은 교육청을 상대로 소송할 수 있으며, 이 경우 종교상의 이유가 전학계획에 명시적으로 규정되어 있지 않다는 이유로 전학을 거부하는 것은 재량권 일탈 남용에 해당한다고 할 수 있습니다.

○ 위의 두 제도는 부분적 학교 선택권이 보장되고 있는 고등학교 입학전형은 물론이고, 현재로서는 근거리 추첨 배정으로만 진행하고 있는 중학교 입학전형에서도 실시될 필요가 있습니다.

○ '네거티브 선택 배정 제도'는 '학생의 종교적 인권'도 보장되고, '종교계 사학의 종교교육의 자유'도 보장되어, 모두가 행복해지는 win-win 정책이 될 것입니다. 이 두 제도를 통하여, 학생들은 원치 않는 종교계 학교의 종교교육을 피할 권리를 가지며, 반대로 종교계 사학은 건학이념에 따라 원하는 종교교육을 할 수 있는 권리를 갖게 할 수 있습니다.

○ 그러므로 학생의 부분적 학교 선택권(학교 회피권)을 보장하는 이 제도의 도입과 함께, 종교계 사학들은 해당 종교의 종교교육을 실시함에 있어서, '비교종교학적 종교교육'이 아닌 '신앙교육적 종교교육'을 할 수 있고, 종교 과목 개설에 있어서 '복수 편성'이 아닌 '단수 편성'을 할 수 있게 해 줄 것을 제안하는 바입니다.

학생의 종교적 인권을 고려한
학생 배정 및 전학에 관한 의식조사(서울 중3 부모용)

안녕하십니까? 〈학생의 종교적 인권을 고려한 학생 배정 및 전학 제도 연구팀〉입니다.

본 연구팀은 종교계 사립학교의 종교교육 의지와 학생의 종교의 자유가 상생할 수 있는 방안은 없는가라는 고민에서 다양한 각도의 연구를 진행하고 있습니다. 그 연구의 한 부분으로 학생의 종교적 인권을 고려한 학생 배정 및 전학 제도에 관한 서울시에 소재한 (올해 말에 고등학교로 진학하게 될) 중학교 3학년 자녀를 둔 부모님들의 생각을 설문조사로 알아보고자 합니다.

본 설문에 응답하여 주신 내용은 향후 관련 정책들을 결정하는 데 매우 귀중한 자료로 사용될 것이며, 설문의 결과는 연구 목적 이외에는 사용되지 않을 것을 약속드립니다. 바쁘신 중에도 본 연구에 참여해 주셔서 감사드리며, 귀하의 고견을 소중히 사용하겠습니다.

2014년 7월

〈학생의 종교적 인권을 고려한 학생 배정 및 전학 제도 연구팀〉

김현철 교수(성균관대 교육학과) 드림

■ 문의처
본 조사와 관련하여 문의하실 사항이 있으시면 아래로 연락 주시길 바랍니다.

☎ 연구팀 이종철 연구원 jc207@nate.com

[기본 질문]

1. 학생과의 관계는 어떻게 되십니까?

1) 부 2) 모 3) 조부모 4) 기타(   )

2. 응답자 종교는 어떻게 되십니까?

1) 개신교 2) 불교 3) 천주교 4) 없음 5) 기타(   )

3. 학생 종교는 어떻게 됩니까?

1) 개신교 2) 불교 3) 천주교 4) 없음 5) 기타(   )

4. 종교에 대한 호감도는 어떠합니까?

	매우 비호감	비호감	보통	호감	매우 호감
1) 개신교	①	②	③	④	⑤
2) 불교	①	②	③	④	⑤
3) 천주교	①	②	③	④	⑤
4) 원불교	①	②	③	④	⑤
5) 통일교	①	②	③	④	⑤
6) 제7안식교	①	②	③	④	⑤
7) 증산교 (대순진리회)	①	②	③	④	⑤

5. 신앙 년수는 어떻게 되십니까?

1) 없음 2) 3년 이하 3) 3~10년 4) 11~20년 5) 21~30년

6) 31~40년 7) 41년 이상

6. 거주지역은 어떻게 되십니까?

1) 동부 : 동대문구, 중랑구   2) 서부 : 마포구, 서대문구, 은평구

3) 남부 : 영등포구, 구로구, 금천구

4) 북부 : 노원구, 도봉구   5) 중부 : 종로구, 중구, 용산구

6) 강동 : 강동구, 송파구   7) 강서 : 강서구, 양천구

8) 강남 : 강남구, 서초구   9) 동작 : 동작구, 관악구

10) 성동 : 성동구, 광진구   11) 성북 : 강북구, 성북구

7. 올해 연말에 지원하기 원하는 학교를 가상으로 기입해 주십시오.

(※ 아래 학교 지원 방법 참조)

후기일반고 지원			
1단계 단일학교군(서울시 전 지역)		2단계 일반학교군(거주지 학교군)	
1지망교	2지망교	1지망교	2지망교
( )학군 ( )고	( )학군 ( )고	( )학군 ( )고	( )학군 ( )고

☞ 각 단계 내에서는 서로 다른 학교를 지원해야 하지만, 1단계 지망학교와 2
단계 지망학교의 전부 또는 일부 중복 지원이 가능함.

학교 지원 방법은 다음 홈페이지 http://hinfo.sen.go.kr/ (서울시 고교 홍보
사이트)를 참고하시기 바랍니다.

**또한 3단계 통합학교군 배정 시 종교계 학교 회피 희망 여부를 체크해 주십
시오. (복수 응답 가능)**

3단계 배정 시 배정되지 않기를 원하는 종교계 학교 (복수 선택 가능)	(□상관없음) (□개신교) (□불교) (□천주교) (□원불교)
	(□통일교) (□제7안식교) (□증산교(대순진리회)) (□대종교)

8. 위 학교들을 선택한 이유는 무엇입니까?(우선순위 1, 2, 3순위 응답)

1순위 : (   ), 2순위 : (   ), 3순위 : (   )

1) 명문대 진학률   2) 통학 거리   3) 교육시설 및 환경

4) 신앙 및 인성교육   5) 특성화된 교육 프로그램   6) 학교의 전통

9. 종교인이라면 자녀를 해당 종교계 학교에 보내야 한다고 생각하십니까?

1) 전혀 그렇지 않다 2) 그렇지 않다 3) 보통이다

4) 그렇다 5) 매우 그렇다

10. 귀하의 학교 선택에 있어서, 학교가 '종교계 학교'인지의 여부가 학교 선택에 중요한 요인으로 작용하였습니까?

1) 전혀 그렇지 않다 2) 그렇지 않다 3) 보통이다

4) 그렇다 5) 매우 그렇다

⟨참고⟩ 서울시 지역별 후기 종교계 사립 고등학교 현황

번호	일반학교군	개신교	불교	천주교	기타
1 동부	동대문구 중랑구	송곡고 공곡여고 해성여고	동대부고		휘경여고 (원불교)
2 서부	마포구 서대문구 은평구	예일여고 명지고 광성고 숭실고			선정고 (통일교) 홍대부여고 (대종교)
3 남부	영등포구 구로구 금천구	문일고			
4 북부	노원구 도봉구	정의여고 재현고 영신여고 염광고			삼육고 (제7안식교) 대진고 (증산교) 대진여고 (증산교)
5 중부	종로구 중구 용산구	경신고 배화여고 환일고 보성여고 오산고		계성여고 성심여고	
6 강동	강동구 송파구	정신여고 성덕고			

7 강서	강서구 양천구	강서고 경복여고			
8 강남	강남구 서초구	서울세종고	진선여고		
9 동작	동작구 관악구	숭의여고 영락고 서울문영여고			
10 성동	성동구 광진구		동대부여고		
11 성북	강북구 성북구				홍대부고 (대종교)

[종교계 학교 배정에 대한 인식 조사]

11. 자녀가 본인의 종교와 다른 종교계 학교에 배정받는 것에 대해서 문제 있다고 생각하십니까?

1) 전혀 그렇지 않다   2) 그렇지 않다   3) 보통이다

4) 그렇다   5) 매우 그렇다

12. 다른 이유가 아닌 종교적인 이유 때문에, 배정받을 것으로 예상되는 종교계 학교에 보내기 싫은 마음이 있으십니까?

1) 있다   2) 없다

12-1. (12번 문항에서 1번 '있다'에 응답하신 분만 응답하세요) 보내기 싫은 이유는 무엇인가요?

1) 현재 가지고 있는 종교를 바꾸게 될까 봐(전도될까 봐).

2) 현재 가지고 있는 종교에 대한 신앙심이 약해질까 봐

3) 공부에 방해될까 봐

4) 특정 종교를 집중적으로 배우는 것이 좋지 않을 것 같아서

5) 기타 (   )

13. 만약에 원치 않는 종교계 학교에 아이가 배정받아 그 종교의 종교교육을 받는다면 어떻게 하시겠습니까?

1) 전혀 문제없다

2) 힘들지만 참고 다니게 한다

3) 종교교육을 받지 않도록 학교에 요청한다

4) 이사를 가서 학교를 옮긴다

5) 기타 (   )

14. 특정 종교계 학교에 배정되어 원치 않는 종교교육을 받게 되는 학생이 있다면, 누구의 책임이 가장 크다고 생각하십니까?

1) 국가   2) 교육청   3) 해당 종교계 학교   4) 학생(부모)

5) 모르겠다   6) 기타 (   )

[회피 및 전학 제도에 대한 의식조사]

15. '종교'로 인한 전학 제도(특정 종교교육으로 힘들어 할 수 있는 아이를 위해, 원하지 않는 종교계 학교에 배정되었을 경우, 종교적인 이유로 전학할 수 있게 하는 제도)에 대해서 어떻게 생각하십니까?

1) 전혀 필요하지 않다   2) 필요하지 않다   3) 보통이다

4) 필요하다   5) 매우 필요하다   6) 잘 모르겠다

16. '종교'로 인한 전학 제도로 전학이 가능하다면, 전학하게 하시겠습니까?(전학할 다른 주변 학교를 선택할 선택권은 없고, 선택으로 인해 통학 거리가 더 멀어질 수도 있습니다)

1) 전혀 그렇지 않다   2) 그렇지 않다   3) 보통이다

4) 그렇다   5) 매우 그렇다   6) 잘 모르겠다

17. ‘종교’로 인한 회피 배정 제도(특정 종교교육으로 힘들어 할 수 있는 아이를 위해 원하지 않는 종교계 학교에 배정되지 않기를 신청한 경우, 사전에 그 학교를 피할 수 있는 제도적 장치)에 대해서 어떻게 생각하십니까?

1) 전혀 필요하지 않다   2) 필요하지 않다   3) 보통이다
4) 필요하다   5) 매우 필요하다   6) 잘 모르겠다

18. ‘종교’로 인한 회피 배정 제도가 있다면 회피를 신청하시겠습니까?(다른 학교를 선택할 선택권은 없고, 회피 신청으로 인해 통학 거리가 더 멀어질 수도 있습니다)

1) 전혀 그렇지 않다   2) 그렇지 않다   3) 보통이다
4) 그렇다   5) 매우 그렇다   6) 잘 모르겠다

수고하셨습니다. 본 설문에 응답해 주셔서 다시 한 번 감사드립니다.